JN234173

これでいいのか
市民意識調査

大阪府44市町村の実態が語る課題と展望

大谷信介 編著

ミネルヴァ書房

はじめに

　本書は，市役所が実施している「市民意識調査」の実態を総合的に把握し，今後の課題を明らかにしようとした調査研究である。いわば「社会調査の社会調査」といえる研究であるが，これまでの社会学研究ではあまり実証的に解明されてこなかった領域である。

　本書の最大の特徴は，基本的に学部学生が調査を実施し，結果を学部学生が執筆して上梓したという点である。具体的には2001年度関西学院大学社会学部大谷ゼミに所属していた4年生（研究演習Ⅱ）22名，3年生（研究演習Ⅰ）30名と社会学研究科博士前期課程大学院生1名の総勢53名の学生によって，授業科目（社会学実習Ⅰ・Ⅱ）の一環として調査研究が進められたのである。一連の調査作業・分析作業・論文作成過程・編集作業に関わったゼミ構成員は以下のとおりである。

- 大学院博士前期課程　脇穂積
- 研究演習Ⅱ（4年生）
  赤石尚子・井田俊一・内海令子・鵜崎英理・大塚智彦・奥野千明
  上村真利衣・児玉広光・嵯峨庸平・下村容子・末永真章・津田亜沙子
  中原利和・原田大地・東美保子・福田素子・町田佳代・松本祐樹
  武良直樹・村田陽子・森大作・結城賢治
- 研究演習Ⅰ（3年生）
  浅田宗一郎・浅沼佳奈・井口かほり・石田幸子・岩泉奈緒・岡崎博憲
  加藤智晴・久保田ゆとり・小口ひろみ・笹野かおり・世利彩香・曽我部礼
  竹村明恵・力石健一・永松久美子・中村亜美・西川絵里・西辻知子
  星野有里・松村和彦・松村多恵・宮井紘史・宮部麻衣・村井志帆

森村信也・山内基・山口直子・山本紀典・渡辺文雄
岡本拓也（オープンカレッジ生 JR 西日本）

　4年生は，2年間にわたって大阪府下44自治体を何度も回り，「総合計画策定のための市民意識調査」の実態に関する聞き取り調査と追跡調査を実施した。学生が実施する調査なので問題を引き起こさないよう，巻末資料に示したマニュアルを作成し調査を実施した。3年生は，4年生が収集してきた大阪府下44自治体の調査票分析を実施し，項目分類と質的評価分析を1年弱で完成させた。大学院生の脇穂積は，香川県下43自治体調査を実施するとともに調査研究全般の調整役を務めた。

　基本的に週2コマずつのゼミ（研究演習・社会学実習）で，調査や論文についての議論を展開したが，授業時間以外にも莫大な時間が調査作業や議論のために費やされた。

　調査にかかった経費（交通費等の実費）は，この調査が2000～2003年度文部科学省科学研究費（基盤研究B）「実践的社会調査教育方法構築のための実証的研究」（研究代表者　大谷信介）の一環として実施されたため，その研究費を使用した。

　本書ができるまでに最も苦労したのが，執筆作業であった。ミネルヴァ書房社長の杉田氏に，最初に見本原稿を渡した2001年12月19日時点では，大まかな論文内容だけは決まっていた。しかし，その見本原稿から最終稿に変えていくまでの3カ月間は，本当に大変な毎日の連続であった。杉田氏がいみじくも表現した"もっちゃり"とした学生の文章を，主語・述語があり，論旨が明確な論文に仕上げていくことは，学生にとってもコメントをする私にとっても本当に忍耐の要る作業だった。最終稿は，電子メールという便利な（？）道具のおかげで，毎晩のような添付ファイル付の電子メールと電話によるコメントの繰り返しによって，やっと完成したものだったのである（詳細については，『「これでいいのか市民意識調査」の舞台裏』関西学院大学社会学部大谷研究室，2002年3月を参照されたい）。

各章の執筆担当者は，以下のとおりである。

はじめに　大谷信介
第1章　第1節　原田大地
　　　　第2節　井田俊一・森大作
　　　　第3節　脇穂積
　　　　第4節　児玉広光・嵯峨庸平・町田佳代
第2章　鵜崎英理・大塚智彦・下村容子・末永真章・津田亜沙子・中原利和
第3章　赤石尚子・東美保子・武良直樹・結城賢治
第4章　脇穂積
第5章　第1節　奥野千明・村田陽子
　　　　第2節　笹野かおり・竹村明恵・岩泉奈緒
第6章　岡本拓也・加藤智晴・力石健一・西辻知子・宮井紘史・宮部麻衣・村井志帆
終　章　大谷信介

　基本的に，第1・2・3章を4年生，第4章を大学院生，第5・6章を3年生，はじめにと終章を大谷が担当して執筆した。第1章から6章は基本的に学生が書きあげたものであるが，内容や文章についてはすべて大谷がチェックを入れており，論文の責任は一切大谷にあると理解していただいてかまわない。

　以上のように学部学生に本を出版させるという今回の試みは，大変な苦労と忍耐を伴うことであり，多くの研究者仲間から「無謀な試みだ」と言われたものであった。それにもかかわらず学部学生を指導して本書をまとめようとしたのは，学生達の能力の高さと積極的な取り組みがあったことはもちろんであるが，その背景には次のような考えもあった。

　本書で展開される内容は「市役所でおこなわれている社会調査がいかにずさんなものであったか」という実態が明らかにされるというものである。しかし，

それは社会調査自体が無意味なものであるという結論を主張したかったわけではない。むしろ，的確な調査設計で丹念な調査を実施すれば，社会調査によって多くの問題発見や問題提起が可能になることを強調したかったのである。しかも，それは専門的知識を習得した研究者だからできるのではなく，社会調査論を少しかじった程度の学部学生でも十分可能であることを実証したかったのである。

　本書が「どの程度，問題発見・問題提起ができているか」については読者の判断を仰ぐべき問題ではあるが，少なくとも「社会調査がまったく意味のないものではないこと」だけは示せたのではないかと自負している。

　今回の調査で得られた市民意識調査に関するデータは，必ずしも簡単に収集できたデータばかりではなかった。特に外部業者と委託金額等については，自治体ごとに回答への協力の度合いもさまざまであった。その場合でも，各自治体に調査の主旨を理解してもらい，やっとのことで収集できたデータなのである。

　われわれは，これらのデータをできるだけ将来の市民意識調査のあり方を提示するという「前向き」の方向で使うことを心がけてきた。特定の自治体の事例が例示される場合でも，それが多くの自治体に共通する普遍的問題であるという側面を重視してきたつもりである。本書のデータは使い方によっては，自治体の過去の「あら捜し」に使用することも可能である。われわれは，本書がそのように「後向き」に利用されることについては明確に拒否したいと考えている。

　ともかく度重なる学生の訪問にもかかわらず調査に協力していただいた各自治体の関係者の方々や調査会社の方々に，この場を借りて心からお礼を申し上げたいと思う。

　今回大谷ゼミで調査研究を本として出版できた背景には，過去の先輩達が調査ノウハウを後輩に引き継いできたという陰の功績が存在することを指摘しておく必要があるだろう。本書に直接関係するプレ調査も，鋤柄卓也（現在，京

はじめに

都市役所勤務）を中心とした昨年卒業したゼミ生達が推進してきたものである。また，ゼミ全体で調査を実施して毎年報告書としてまとめるというゼミの伝統は，関西学院大学ばかりでなく，桃山学院大学，松山（商科）大学の大谷ゼミ以来続いてきたものである。今回の出版は，1989年に松山商科大学大谷ゼミが朝日新聞懸賞論文で最優秀賞（賞金100万円）を受賞して以来の華々しい出来事となった。しかし，それらもすべて過去の先輩達が後輩に調査ノウハウを引き継いできた大谷ゼミの蓄積の結果といえるのである。

科学研究費の共同研究者である後藤範章（日本大学教授）・木下栄二（桃山学院大学助教授）・小松洋（松山大学教授）・永野武（松山大学助教授）の4人の先生には，研究会を通じて，調査設計，論文作成過程でさまざまなコメントをいただいた。また，学生が直接電子メールでコメントを求めた場合でも，大変親切に指導していただいた。心から感謝申し上げたいと思う。

最後に学生が執筆するという本書の意義をよく理解してくれ，なにもわからない学生を相手に親切に編集作業をしていただいたミネルヴァ書房の杉田啓三・河野菜穂両氏にもこの場を借りて心からお礼を申し上げたい。

　　　2002年6月16日　トロントの夜景を眺めつつ最終校正を終えて
　　　　　　　　　　　　　　　　　　　　　　　　　大 谷 信 介

これでいいのか市民意識調査
――大阪府44市町村の実態が語る課題と展望――

目　次

はじめに

第1章　総合計画策定のための市民意識調査 …… 1
　　　　──大阪府下44自治体の実態──

第1節　総合計画と市民意識調査 …… 1
- ① 市役所がおこなう社会調査 …… 1
- ② 総合計画とは …… 2
- ③ 総合計画策定のための市民意識調査 …… 3
- ④ 近年の市民意識調査の実施状況 …… 5

第2節　本研究の経緯と概要 …… 7
- ① 各調査の概要 …… 7
- ② 調査をおこなうにあたっての資料作成 …… 16

第3節　いつ誰が市民意識調査を実施しているのか …… 19
- ① 調査形式 …… 26
- ② 市民意識調査の実施時期 …… 29
- ③ 誰が市民意識調査を実施しているのか …… 31

第4節　どのように市民意識調査は実施されているのか …… 41
- ① 母集団の設定 …… 42
- ② サンプリング …… 45
- ③ 回収率 …… 52
- ④ 市民意識調査実施後の取り組み …… 56

第2章　市民意識調査の舞台裏 …… 65
　　　　──八尾市の事例──

第1節　なぜ八尾市なのか …… 65
第2節　プロジェクトチームの思い …… 68
- ① プロジェクトチーム発足 …… 68
- ② 第3次総合計画の総括 …… 69
- ③ コンサルタント選定 …… 70

　　　　　　　　　　　　　　　　　　　　　　　目　　次

　第3節　熱意を持って取り組んだ市民意識調査……………………72
　　　① 　調査設計……………………………………………………… 72
　　　② 　外国人住民への配慮………………………………………… 73
　　　③ 　質問文作成スタート！……………………………………… 74
　　　④ 　学識経験者…………………………………………………… 77
　　　⑤ 　忙しかった郵送作業………………………………………… 79
　　　⑥ 　「読みやすい報告書」の作成……………………………… 80
　　　⑦ 　コンサルタント……………………………………………… 81

　第4節　思いが裏目にでた調査………………………………………… 82
　　　① 　データ化できない質問文…………………………………… 82
　　　② 　低い回収率…………………………………………………… 85
　　　③ 　重要視されなかった分析…………………………………… 86
　　　④ 　市民意識調査の捉え方……………………………………… 87

第3章　市役所が実施している多様な市民意識調査………………… 89
　　　──吹田市・羽曳野市・高石市の事例を中心として──

　第1節　過去5年間の市民意識調査の実施状況……………………… 91
　第2節　調査方法の多様性……………………………………………… 96
　　　① 　モニターアンケート調査…………………………………… 96
　　　② 　広聴はがき…………………………………………………… 102
　　　③ 　電話回線を使った調査……………………………………… 105
　第3節　多岐にわたる調査テーマ……………………………………… 108
　第4節　総合計画策定目的以外の市民意識調査の現状と課題……… 111

第4章　地方の市民意識調査との比較………………………………… 115
　　　──香川県市町村調査と大阪府市町村調査──

　第1節　香川における総計調査の概要………………………………… 116
　第2節　調査内容に関する項目の比較………………………………… 123

ix

第3節　地方香川の特徴 …………………………………………… 127
　第4節　業者に関する項目の比較 ………………………………… 131
　第5節　地方の調査環境 …………………………………………… 135

第5章　調査票の実態とその傾向 …………………………………… 141
――大阪府下44自治体の調査票分析――

　第1節　調査票の形式――どのような形式の質問が多いのか…… 141
　　1　調査票の数量化――A分類・B分類の経緯 ………………… 141
　　2　質問形式と回答形式別の数量化 ……………………………… 146
　第2節　調査票の内容――一体何が聞かれていたのか ………… 155
　　1　調査票の項目分類 ……………………………………………… 155
　　2　意識と事実 ……………………………………………………… 163
　　3　調査票作成過程における〈逆の積極性〉 …………………… 170

第6章　調査票の質的評価 …………………………………………… 177
　第1節　ワーディングのミスの集計，その結果と考察………… 177
　　1　ワーディングのミス …………………………………………… 178
　　2　ダブルバーレルと曖昧な表現の表裏一体な関係 …………… 180
　　3　総合計画のしがらみ――部局のまとまり …………………… 182
　第2節　客観的な質的評価方法 …………………………………… 183
　　1　新たな評価方法の作成 ………………………………………… 183
　　2　×の評価（データ化ができない）例 ………………………… 184
　　3　△の評価（データ化はできるが精度が低い，
　　　　データ化する意味があまりない）例 ……………………… 188
　第3節　質的総合評価とその経緯 ………………………………… 192
　　1　「データ化評価」の結果 ……………………………………… 192
　　2　ゼミ生30人による質的評価 …………………………………… 194
　　3　質的総合評価 …………………………………………………… 197

目　次

　第 4 節　答えにくい調査票……………………………………………… 200

終章　市民意識調査の課題と展望 ………………………………………… 211
　第 1 節　都合のいい住民参加手段としての市民意識調査………… 211
　第 2 節　蔓延する〈社会調査無力論〉の是正……………………… 214
　第 3 節　関係者の「社会調査能力」の問題点……………………… 218
　第 4 節　〈やっただけの調査〉から〈分析できる調査〉への転換…223

巻末資料……………………………………………………………………233

第1章
総合計画策定のための市民意識調査
──大阪府下44自治体の実態──

第1節　総合計画と市民意識調査

① 市役所がおこなう社会調査

　私たちが暮らす自治体には，その自治体独自の施策を示した行政計画というものがある。その計画は，住民がよりよい生活を営むために，福祉・環境・教育といったさまざまな分野で個別に作られている。その策定過程において，市役所は，市民の「声」をいかにして計画に盛り込むかという努力を，多様な方法によって試みている。その方法のひとつに，市民の意見や要望を幅広く把握するためにおこなわれる「市民意識調査」というものがある。市役所が，市民を対象にしておこなう"アンケート調査"と考えていただけるとわかりやすいだろう。

　では，この市役所がおこなう「市民意識調査」は，どのように実施されているのだろうか。われわれは，今回の「大阪府市町村調査」をおこなう前に，阪神間の6つの自治体（神戸市・西宮市・芦屋市・宝塚市・伊丹市・尼崎市）において，「市民意識調査」の資料を収集した。集まった多くの資料を分析した結果，どの市役所においても，さまざまな形で「市民意識調査」がおこなわれており，その調査テーマも多岐にわたっているということがわかった。また同時に，神戸市を除くすべての市役所が「総合計画策定のための市民意識調査」（以下，「総計のための市民意識調査」とする）をおこなっているということもわ

かった。そこで，今回の研究テーマである「市役所がおこなう市民意識調査の実態を把握する」にあたって，この「総計のための市民意識調査」を対象にすることとした。それは，非常に多くの自治体で実施されている調査であるため，普遍的に同一な基準で，自治体ごとに比較ができるからである。

「総合計画」とは，その名のとおり，市町村の振興発展のための総合的な計画であるといえよう。まずは，総合計画策定のための市民意識調査の根本となる「総合計画」について，その実情を見ていこう。

［2］ 総合計画とは

総合計画（市町村計画）策定の議論は，1960年代になって盛んになった。[1] 1965年，自治省行政局振興課は，「市町村計画策定方法研究会」を設置し，翌年，「市町村計画策定方法研究報告」（国土計画協会）をまとめる。その中で，市町村計画は，基本構想（10年）・基本計画（5年）・実施計画（3年）からなる重層的計画体系として策定されるべきという提言がされた。[2] この提言を受け，1969年，地方自治法が改正され，「市町村は，その事務を処理するにあたっては，議会の議決を経て，その地域における総合的かつ計画的な行政の運営を図るための基本構想を定め，これに即して行うようにしなければならない。（第2条5項）」という規定が追加された。[3] この規定によって，総合計画の中身の基本構想・基本計画・実施計画の3構成のうち，基本構想について，策定が義務づけられた。

次の表1-1A・表1-1Bは，全国の市町村と大阪府下の市町村における基本構想の策定状況を比較したものである。

表1-1A　全国市町村別基本構想の策定状況

	市			町			村			計		
1975年	528	(643)	82.1%	1,497	(1,974)	75.8%	402	(639)	62.9%	2,427	(3,256)	74.5%
1995年	660	(663)	99.5%	1,965	(1,994)	98.5%	573	(577)	99.3%	3,198	(3,234)	98.9%

表1-1B　大阪府下市町村別基本構想の策定状況

	市			町			村			計		
1975年	22	(31)	71.0%	6	(11)	54.5%	1	(2)	50.0%	29	(44)	65.9%
1995年	33	(33)	100%	10	(10)	100%	1	(1)	100%	44	(44)	100%

(注) 1. （ ）内は，調査時点（それぞれの年の5月1日）での市町村数を表している。
　　 2. 全国の「市」欄，「計」欄には，特別区分は含まれていない。
出典：『地方自治便覧』財団法人地方財務協会，1976年，228-229頁，2000年，183頁より作成。

　1975年5月時点では，法制化から6年経ってはいるが，全国の市町村における基本構想の策定率は74.5%となっている。一方，大阪府下の市町村の策定率は，全国より低く，65.9%にとどまっている。大阪府下の市町村の策定率を市町村別に見ると，市町村いずれにおいても，全国の策定率より低く，10%以上の開きがある。また，全国，大阪府ともに，町・村といった人口規模の少ない自治体で策定状況が低くなっている。

　20年後の1995年5月時点では，全国の市町村の策定率は，98.9%となっている。市・村の策定率がほぼ100%に近い中，町の策定率が若干低くなっている。大阪府下では策定率が100%と，全市町村で策定済みとなっている。この20年間で，全国の市町村の策定率を超え，状況が改善されているといえる。

3　総合計画策定のための市民意識調査

　総合計画策定の過程において，多くの自治体は，市民意識調査を実施する以外に，審議会や懇談会を設置したり，作文や意見募集をするなど，さまざまな形態で住民のニーズを把握する努力をしている。「市町村計画策定方法研究報告」の中では，計画策定過程の住民参加の手段について，審議会の設置，公聴会の開催，市民意識調査の実施の3点が提言された。しかし実際には，この点についての法的な記述はなく，自治体ごとの判断に委ねられているのが実情である。

　次の表1-2は，総合計画の中の基本構想策定過程において，アンケート調査（市民意識調査）が，全国でどの程度実施されているかを表したものである。

表1-2　基本構想策定過程におけるアンケート調査の実施状況

	市町村数	割合
1985年	1,876	62.0%
1995年	2,480	77.5%

(注) 1. それぞれの年の調査は5月1日時点で，基本構想を策定済みの市町村に対しておこなった調査である（1985年調査は3026市町村，1995年調査は3198市町村が対象）。
2. 「市町村数」欄には，特別区分は含まれていない。
3. 「割合」欄のパーセントは，それぞれ基本構想策定済みの市町村数に対する比率である。

出典：1985年：『シリーズ　市町村の課題と実務③企画課』ぎょうせい，1995年，205頁。
1995年：「市町村の基本構想等策定状況について」『地方自治』590号，1997年，37頁。
「現行基本構想・基本計画の策定・改定における住民参加の状況等」（自治省）より作成。

1985年時点で，基本構想策定過程における市民意識調査の実施率は，全国では62.0％となっている。1995年の調査では，市民意識調査の実施率は，77.5％となっている。1985年の調査に比べ，10年間で市民意識調査の実施率は，15％近く大きく伸びている。

次に，表1-2の1995年の調査について，基本構想策定過程において市民意識調査を実施した全国の2480市町村を，市町村別に分類したものが，表1-3である。

表1-3　全国市町村別　基本構想策定過程におけるアンケート調査の実施状況

	市			町			村			計		
市町村数	568	(660)	86.1%	1,498	(1,965)	76.2%	414	(573)	72.3%	2,480	(3,198)	77.5%

(注) 1. （ ）内は，基本構想策定済みの市町村数を表している。
2. 「市」欄，「計」欄には，特別区分は含まれていない。

出典：「市町村の基本構想等策定状況について」『地方自治』590号，1997年，37頁。
「現行基本構想・基本計画の策定・改定における住民参加の状況等」（自治省）より作成。

この表から，市町村別で見てみると，市での市民意識調査の実施率が86.1％と最も高い。以下，町（76.2％）・村（72.3％）の順で，実施状況が低くなっている。今回研究をおこなった2001年時点，大阪府下では，すべての市町村で，総合計画策定のための市民意識調査を実施している。

④ 近年の市民意識調査の実施状況

　全国の自治体における市民意識調査の実施状況を調査したもののひとつに，全国社会福祉協議会が，2000年に実施した市町村「地域福祉計画に関する実態調査」(5)がある。この調査は，地域福祉計画を策定するにあたって，市町村の福祉計画の現状を調査したものである。

　この中で，老人保健福祉計画・障害者計画・児童育成計画の３つの福祉分野の計画策定過程において，アンケート調査（市民意識調査）がどの程度実施されているかを調査したものがある。質問は以下のとおりで，調査結果のうち「アンケート調査の実施」という回答についてまとめたものが，**表１-４**である。

> 　ここでは，現在策定中の老人保健福祉計画についておたずねします。
> (1) 計画の策定過程において，住民・関係者の意見を把握するために，どのような調査を実施しましたか。

(注) 1. 選択肢は，表１-５の９つの項目である。
　　 2. 老人保健福祉計画については，すべての自治体に対して質問しているが，障害者計画・児童育成計画については，それぞれの計画をすでに策定している自治体のみに対しての質問となっている。

表１-４　福祉分野の３計画策定過程におけるアンケート調査の実施状況

	老人保健福祉計画			障害者計画			児童育成計画		
アンケート調査の実施(自治体数)	1,291	(1,565)	82.5%	589	(708)	83.2%	305	(332)	91.9%

(注) 1. （　）内の数字は，それぞれの計画を策定済みの自治体数（特別区分を含む）を表している。
　　 2. 「自治体数」欄には，特別区分を含んでいる。
出典：地域福祉計画に関する調査研究委員会編『地域福祉計画策定に向けて』2001年，119-124頁より作成。

　これら３つの計画の策定過程においては，８割から９割の自治体が，市民意識調査を実施している。特に，「児童育成計画」については，計画策定済みの自治体こそ332自治体と少ないが，そのうち，91.9％と非常に多くの自治体で市民意識調査を実施している。つまり，福祉分野の３計画についても，計画の策定過程で市民意識調査が全国の多くの自治体で実施されているといえよう。

　さらに，この実態調査の中に，以下のような質問で，行政計画全般について

住民参加の状況を問う項目があり、その回答をまとめたものが表1-5である。

> ここでは、貴自治体の計画全般についておたずねします。
> (2) 貴自治体で策定している行政計画に関して、計画策定における住民参加の状況をおたずねします。
> ①貴自治体では、計画に住民の意見や要望を反映する際、どのような方法を実施していますか。

表1-5 行政計画全般について住民参加の状況

	計	ほとんどの計画で実施	実施したことがある	実施したことがない	無回答
住民に対してアンケート調査を実施し、意見を得る	1,565 100%	652 41.7%	676 43.2%	39 2.5%	198 12.7%
住民への説明会や公聴会を開催し、その場で意見を得る	1,565 100%	180 11.5%	791 50.5%	327 20.9%	267 17.1%
計画策定委員会等の委員として、公募住民に参加してもらい、意見を得る	1,565 100%	179 11.4%	580 37.1%	536 34.2%	270 17.3%
住民モニター制度等を活用し、モニター委員等を通じて意見を得る	1,565 100%	19 1.2%	279 17.8%	956 61.1%	311 19.9%
広報紙を通じて計画への意見を募集し、葉書や投書、ファックス等により意見を得る	1,565 100%	79 5.0%	544 34.8%	641 41.0%	301 19.2%
インターネットを通じて住民の意見を得る	1,565 100%	14 0.9%	161 10.3%	1,080 69.0%	310 19.8%
住民や当事者団体等に自主的な計画検討委員会を開催してもらい、意見を得る	1,565 100%	46 2.9%	379 24.2%	837 53.5%	303 19.4%
日ごろの苦情や行政相談内容を集計する	1,565 100%	89 5.7%	598 38.2%	559 35.7%	319 20.4%
その他	1,565 100%	13 0.8%	18 1.2%	168 10.7%	1,366 87.3%

(注) 上段は自治体数（特別区分を含む）、下段は構成比を示す。
出典：地域福祉計画に関する調査研究委員会編『地域福祉計画策定に向けて』2001年、127頁より作成。

この表のように、計画に住民の意見や要望を反映する方法として多様な方法がある。アンケート調査を「ほとんどの計画で実施している」と回答したのは、652自治体（41.7%）であった。「ほとんどの計画で実施」と「実施したことがある」を合わせると、1328自治体（84.9%）にのぼる。逆に、「実施したことがない」と回答したのは、39自治体（2.5%）しかない。つまり、行政計画全

般において計画策定過程で，最も多くの自治体で実施されているのが，「住民に対してアンケート調査を実施し，計画に関する意見を得る」方法である。

以上のように，行政計画全般において，住民のニーズを把握するために，また計画に住民の意見や要望を反映させるひとつの方法として，市民意識調査が全国の多くの自治体で幅広く実施されているといえる。

第2節 本研究の経緯と概要

市役所が実施している市民意識調査の現状を把握するために，われわれがおこなった調査は阪神間6都市調査・大阪府市町村調査・大阪府市町村確認調査・香川県市町村調査・業者調査，そして各追跡事例調査である。ここではそれぞれの調査の概要と，調査時に作成，使用したマニュアルおよび関連資料について紹介する。

1 各調査の概要

(1) 阪神間6都市調査（プレ調査）

市役所はさまざまな市民意識調査を実施している。それらの実態を把握するには，まず調査対象を決定する必要がある。それは，自治体ごとに同じ基準で比較ができるものでなければならない。

まず，身近な阪神間の自治体に対し，市役所が実施した市民意識調査の関連資料を可能な限り収集した。資料分析の結果，多くの市役所が総合計画策定過程において，市民意識調査を実施していることがわかった。ここで，統一された調査対象で，自治体ごとの比較が可能な点から，「総計のための市民意識調査」を対象とした。しかし，関連資料からでは市民意識調査がどのように実施されているかという詳細を把握できないため，聞き取り調査をおこなうこととなった。

市役所の市民意識調査を担当した職員（以下，調査担当者とする）に対し，

聞き取り調査のアポイントメントを取り，下記の項目について聞き取り調査をおこなった。

```
調査対象：神戸市・西宮市(6)・芦屋市・宝塚市・伊丹市・尼崎市
調査時期：2000年11月30日～12月5日
調査方法：聞き取り調査
　　　　　電話で総合計画策定の担当課を把握，関連資料を収集し，調査内容の概要をかねた
　　　　　依頼書を送付した後，聞き取り調査を実施
調査項目：予算・決算の詳細
　　　　　作業担当詳細
　　　　　調査結果を施策へ反映させるシステム
　　　　　調査担当者として感じた問題点・反省点
```

聞き取り調査を実施する中で，神戸市で自治体と外部業者による作業段階での作業分担，および決算の詳細な実態を把握することができた。これをもとにして，大阪府市町村調査では，作業担当表・決算表を作成した。また，芦屋市からは総合計画策定目的以外に実施された市民意識調査（以下「総計以外の市民意識調査」とする）の一覧表をいただいた。これを分析すると，総計以外の市民意識調査についても把握する必要性が検討された(7)。

6つの自治体に対する聞き取り調査の結果，市民意識調査を考えるうえで以下の3点が重要であることがわかった(8)。

- 社会調査論的に問題がある調査方法，調査票
- 決算の妥当性，採算性
- 外部業者との業務委託関係

この3点に重点を置き，さらに調査の規模を広げたものが，次の大阪府市町村調査である。

（2）大阪府市町村調査（本調査）

阪神間6都市調査に新たな調査項目を加え，より詳細かつ幅広く実態を把握するために実施した。

調査対象は，プレ調査の6自治体より大規模に府県単位へと広げ，把握する

こととなった。まず候補として阪神間の 6 自治体を含む兵庫県があげられた。しかし，調査範囲が広域となり，調査実施に経費がかさみ困難であるとの理由で見送られた。そこで，調査を実施するのに際し，調査範囲，経費を考慮して大阪府を調査対象とすることに決定した。大阪府は，県域面積が比較的小さく，どこであってもわりと交通の便が良く，都市部から農村部まで幅広い特性の自治体で構成されているからである。

まず，大阪府下の自治体を表 1-6 のように11自治体ずつ 4 つのブロックに分け，調査員 5・6 名ずつが，各ブロックの調査をそれぞれ担当した。そして，各ブロックの調査員が資料収集からアポイントメント，聞き取り調査までの一連の作業を請け持つこととした。

表 1-6 調査ブロック振り分け

1	池田市 箕面市 茨木市	高槻市 島本町 枚方市	豊中市 吹田市 摂津市	能勢町 豊能町
2	大阪市 守口市 寝屋川市	交野市 門真市 四条畷市	大東市 東大阪市 八尾市	藤井寺市 柏原市
3	松原市 堺市 高石市	羽曳野市 大阪狭山市 富田林市	河内長野市 美原町 太子町	河南町 千早赤阪村
4	泉大津市 貝塚市 岸和田市	和泉市 泉佐野市 泉南市	阪南市 忠岡町 田尻町	熊取町 岬町

調査項目については，新たに過去 5 年間（1996～2000年）に実施された総計以外の市民意識調査の把握と，各自治体の社会調査精通者の把握という項目を盛り込んだ。前者の項目は，市役所が実施する市民意識調査の全体像を把握するために必要となった。後者の項目は，行政には，外部業者に頼らず，社会調査の知識のある人材がいるかということを調べるために，聞き取り調査を実施することになった。

> 調査対象：大阪府下44自治体
> 調査時期：2000年12月28日〜2001年4月19日
> 調査方法：聞き取り調査
> 　　　　　電話で総合計画策定の担当課を把握，関連資料を収集し，調査内容の概要をかねた依頼書を送付した後，聞き取り調査を実施
> 調査項目：決算詳細
> 　　　　　作業担当詳細
> 　　　　　総合計画策定の流れ
> 　　　　　調査結果を施策へ反映するシステム
> 　　　　　調査担当者として感じた問題点・反省点
> 　　　　　調査担当者・社会調査精通者氏名
> 　　　　　総計以外の市民意識調査（過去5年間分）

　次に，調査をおこなうにあたって，次項で触れるマニュアルやファイルを作成し，それらをもとに，統一した形で調査を実施した。調査手順は以下のとおりである。

　①市役所に総合計画策定の担当課を問い合わせ，それに伴う市民意識調査の実施を確認し，関連資料の請求をした。
　②担当課に聞き取り調査を依頼。調査のアポイントメントを取った。
　③調査概要と質問項目を載せた依頼書，作業担当表・決算表，総計以外の市民意識調査の一覧表(9)を送付した。
　④調査員全員が調査目的・質問項目の把握を徹底するために，再三に渡ってミーティングをおこなった。
　⑤聞き取り調査を終え，調査時のメモ，録音したテープ，いただいた資料などをもとに調査結果を各ファイルにまとめていき，分析作業をおこなった。

（3）大阪府市町村確認調査

　大阪府市町村確認調査は，先におこなった大阪府市町村調査の結果をより確かなものとすることを目的として実施した。

　確認調査をおこなうにあたって，聞き取り調査時に回答していただいた内容を，確認調査票(10)にすべて整理した。そして，その内容に誤りがないかを再確認

するため，確認調査票を各自治体の調査担当者にファックスで送付した。そのうえで電話をかけ，ひとつひとつの項目に関して再度詳細な説明をし，回答内容に関する確認作業をおこなっていった。

調査対象：大阪府下44自治体
調査時期：2001年6月6日～2001年6月29日
調査方法：電話調査
　　　　　コンタクトファイルに記載された調査担当者に，ファックスにより確認調査票を送付，回答を得た。その後，記入された調査票に対して，再度項目ごとの内容を電話で確認する方法で調査を実施
調査項目：外部委託範囲（総合計画策定全体・調査作業のみ・その他）
　　　　　外部業者名（総合計画策定・調査作業）
　　　　　外部業者選定方法（一般競争入札・指名競争入札・随意契約）
　　　　　委託金額（総合計画策定・調査作業）
　　　　　学識経験者の関与（個人およびチーム・審議会・外部業者）
　　　　　サンプリング（調査対象年齢・サンプリング台帳・サンプリング方法・サンプル数・回収数・回収率・調査方法・督促の有無）
　　　　　調査作業への行政・外部業者の関わり度合い
　　　　　データ保存（調査原票回収・データの保存・データ分析の状況）

　確認調査の過程においては，特に外部業者と委託金額の確認に時間がかかった。こうした項目は自治体と外部業者との関係に関わってくる問題である。そのため快く回答をいただける協力的な自治体ばかりではなく，「それは公開しません」「公開条例などに従って正式な手続きをとってください」など，暗に回答を拒否する自治体もいくつか見られた。

　しかし，こうした回答をいただけない自治体に対しては，調査に快く協力していただいた自治体の調査データを示しながら，再度調査の趣旨を伝えた。さらに，調査担当者だけでなく調査責任者にも協力を仰ぐなどして，最終的にはすべての自治体から均一のデータをいただくことができた。

（4）香川県市町村調査
　大阪府市町村調査で得られた調査結果が大阪だけの特性であるのか，他府県と比べても同様のことがいえるのかということを確かめるために実施した。

調査対象に香川県を選定した理由は以下のとおりである。香川県は関西学院大学にも比較的近く，県域面積が大阪府にほぼ等しい。自治体数も大阪44に対し，香川43自治体と非常に似通っていた。また自治体特性の面では，大阪に比べ地方色の強い農村部を多く抱えており，比較対象として適していた。

```
調査対象：香川県下43自治体（実質調査対象は35自治体と2合併協議会）
調査時期：電話調査　2001年8月30日～11月12日
　　　　　聞き取り調査　2001年8月13日～8月14日（高松市）
調査方法：電話調査
　　　　　　調査担当者にファックスおよび電子メールで確認調査票を送付，回答を得た。その
　　　　　　後，記入された調査票に対して再度項目ごとに内容の確認を実施
　　　　　聞き取り調査（高松市）
　　　　　　過去5年間で実施された総計以外の市民意識調査については，調査担当者の積極的
　　　　　　な協力のもと庁内の各課に連絡を回していただき，調査票を回収。その後，各課に
　　　　　　電話による確認作業を実施
調査項目：大阪府市町村調査と同項目
　　　　　過去5年間で実施された総計以外の市民意識調査（高松市のみ）
```

　この調査は，聞き取り調査とはいえ電話による調査のため，被調査者である調査担当者との信頼関係を築くことが非常に困難だった。こうしたことも関係してか，大阪での調査同様，項目によっては回答をいただけない自治体が多数あった。しかし，この場合も大阪での調査結果や，香川での協力的な自治体の調査結果などを例示しながら協力を仰ぎ，最終的にはほぼ大阪と同様の結果をまとめることができた。

（5）業者調査

　業者調査は，行政から総合計画策定・市民意識調査実施の業務を受託したすべての外部業者の詳細な情報を調査したものと，特定の外部業者に対し事例的に調査した2つがある。

　前者の調査は，大阪府市町村調査・香川県市町村調査の中で判明した総合計画策定や市民意識調査実施に関与した外部業者の網羅的把握を目的として実施した。総合研究開発機構（NIRA）データベースや各社のホームページから本

社所在地や従業員数・専門分野などを調べた。これらを公開していない業者に関しては，直接電話にて調査の趣旨を伝え回答をいただいた。

調査対象：大阪府下・香川県下の自治体の総合計画策定および市民意識調査作業を受託した外部業者
調査時期：2001年5月30日～2001年11月22日
調査方法：総合研究開発機構（NIRA）データベースを検索し登録がある場合は抜粋
　　　　　登録がない場合は各社が開示しているホームページを参照し抜粋
　　　　　どちらにも開示がない場合は直接電話にて確認
調査項目：外部業者正式名称・本社所在地・法人格・資本関係・設立年次・従業員数・専門分野

後者の調査は行政側からの一方的な意見だけでなく，業者側からの意見を求めるために実施した。調査対象は最も多くの自治体の調査作業に関与していたということから，地域計画建築研究所（アルパック）と野村総合研究所とした。実際に調査作業に関与した調査研究員の方々に以下の項目について話を伺った。

調査対象：地域計画建築研究所（アルパック）・野村総合研究所
調査時期：2001年6月28日
調査方法：聞き取り調査
調査項目：質問文作成時に重視する点
　　　　　質問文作成時の自治体側からの働きかけ
　　　　　総合計画策定過程における市民意識調査の必要性
　　　　　受託する側としての意見・感想

（6）八尾市調査

大阪府市町村調査ではすべての自治体を比較して見てきたが，この調査ではひとつの自治体における市民意識調査の全体像を把握するため実施した。調査は，八尾市を対象におこなわれた。八尾市選定の経緯は，大阪府市町村調査で実際に聞き取り調査をおこなった調査員の話から，市民意識調査に対して最も積極的に取り組んでいると評価されたためである。この調査での結果をもとに，総計のための市民意識調査の実施過程を時系列に沿って明らかにしていった。

またこの調査では個別の聞き取り調査だけでなく，市民意識調査実施に携

わったプロジェクトチームと大谷研究室との懇談形式の会合もおこなわれた。

調査時期：2001年6月7日・8月6日・2002年1月11日
調査方法：聞き取り調査
電話での調査項目説明の後，聞き取り調査を実施
調査項目：市民意識調査実施にいたる経緯について
外部業者の導入のいきさつなど
学識経験者の関与について
調査設計・調査分析・報告書の作成について
調査結果の報告や公開の仕方
プロジェクトチーム結成のいきさつ
外部業者選定作業の詳細
ワーキンググループとは何か
調査実施時の外国人住民に対する配慮の詳細
調査結果の事実確認
調査実施にあたってのこだわりについて
調査時期：2001年11月3日〜2001年1月10日
調査方法：電子メールを用いた調査
元プロジェクトチームメンバーに対して，電子メールを用いて調査を実施
調査項目：八尾市総合計画の基本構想と基本計画の関係について
実施計画の策定時期
調査実施の各作業について
プロジェクトチームの人事異動の再確認

（7） 3市調査

　市役所が総合計画策定目的以外でおこなっている市民意識調査について明らかにするために実施された。大阪府市町村調査で回答を得られた総計以外の市民意識調査の実施状況について，さらに詳しい聞き取り調査をおこなっていった。

　吹田市・羽曳野市・高石市を事例として取り上げ，調査内容・調査形式について聞き取り調査をおこなった。また羽曳野市では多岐にわたるテーマの市民意識調査を理解するひとつとして，市長に対しての聞き取り調査もおこなった。

第 1 章　総合計画策定のための市民意識調査

調査対象：吹田市
調査時期：2001年8月29日
調査方法：聞き取り調査
電話での調査依頼の後，調査依頼文と質問項目をファックスにて送付，聞き取り調査を実施。必要に応じて随時，電話・ファックスによる調査を実施
調査項目：過去5年間に実施した市民意識調査について
モニター制度・モニターアンケート調査について
調査対象：羽曳野市
調査時期：2001年9月7日・11月13日
調査方法：聞き取り調査
電話での調査依頼の後，調査依頼文と質問項目をファックスにて送付，聞き取り調査実施。11月13日は羽曳野市長，福谷剛蔵氏への聞き取り調査を実施。必要に応じて随時，電話・ファックスによる調査を実施
調査項目：過去5年間に実施した市民意識調査について
さまざまなテーマによる調査の実態として羽曳野市の施策について
エンジェルノートについて
調査対象：高石市
調査時期：2001年9月19日
調査方法：聞き取り調査
電話での調査依頼の後，調査依頼文と質問項目をファックスにて送付，聞き取り調査を実施。必要に応じて随時，電話・電子メール・ファックスによる調査を実施
調査項目：過去5年間に実施した市民意識調査について
広聴はがきについて

（8）追跡事例調査

　本書原稿を執筆するにあたり，必要となった事例の詳細把握のため実施された。大阪府市町村調査で，「調査担当者から興味深い回答を得られた」「調査後にあがってきたデータの中で，特徴的な点がある」などといった自治体を中心に調査対象とした。

調査対象：能勢町・太子町・藤井寺市・四条畷市・交野市・柏原市・堺市・箕面市・田尻町・岸和田市・吹田市・東大阪市・和泉市・泉大津市・高石市・大阪市・貝塚市・門真市・島本町・大東市・千早赤阪村・岬町
調査時期：2001年8月～12月
調査方法：電話調査
コンタクトファイルに記載された調査担当者に対して電話で調査を実施
調査項目：調査対象年齢について
サンプル数について
回収率について
回収率の高かった自治体の特徴的な取り組みについて
督促状について
調査対象：太子町
調査方法：聞き取り調査
調査時期：2001年8月9日
調査項目：市民意識調査の特徴的な取り組みについて
回収率について

２　調査をおこなうにあたっての資料作成

　今回の調査では，調査員が20～30人に及ぶため，各自が等しく知識を持ち合わせることが大切になってくる。そこで，われわれは，各調査の段階において，マニュアルを作成することで，調査を統一した形式でおこない，調査結果にばらつきが出るのを防いだ。

　特に，大阪府市町村調査は，44自治体という広範囲の調査となったことから，扱う情報量も莫大なものとなった。この点では，情報や調査結果を正確に保存し，共有することを目的に，調査終了後に，ファイルを作成した。また役所側の対応の様子は，その都度すべてメモに残すようにした。調査を実施していく段階で，われわれが最も注意したのは，次の４点である。

- 各自治体に対して，均一な質で，標準化されたレベルで調査をおこなうこと
- 対外的に失礼にならないこと

- 役所側との信頼関係を築き，調査をスムーズに実施すること
- 統一した形式で，正確なデータを保存しておくこと

　ここで，大きな役割を果たしたのが，マニュアル・ファイルである。以下，実際に調査をおこなう過程で使用した資料を，調査の段階に沿って紹介していく。資料の詳細は巻末に掲載したので，参照していただきたい。

① **資料集め電話マニュアル**（使用時期：2000年12月28日〜2001年2月4日）
　このマニュアルは，必要となる調査票や報告書を収集するために，44自治体に対して電話をかけるときに使用した。特に注意した点は，調査をおこなう入り口に当たるので，相手側に迷惑のかからないようにしたことである。また，役所側とのさまざまな応対のケースを想定した内容となっている。

② **アポイントメントマニュアル**（使用時期：資料収集後〜聞き取り調査実施1〜2週間前）
　これは，電話で聞き取り調査をおこなう日程を決める際に使用した。アポイントメントを取る過程では，各自が調査の趣旨を正確に伝えたうえで協力を依頼することが大切となってくる。内容もこの点に注意して作成した。また，以後の調査をスムーズにおこなえるように，アポイントメントが取れた後で，依頼書を送ることとした。相手側との都合が合わない場合は，依頼書を先に送り，後日，日程を調整する例もあった。

③ **調査概要と質問項目を載せた依頼書**（使用時期：聞き取り調査実施前）
　調査担当者が，こちらの調査の概要（調査趣旨・質問事項）を理解し，事前の準備ができるように作成した。依頼書は，電話でアポイントメントが取れた調査担当者に対して，ファックス，もしくは郵送した。また，プレ調査で得た神戸市の作業担当表・決算表と，市民意識調査の全体像を把握するために，総計以外の市民意識調査一覧表を添え，参考としてもらった。

④　聞き取り調査マニュアル（使用時期：聞き取り調査実施前）

　作成の目的は，調査員の最終的な確認のためで，聞き取り調査をおこなう前に使用した。内容は，調査をおこなう前に準備すべき点と，注意事項を記している。強調した点は，対外的に失礼にならないようにすること，担当となった自治体から収集した資料等の理解をすること，テープレコーダーの使用に際しての注意といったマナー面である。

⑤　聞き取り調査票――質問用・記入用（使用時期：調査実施時）

　各調査員が統一した質問をすることによって，結果の比較が可能となってくる。質問用は，質問内容の主旨を詳細に記し，各調査員が同じ質で調査する目的で作成した。これを作成することによって，大勢による調査ではあったが，調査結果のばらつきを防ぐことができた。記入用は，テープレコーダーに頼ることなく，回答内容を詳細に書き込むために使用した。

⑥　コンタクトファイル（使用時期：調査後）

　このファイルは，調査結果を統一した形式で保存しておくこと，また調査員同士の情報の共有を目的として作られた。研究室に保管して，いつでも見られるようにした。大勢による調査のため，調査員が変わった場合でも，このファイルの内容を確認することによって過去の調査経過の引継ぎができるようにした。このことは，限られた時間の中で応対していただける調査担当者に対しても迷惑をかけないことにもつながる。内容としては以下のとおりである。巻末には例として八尾市を取り上げている。

　　〈内容〉　１．市役所所在地・電話番号・調査担当課・調査担当者
　　　　　　２．資料請求日・資料請求担当者・資料請求方法
　　　　　　３．アポイントメント実施日・アポイントメント担当者・アポイントメント方法
　　　　　　４．調査実施日・調査担当員・調査担当者
　　　　　　５．回収資料

6．他の調査員への伝達事項

⑦ **作業担当表・決算表**（使用時期：調査後）
　作業担当表は，聞き取り調査の回答内容を統一した形式でまとめるために作成した。作業段階ごとに，作業担当者とその作業内容を記していった。これによって，外部業者と調査担当課との関連性などが見えてきた。
　決算表に関しては，各作業段階においてどのくらいのお金がかかったのかを把握するために作成した。巻末では，神戸市を例として取り上げている。
　この2つの表も研究室に保管し，ここに記載されている内容をもとに，追跡事例調査をおこなっていった。

⑧ **確認調査票**（使用時期：2001年6月6日〜6月29日）
　この調査票は，大阪府市町村調査で得た回答の再確認，補完を目的として実施した確認調査時に使用した。ここで，全自治体に対して，統一した形式で再調査をおこなうことによって，各自治体から得た回答をより確かなものとしていった。コンタクトファイルに記載された調査担当者に対して，ファックスで確認調査票を送信し，全自治体から回答を得た。巻末では八尾市を例として取り上げている。

第3節　いつ誰が市民意識調査を実施しているのか

　われわれがおこなった調査は，各自治体で最も近年に実施された総計のための市民意識調査を対象とした。ここでの調査項目は，調査の実施時期・調査担当課・委託先業者名称・業者選定方式・委託金額・調査対象年齢・サンプリング台帳・サンプリング方法・サンプル数・回収率・調査方法・督促の有無・データ保存状況・ホームページによる公開状況であった。この調査結果は，**表1-7**の市民意識調査実施状況一覧表にまとめている。

表1-7 市民意識調査実施状況一覧表

市町村名	人口	調査実施	質問	分析	報告	担 当 課 名 称
大　阪　市	2,598,589	1988年03月	3	3	1	計画調整局企画調整部企画調査課
堺　　　市	792,034	1998年08月	3	2	1	企画部計画推進担当
東 大 阪 市	515,055	1996年11月	3	1	1	企画部総合計画策定室
枚　方　市	402,586	1998年10月	3	2	1	企画調整部企画課
豊　中　市	391,732	1996年12月	1	1	1	政策推進部企画調整室
高　槻　市	357,440	1998年08月	3	2	1	市長公室政策推進室
吹　田　市	347,938	1992年10月	2	2	1	企画部政策推進室
八　尾　市	274,779	1999年07月	3	3	1	企画調整部地域経営室
茨　木　市	260,644	1992年11月	3	2	1	企画財政部企画調整課
寝屋川市	250,837	1998年11月	3	1	1	企画財政部総合計画室
岸和田市	200,115	1998年10月	1	1	1	企画調整部企画課
和　泉　市	172,975	1993年12月	1	1	1	企画財政部企画調整課
守　口　市	152,032	1990年08月	3	1	2	企画調整部企画課
門　真　市	135,669	1998年07月	3	3	1	市長公室総合政策課
松　原　市	132,560	1996年12月	1	1	1	政策推進部総合計画室
大　東　市	129,011	1999年01月	1	1	1	市長公室企画調整課
富田林市	126,551	1994年03月	1	1	1	市長公室企画情報室
箕　面　市	124,905	1997年09月	1	1	1	市長公室政策企画室
河内長野市	121,012	1993年03月	1	1	1	企画調整部政策推進室
羽曳野市	119,254	1992年07月	3	1	1	企画財政部まちづくり推進課
池　田　市	101,601	1996年08月	1	1	1	政策推進部企画調整室
泉佐野市	96,064	1995年11月	1	1	1	市長公室企画課
貝　塚　市	88,524	1993年07月	1	1	1	都市政策部企画課
摂　津　市	85,060	1993年09月	1	1	1	市長公室政策推進課
柏　原　市	79,221	1999年07月	3	1	1	企画室
交　野　市	76,908	1998年11月	3	1	1	総務部企画調整課
泉大津市	75,090	1998年01月	1	1	1	総合政策部企画調整課
藤井寺市	66,800	1993年12月	1	1	1	総務部企画財政課
泉　南　市	64,154	1999年02月	1	1	1	市長公室企画広報課
高　石　市	62,266	1997年10月	1	1	1	企画調整部企画課
阪　南　市	58,195	1999年10月	3	3	2	総務部企画課
大阪狭山市	56,995	1999年09月	1	1	1	政策調整室
四條畷市	55,062	1993年11月	1	1	1	総務部企画調整課
熊　取　町	42,915	1995年11月	3	2	2	町長公室企画人事課
美　原　町	37,614	1993年11月	1	2	3	総務部企画課
島　本　町	30,125	1999年10月	1	1	1	町長公室企画課
豊　能　町	25,723	1998年08月	3	2	1	総務部企画財政課
岬　　　町	19,789	1998年08月	3	2	1	町長公室企画グループ
忠　岡　町	17,509	1999年10月	3	3	3	町長公室総合調整担当
河　南　町	17,341	1997年12月	1	1	1	総務部町長公室総務課
太　子　町	14,190	1994年12月	1	2	1	秘書政策課
能　勢　町	14,184	1998年12月	1	1	1	税政企画課
千早赤阪村	6,968	1999年02月	1	1	1	総務部総務課
田　尻　町	6,787	1997年02月	1	1	1	総務部企画財政課

第 1 章　総合計画策定のための市民意識調査

市町村名	委託業者（総合計画）	選定方式	総合計画委託額
大阪市	委託なし（注）	—	275,000,000
堺市	委託なし	—	—
東大阪市	（株）日本総合研究所	随意契約（複数）	32,300,000
枚方市	パシフィックコンサルタンツ	指名競争入札	22,050,000
豊中市	三和総合研究所	随意契約（複数）	50,872,500
高槻市	地域計画建築研究所	随意契約（単独）	27,300,000
吹田市	委託なし	—	—
八尾市	野村総合研究所	随意契約（複数）	28,860,000
茨木市	ジャス	随意契約（複数）	36,050,000
寝屋川市	パシフィックコンサルタンツ	随意契約（複数）	16,800,000
岸和田市	（株）日本総合研究所	随意契約（複数）	36,850,000
和泉市	（財）地域行政総合研究センター	随意契約（複数）	31,000,000
守口市	総合科学株式会社	随意契約（単独）	21,974,800
門真市	かんこう	随意契約（複数）	20,552,700
松原市	野村総合研究所	随意契約（複数）	37,329,000
大東市	電通パブリックリレーションズ	随意契約（単独）	48,418,660
富田林市	（株）日本総合研究所	随意契約（複数）	24,838,500
箕面市	委託なし	—	—
河内長野市	COM計画研究所	随意契約（単独）	68,855,500
羽曳野市	日本マーケティングエージェンシー	随意契約（単独）	53,395,200
池田市	委託なし	—	—
泉佐野市	地域計画建築研究所	随意契約（単独）	42,668,500
貝塚市	都市計画設計研究所	指名競争入札	44,346,900
摂津市	関西総合研究所	指名競争入札	12,875,000
柏原市	パスコ	指名競争入札	22,038,000
交野市	関西総合研究所	随意契約（複数）	14,000,000
泉大津市	COM計画研究所	随意契約（複数）	58,085,000
藤井寺市	野村総合研究所	随意契約（複数）	50,460,000
泉南市	関西総合研究所	随意契約（複数）	総計策定中
高石市	関西総合研究所	随意契約（単独）	14,865,000
阪南市	関西空港調査会	随意契約（複数）	19,988,850
大阪狭山市	地域計画建築研究所	随意契約（単独）	21,735,000
四条畷市	地域計画建築研究所	随意契約（単独）	20,740,000
熊取町	関西総合研究所	随意契約（複数）	17,808,900
美原町	地域計画建築研究所	随意契約（単独）	24,980,453
島本町	地域計画建築研究所	指名競争入札	総計策定中
豊能町	ジャス	指名競争入札	12,918,080
岬町	地域計画建築研究所	指名競争入札	16,909,200
忠岡町	関西総合研究所	随意契約（複数）	11,300,000
河南町	匠里都市研究所	随意契約（複数）	9,724,000
太子町	地域計画建築研究所	随意契約（複数）	10,810,880
能勢町	生活環境問題研究所	随意契約（単独）	8,484,000
千早赤阪村	パスコ	随意契約（複数）	9,922,500
田尻町	朝平都市計画研究所	随意契約（複数）	22,055,500

市町村名	委託業者（調査作業）	選定方式	調査委託額	学識経験者
大阪市	日本リサーチ研究所	指名競争入札	算出不可	関与なし
堺市	関西情報センター	随意契約（複数）	7,350,000	関与なし
東大阪市	総合計画機構	随意契約（単独）	4,040,000	関与なし
枚方市	パシフィックコンサルタンツ	指名競争入札	算出不可	関与なし
豊中市	野村総合研究所	随意契約（複数）	16,995,000	関与あり
高槻市	地域計画建築研究所	随意契約（単独）	算出不可	関与あり
吹田市	地域計画建築研究所	随意契約（複数）	7,272,000	関与あり
八尾市	野村総合研究所	随意契約（複数）	2,520,000	関与あり
茨木市	関西情報センター	随意契約（単独）	4,841,000	関与なし
寝屋川市	パシフィックコンサルタンツ	随意契約（複数）	1,445,000	関与なし
岸和田市	(株)日本総合研究所	随意契約（複数）	算出不可	関与なし
和泉市	(財)地域行政総合研究センター	随意契約（複数）	4,460,000	関与なし
守口市	総合科学株式会社	随意契約（複数）	算出不可	関与あり
門真市	かんこう	随意契約（単独）	2,249,200	関与なし
松原市	野村総合研究所	随意契約（複数）	2,500,000	関与なし
大東市	電通パブリックリレーションズ	随意契約（単独）	算出不可	関与なし
富田林市	(株)日本総合研究所	随意契約（複数）	5,090,000	関与なし
箕面市	三和総合研究所	随意契約（複数）	4,180,000	関与なし
河内長野市	COM計画研究所	随意契約（単独）	算出不可	関与なし
羽曳野市	日本マーケティングエージェンシー	随意契約（単独）	3,994,752	関与なし
池田市	大和総研	指名競争入札	5,974,000	関与なし
泉佐野市	地域計画建築研究所	随意契約（単独）	算出不可	関与なし
貝塚市	都市計画設計研究所	指名競争入札	6,000,000	関与なし
摂津市	関西総合研究所	指名競争入札	1,248,000	関与なし
柏原市	パスコ	指名競争入札	算出不可	関与なし
交野市	関西総合研究所	随意契約（複数）	3,166,800	関与なし
泉大津市	COM計画研究所	随意契約（複数）	3,000,000	関与なし
藤井寺市	野村総合研究所	随意契約（複数）	4,630,000	関与なし
泉南市	関西総合研究所	随意契約（複数）	4,175,000	関与なし
高石市	関西総合研究所	随意契約（単独）	3,885,000	関与なし
阪南市	関西空港調査会	随意契約（複数）	算出不可	関与なし
大阪狭山市	地域計画建築研究所	随意契約（単独）	算出不可	関与なし
四条畷市	地域計画建築研究所	一般競争入札	2,492,136	関与なし
熊取町	ぎょうせい総合研究所	随意契約（複数）	2,266,000	関与なし
美原町	地域計画建築研究所	随意契約（単独）	3,143,000	関与なし
島本町	国際航業	指名競争入札	1,890,000	関与なし
豊能町	国際航業	指名競争入札	4,998,020	関与なし
岬町	地域計画建築研究所	指名競争入札	算出不可	関与なし
忠岡町	関西総合研究所	随意契約（複数）	算出不可	関与なし
河南町	匠里都市研究所	随意契約（複数）	2,520,000	関与なし
太子町	地域計画建築研究所	随意契約（複数）	7,470,385	関与なし
能勢町	生活環境問題研究所	随意契約（単独）	1,000,000	関与なし
千早赤阪村	パスコ	随意契約（複数）	算出不可	関与なし
田尻町	朝平都市計画研究所	随意契約（複数）	算出不可	関与なし

第 1 章　総合計画策定のための市民意識調査

市町村名	調査対象	サンプリング台帳	サンプリング方法
大阪市	20歳以上	選挙人名簿	層化抽出法（単純無作為）
堺　市	20歳以上	住民基本台帳・外国人登録原票	層化抽出法（単純無作為）
東大阪市	18歳以上	住民基本台帳・外国人登録原票	層化抽出法（単純無作為）
枚方市	20歳以上	住民基本台帳・外国人登録原票	単純無作為抽出法
豊中市	16歳以上	住民基本台帳	層化抽出法（単純無作為）
高槻市	20歳以上	住民基本台帳	層化抽出法（単純無作為）
吹田市	18歳以上	住民基本台帳	層化抽出法（単純無作為）
八尾市	16歳以上	住民基本台帳・外国人登録原票	系統抽出法
茨木市	20歳以上	住民基本台帳	層化抽出法（単純無作為）
寝屋川市	20歳以上	住民基本台帳	層化抽出法（単純無作為）
岸和田市	15歳以上	住民基本台帳・外国人登録原票	層化抽出法（単純無作為）
和泉市	20歳以上	住民基本台帳	単純無作為抽出法
守口市	20歳以上	住民基本台帳	単純無作為抽出法
門真市	20歳以上	住民基本台帳	層化抽出法（単純無作為）
松原市	16歳以上75歳以下	住民基本台帳・外国人登録原票	単純無作為抽出法
大東市	20歳以上	選挙人名簿	単純無作為抽出法
富田林市	16歳以上	住民基本台帳・外国人登録原票	単純無作為抽出法
箕面市	16歳以上	住民基本台帳・外国人登録原票	単純無作為抽出法
河内長野市	16歳以上	住民基本台帳	単純無作為抽出法
羽曳野市	20歳以上	住民基本台帳	系統抽出法
池田市	18歳以上	住民基本台帳・外国人登録原票	単純無作為抽出法
泉佐野市	18歳以上	住民基本台帳・外国人登録原票	層化抽出法（単純無作為）
貝塚市	15歳以上	住民基本台帳	層化抽出法（単純無作為）
摂津市	20歳以上	住民基本台帳・外国人登録原票	単純無作為抽出法
柏原市	16歳以上	住民基本台帳・外国人登録原票	単純無作為抽出法
交野市	20歳以上	住民基本台帳	層化抽出法（単純無作為）
泉大津市	16歳以上	住民基本台帳・外国人登録原票	層化抽出法（単純無作為）
藤井寺市	20歳以上	住民基本台帳	層化抽出法（単純無作為）
泉南市	18歳以上	住民基本台帳	層化抽出法（単純無作為）
高石市	16歳以上	住民基本台帳	層化抽出法（系統）
阪南市	16歳以上	住民基本台帳・外国人登録原票	単純無作為抽出法
大阪狭山市	16歳以上	住民基本台帳	層化抽出法（単純無作為）
四条畷市	20歳以上	住民基本台帳・選挙人名簿・外国人登録原票	系統抽出法
熊取町	20歳以上	住民基本台帳・外国人登録原票	単純無作為抽出法
美原町	20歳以上	住民基本台帳	系統抽出法
島本町	16歳以上	住民基本台帳・外国人登録原票	層化抽出法（単純無作為）
豊能町	18歳以上	住民基本台帳・外国人登録原票	層化抽出法（単純無作為）
岬町	16歳以上	住民基本台帳	単純無作為抽出法
忠岡町	20歳以上	住民基本台帳・外国人登録原票	層化抽出法（単純無作為）
河南町	20歳以上	住民基本台帳	層化抽出法（系統）
太子町	全世帯	―	―
能勢町	全世帯	―	―
千早赤阪村	20歳以上	住民基本台帳・外国人登録原票	系統抽出法
田尻町	16歳以上の全住民	―	―

市町村名	サンプル数	回収数	回収率	調査方法	督促	回収	データ	分析	HP(総計)	HP(調査)
大阪市	4,000	2,188	54.7%	郵送法	○	2	2	2	A	C
堺市	11,000	4,436	40.3%	郵送法	○	1	1	1	A	A
東大阪市	4,197	2,070	49.3%	郵送法	●	1	1	1	A	C
枚方市	4,960	3,008	60.6%	郵送法	●	1	1	2	A	B
豊中市	8,500	3,746	44.1%	郵送法	●	1	2	2	A	C
高槻市	10,020	6,092	60.8%	郵送法	●	1	2	2	A	C
吹田市	6,368	3,253	51.1%	郵送法	●	1	2	2	A	C
八尾市	3,000	1,360	45.3%	郵送法	●	1	1	2	A	A
茨木市	4,000	2,290	57.3%	郵送法	●	1	2	2	C	C
寝屋川市	3,150	1,840	58.4%	郵送法	●	1	2	2	A	A
岸和田市	4,000	2,408	60.2%	郵送法	●	2	2	2	A	C
和泉市	4,628	2,632	56.9%	郵送法	●	2	2	2	A	C
守口市	3,010	2,546	84.6%	留置法	―	不明	不明	不明	C	C
門真市	2,508	1,131	45.1%	郵送法	○	1	2	2	A	C
松原市	3,000	1,419	47.3%	郵送法	●	1	2	2	A	C
大東市	3,500	1,446	41.3%	郵送法	○	1	2	2	A	C
富田林市	3,000	1,604	53.5%	郵送法	●	2	2	2	C	C
箕面市	4,011	2,503	62.4%	郵送法	●	1	2	2	A	C
河内長野市	3,054	2,157	70.6%	郵送法	●	1	不明	不明	C	C
羽曳野市	2,000	1,112	55.6%	郵送法	●	2	2	2	B	C
池田市	3,000	1,663	55.4%	郵送法	●	1	2	2	A	A
泉佐野市	3,000	1,693	56.4%	郵送法	●	1	2	2	A	C
貝塚市	4,000	1,822	45.6%	郵送法	○	1	2	2	C	C
摂津市	3,000	1,630	54.3%	郵送法	●	1	1	2	A	C
柏原市	4,000	1,579	39.5%	郵送法	●	1	2	2	A	B
交野市	2,000	1,123	56.2%	郵送法	○	1	2	2	A	C
泉大津市	3,000	1,553	51.9%	郵送法	●	2	2	2	A	C
藤井寺市	2,000	1,469	73.5%	郵送法	●	2	2	2	A	C
泉南市	3,000	1,380	46.0%	郵送法	●	未決	未決	未決	C	C
高石市	2,027	955	47.1%	郵送法	●	1	2	2	C	C
阪南市	2,000	839	42.0%	郵送法	●	未決	未決	未決	B	C
大阪狭山市	2,000	1,177	58.9%	郵送法	●	2	2	2	A	A
四条畷市	2,000	1,262	63.1%	郵送法	●	1	2	2	A	C
熊取町	2,000	1,175	58.8%	郵送法	●	1	2	2	B	C
美原町	2,000	1,144	57.2%	郵送法	●	1	2	2	A	C
島本町	3,000	1,617	53.9%	郵送法	○	1	2	2	A	C
豊能町	2,000	1,254	62.7%	郵送法	●	1	1	2	A	B
岬町	2,000	981	49.1%	郵送法	○	1	2	2	B	C
忠岡町	2,000	1,158	57.9%	郵送法	●	1	1	1	A	A
河南町	2,000	1,131	56.6%	郵送法	●	1	1	1	A	C
太子町	3,433	1,047	30.5%	留置・郵送法	○	1	2	2	―	―
能勢町	4,378	2,360	53.9%	留置法	―	1	2	2	A	B
千早赤阪村	2,165	1,141	52.7%	郵送法	○	1	2	2	C	C
田尻町	5,741	4,392	76.5%	留置法	●	1	2	2	B	C

第 1 章　総合計画策定のための市民意識調査

人口：平成12年国勢調査要計表より
調査実施：総合計画策定のための市民意識調査を実施した年度
質問：調査質問文原案作成を基準
　　　1. 業者が原案を作成
　　　2. 原案作成をせず，両者（業者・行政）で完成する
　　　3. 行政が原案を作成
分析：分析項目設定・分析内容作成を基準
　　　1. 業者が分析主体
　　　2. 両者（業者・行政）で分析を実施
　　　3. 行政が分析主体
報告書：報告書原案執筆を基準
　　　1. 業者が原案を作成
　　　2. 原案作成をせず，両者（業者・行政）で完成する
　　　3. 行政が原案を作成
担当課名称：2001年11月時点での総合計画担当課
委託業者：総合計画・調査作業の委託先業者名称
　　　（注）　大阪市では，担当課が総合計画策定作業を統括し，事業ごとに分割して外部委託
　　　　　していたため，一括委託業者はなしとした。委託金額には総合計を示している。
選定方式：随意契約（複数）：任意に二人以上のものから見積もりを取り，地方公共団体の決めた条
　　　　　件に適合する有利なものを示したものと契約を締結する方法をいう
　　　　　随意契約（単独）：任意に一人のものから見積もりを取り，地方公共団体の決めた条件
　　　　　に適合する有利なものを示したものと契約を締結する方法をいう
　　　　　指名競争入札：能力，信用のある数人のものを指名して競争させ，最も有利な条件を提
　　　　　供したものと，契約を締結する方法である
　　　　　一般競争入札：地方公共団体が契約を締結する相手方を選ぶための原則的手続きであっ
　　　　　て，契約に関する公告をし，不特定多数を競争させ，地方公共団体にとっ
　　　　　て最も有利な条件を提供するものとの間に契約を締結する方法をいう
総合計画委託額・調査委託額：総合計画策定および調査作業の実施にあたり委託した業者に支払っ
　　　　　た金額
　　　　　　　　　＊「総計策定中」は総合計画策定作業中につき未決算
　　　　　　　　　＊「算出不可」は一括委託のため，調査だけでの委託金額は算出不可
学識経験者：質問文作成段階での直接の関与
調査対象：調査対象者の年齢
サンプリング台帳：使用したサンプリング台帳
サンプリング方法：単純無作為抽出法：台帳からランダムにサンプリングした場合
　　　　　　　　　層化抽出法（単純無作為）：男女比・地域別人口比率などを考慮してランダム
　　　　　　　　　　　サンプリングを実施した場合
　　　　　　　　　系統抽出法：台帳からサンプル数を等間隔で抽出した場合
　　　　　　　　　層化抽出法（系統）：男女比・地域別人口比率などを考慮し，台帳から等間隔
　　　　　　　　　　　で抽出した場合
サンプル数：調査対象サンプル数
回収数：有効回収数
回収率：有効回収率
調査方法：調査票の配布・回収方法
督促の有無：督促状の送付あり●　督促状の送付なし○

回収：1．調査票原票を外部業者より回収
　　　2．調査票原票を外部業者より回収していない場合
データ：1．調査票原票の回答を単純な数値にしたものを磁気媒体（フロッピーディスク・CD-R・MO ディスクなど）上で保存している
　　　　2．それ以外
分析：1．分析に関する知識，技能を持った職員がおり，分析に使用するコンピュータソフトを保有していること
　　　2．それ以外
　　　＊　守口市は，調査保存関連資料の確認ができなかったため，不明とした
　　　＊　河内長野市は，調査保存関連資料の確認ができなかったため，不明とした
　　　＊　泉南市では，総合計画策定作業中のため，調査票は業者側で保存
　　　＊　阪南市では，総合計画策定作業中のため，調査票は業者側で保存

HP（総計）：A　総合計画の具体的な内容を知ることができるもの
　　　　　　B　総合計画の存在のみを知ることができるもの
　　　　　　C　まったく掲載がないもの
HP（調査）：A　集計結果など具体的な内容を知ることができるもの
　　　　　　B　市民意識調査をおこなったことのみを知ることができるもの
　　　　　　C　まったく掲載がないもの

1　調査形式

　総計のための市民意識調査といっても，その調査対象や調査実施回数はさまざまある。大阪府下の自治体の中には，調査対象に市民だけでなく，企業，有識者，市政モニターや他自治体の住民などを対象として調査をおこなっている自治体もあった。また，多くの自治体が，1回の調査によって住民の意見把握をおこなっていた。しかし，大阪市と高石市は複数回にわたって市民意識調査を実施していた。

　つまり，市民意識調査は自治体によって，「調査対象」と「調査回数」とに違いが見られるのである。しかし，自治体ごとに同一の基準で比較するためには対象とする調査をひとつに絞ることが必要である。

　そこで市民意識調査実施状況一覧表を作成するにあたって，次の2つの基準を設けた。一つ目は，多様な調査対象の中から，「調査実施自治体に居住する住民のみを対象とした調査」であること。二つ目は，複数回の調査の中から，「調査内容が他自治体と同様のもの」であることとした。

第 1 章　総合計画策定のための市民意識調査

　大阪市は，3回にわたって総計のための市民意識調査を実施している（表1-8参照）。その調査対象は市内の住民だけでなく，企業，有識者，市政モニターや市外の住民などを対象とした調査も実施していた。この場合，先の一つ目の基準によって，まず市内の住民を対象とした調査を選んだ。

　しかし，この基準だけでは調査の対象をひとつには絞れない。なぜなら，大阪市は，3回の総計のための市民意識調査すべてが，市内の住民を対象におこなわれていたからである。

1回目調査「市民等のニーズ，つまりイメージや今後目指すべき方向についての調査をおこないました」
2回目調査「健康・医療・福祉など具体的内容について調査を実施しました」
3回目調査「2回目の結果から草案を作成し，まちづくりに対する期待度・まちづくりへの参加・協力意思などを質問しました」　（大阪市　計画調整局企画調整部企画調査課）

　上記のように，大阪市の1回目の調査の内容は，市民等のニーズや目指すべき方向など市政の概観把握のための内容となっている。2回目の調査は個別課題に踏み込んだものだった。そこで，二つ目の「調査内容が他自治体と同様のもの」という基準から，1回目の調査を対象とすることに決定した。

　次の事例は，高石市が1997-1998年と続けておこなった市民意識調査の内容である。

1回目調査「新総合計画策定のため，高石市の将来像・主要プロジェクトや施策の進め方等について市民の意識を把握することを目的として調査をおこないました」
2回目調査「新総合計画策定のため，前回調査より更に深く踏み込んで課題およびポイントを見つけることを目的として調査をおこないました」　（高石市　企画調整部企画課）

　この場合も，二つ目の基準によって，調査内容が他自治体と同様の1回目の調査を対象とした。

　大阪市は，人口規模，予算規模も他自治体とは大きく異なるうえ，市民意識調査での特筆すべき点が見られるため以下で詳細に触れておこう。

《大阪市市民意識調査概要》

　大阪市では，3回にわたって総計のための市民意識調査がおこなわれている。1回目は1988年3月に，2回目は1989年3月に，3回目は1989年12月に実施されており，それぞれの実施状況をまとめると，**表1-8**のようになる。

表1-8　大阪市の市民意識調査実施状況

		調査対象					概　要
		市民	有識者	市外居住者	企業	市政モニター	
1回目	サンプル数	4,000	500	1,000	1,000	—	実施時期：1988年3月 目的：市民等のニーズ調査（イメージ・今後目指すべき方向）
	回収数	2,188	1,350	524	585	—	
	回収率	54.7%	56.4%	52.4%	58.5%	—	
2回目	サンプル数	2,014	277	—	—	—	実施時期：1989年3月 目的：1回目の調査から方向性を検討し，健康・医療・福祉などの具体的内容について調査を実施
	回収数	1,350	211	—	—	—	
	回収率	67.0%	76.2%	—	—	—	
3回目	サンプル数	1,349	211	505	582	299	実施時期：1989年12月 目的：2回目の結果から草案を作成し，まちづくりに対する期待度・まちづくりへの協力意思などを質問
	回収数	723	140	248	290	272	
	回収率	53.6%	66.4%	49.1%	49.8%	91.0%	

（注）　調査対象者は以下のとおりである。
　　　有識者：大阪市関連，大阪・関西・全国の有識者
　　　市外居住者：大阪市への通勤者が多い西宮市，吹田市，枚方市，東大阪市，堺市の周辺5自治体
　　　企業：在阪中堅・中小企業，関西の大企業，全国の大企業，外資系・ベンチャー企業

　この表のように大阪市の市民意識調査の調査対象は，市民以外にも，有識者，市外居住者，企業，市政モニターと多岐にまたがっている。サンプリングにおいては，パネル調査の手法を利用していた。1回目の調査では，市民を対象に4000サンプルを選挙人名簿を用いて単純無作為抽出法で抽出していた。2回目の調査は1回目の調査に回答してくれた2188サンプルを対象に，3回目の調査は2回目の調査に回答してくれた1350サンプルを対象に調査を実施していた。この調査手法は，すべての調査対象で同様に利用されていた。

　今回の調査は大阪市が核となり，2つの業者にまたがって（1回目は，「日本リサーチ研究所」に，2，3回目は，「エーエーピー」にそれぞれ委託している）実施していた。こうした形式で実施していたのは大阪市だけである。

　また総合計画策定においても，外部業者の委託に関して特徴的な点があった。

第 1 章　総合計画策定のための市民意識調査

大阪市ではひとつの業者にすべての業務を委託するのではなく，複数の業者に個々の業務を分割して委託する形式をとっていた。最終的な総合計画執行額は２億7500万円だった。これは大阪府下では最も高額な委託金額である。

　このように大阪市の特徴は，市民意識調査を複数回実施していた点，調査対象が複数だった点，調査方法にパネル調査を用いていた点，委託金額が高額だった点があげられる。

２　市民意識調査の実施時期

表１-９は，市民意識調査の実施時期を月別で表したものである。

表１-９　市民意識調査の実施月

	1月	2月	3月	4月	5月	6月	7月	8月	9月	10月	11月	12月
自治体数	2	3	3	0	0	0	5	6	3	7	8	7

４・５・６月に調査を実施した自治体がないのに対し，10月（７自治体）・11月（８自治体）・12月（７自治体）には，調査の実施が集中している。

次に，市民意識調査の実施時期を年度別でみたものが表１-10である。

表１-10　市民意識調査の実施年度

	87	88	89	90	91	92	93	94	95	96	97	98	99
自治体数	1	0	0	1	0	4	7	1	2	5	4	13	6

1998年度に13自治体，1999年度に６自治体と，この２年間に19の自治体が調査を実施している。しかし，それ以外の年度でも調査は実施されていた。このように，市民意識調査の実施年度にばらつきが見られる要因として，次の３点が考えられる。新総合計画開始年次，総合計画目標年次，計画策定に要する期間の３点である。

表１-11　新総合計画開始年次

	91	92	93	94	95	96	97	98	99	00	01	02
自治体数	1	0	0	1	1	10	1	2	2	0	23	3

一点目として，大阪府下の自治体の新総合計画開始年次を整理したものが表

1-11である。この表に示されるように,半数以上の23自治体が,2001年に総合計画を開始している。次いで多いのが,1996年の10自治体である。一方で,総合計画を開始する自治体がまったくない年もある。この新総合計画の開始年次の違いが,ばらつきが出る一点目の要因としてあげられる。

　二点目の要因としては,総合計画目標年次の違いがあげられる。目標年次とは,総合計画をどのくらいの期間をかけて実行していくかという目標とする年をいう。

> 基本構想を2001年度から2020年度までの20年間とし,それを実現するための基本的施策の方向を体系的に示す基本計画の期間は10年間とし,2001年度から2010年度までの前期基本計画と,2011年度から2020年度までの後期基本計画で構成している。　　　（堺市　総合計画より抜粋）

> 基本構想は21世紀の長期的まちづくりを見通しつつ,概ね平成22年度（2010）を目標年次とします。基本計画は,基本構想と同じく概ね平成22年度（2010）を目標年次とします。
> 　　　　　　　　　　　　　　　　　　　　　　　　　　（岬町　総合計画より抜粋）

（注）　岬町は,2001年度より第3次総合計画を開始させている。

　これらの事例からは,自治体ごとに総合計画目標年次の違いを見ることができる。ちなみにこうした違いには,同じ自治体で過去に策定してきた総合計画の目標年次が,その都度違うといったものも含まれる。実際,池田市では,1970年から1999年までの約30年間に計5回の総合計画を策定している。それぞれの開始年次は,第1次1970年,第2次1976年,第3次1981年,第4次1989年,第5次1999年と,目標年次が回ごとに異なっていた。

　三点目に,計画策定に要する期間の違いがあげられる。基本構想の策定に費やす期間は自治体によって開きがあった。つまり,総合計画の策定作業をいつ頃から始めるかが,各自治体によって違っているのである。そして,策定過程のどの段階で市民意識調査を実施するかによってもばらつきが出てくる。

第 1 章　総合計画策定のための市民意識調査

〔 3 〕　誰が市民意識調査を実施しているのか

(1) 調査担当課

　総計のための市民意識調査の実施を担当した課（調査担当課）の名称を多い順に並べると次のようになる（括弧内は自治体数）。
　企画課(9)，企画調整課(8)，企画財政課(3)，政策推進室(3)，総合計画室(2)，総務課(2)，以下は1自治体のみの担当課名称である。企画グループ，企画広報課，企画室，企画情報室，企画人事課，企画調整室，税政企画課，政策企画課，計画推進担当，政策推進課，政策調整室，総合計画策定室，総合政策課，総合調整担当，地域経営室，秘書政策課，まちづくり推進課。
　最も多いのが，「企画課」で9自治体を数える。もちろん大阪府下の自治体がすべて同じ部局名称を使用しているわけではないが，28もの自治体が調査担当課の名称に「企画」を含んでいたことは特徴のひとつであろう。
　これらの調査担当課ではどのような形態（個人・チーム・担当課全員・プロジェクトチーム）で，調査作業に携わっていたのをまとめたものが，次の**表1－12**である。

表1－12　担当形態

	兼　任				専　任			
	個人	チーム	課全体	プロジェクトチーム	個人	チーム	課全体	プロジェクトチーム
自治体数	2	10	19	3	0	4	5	1

　この表からは，総計のための市民意識調査は多くの自治体で個人・チーム・担当課全員・プロジェクトチームに関係なく，他の仕事との兼任でおこなわれていることが多かった。つまり，多くの自治体では総計のための市民意識調査を企画事業の一環として捉えられており，担当形態を問わず他の仕事と兼任しておこなわれているといえよう。

表 1 - 13　外部業

	業　者　名	本社所在地	総計	調査	法人	資　本　関　係
a	野村総合研究所	東京	●(3)	●(4)	株式	野村證券グループ（1965年設立）
a	日本総合研究所	東京	●(3)	●(2)	株式	三井住友銀行（1969年設立）
a	大　和　総　研	東京	○	●(1)	株式	大　和　銀　行（1989年設立）
a	三和総合研究所	東京	●(1)	●(1)	株式	三　和　銀　行（1985年設立）
b	国　際　航　業	東京	○	●(2)	株式	独　　立　　系（1947年設立）
b	パシフィックコンサルタンツ	東京	●(2)	●(2)	株式	独　　立　　系（1951年設立）
b	パ　ス　コ	東京	●(2)	●(2)	株式	独　　立　　系（1953年設立）
b	電通パブリックリレーションズ	東京	●(1)	●(1)	株式	電　　　　　通（1961年設立）
b	か　ん　こ　う	大阪	●(1)	●(1)	株式	京阪電鉄株式会社（1951年設立）
c	ぎょうせい総合研究所	東京	○	●(1)	株式	ぎょうせい（1992年設立）
c	総合科学株式会社	大阪	●(1)	●(1)	株式	独　　立　　系（1982年設立）
c	地域計画建築研究所	京都	●(8)	●(8)	株式	独　　立　　系（1967年設立）
c	関西情報センター	大阪	○	●(2)	財団	通商産業省（1970年設立）
c	関西空港調査会	大阪	●(1)	○	財団	大　阪　府（1976年設立）
c	都市計画設計研究所	兵庫	○	●(1)	株式	独　　立　　系（1969年設立）
c	日本マーケティングエージェンシー	大阪	●(1)	○	株式	独　　立　　系（1967年設立）
c	総合計画機構	大阪	○	●(1)	株式	独　　立　　系（1983年設立）
c	COM計画研究所	大阪	●(2)	●(2)	株式	独　　立　　系（1970年設立）
c	生活環境問題研究所	大阪	●(1)	○	財団	大　阪　府（1977年設立）
c	関西総合研究所	大阪	●(6)	●(5)	株式	独　　立　　系（1983年設立）
c	日本リサーチ研究所	大阪	○	●(1)	株式	独　　立　　系（1963年設立）
c	ジ　ャ　ス	大阪	●(2)	○	株式	独　　立　　系（1975年設立）
c	朝平都市計画研究所	大阪	○	●(1)	株式	独　　立　　系（1995年設立）
c	匠里都市研究所	大阪	●(1)	●(1)	株式	独　　立　　系（1985年設立）
c	地域行政総合研究センター	大阪	●(1)	●(1)	財団	自　治　省（1973年設立）

業者名：外部業者の正式名称
本社所在地：業者の本社所在地
総計：●　総合計画策定業務の受託あり（　）内は受託自治体数
　　　○　総合計画策定業務の受託なし
調査：●　調査業務の受託あり（　）内は受託自治体数
　　　○　調査業務の受託なし
法人：　株式（株式会社）
　　　　財団（財団法人）
　　　　社団（社団法人）
資本関係：資本関係（　）内は設立年次
従業員数：2001年7月～11月の調査時点における従業員数
専門：受託企業が専門とする業務内容

者一覧表

従業員数	専門
2,890	総合
2,321	経済, 政治・行政
1,555	経済, 通信・情報, 産業
437	総合
1,502	航空写真測量, マッピングシステム, 都市計画・環境・建設コンサルタント
1,326	国土開発・利用, 交通, 資源, エネルギー
1,220	建築コンサルタント, 地質調査
229	PR事業
222	測量・建築コンサルタント・情報システム・機器メンテナンスを含む総合建築コンサルタント業
91	政治・行政, 環境問題, 福祉・医療・教育
73	環境コンサルタント（建設部門・環境保全に係る動植物調査および物理化学調査）
72	国土開発・利用, 国民生活, 環境問題
44	通信・情報, 福祉・医療・教育, 国土開発・利用
24	交通, 国土開発・利用, 環境問題
22	建築コンサルタント（都市計画・景観・造園・建築・土木・その他）
21	日常生活財, 耐久消費財, サービス財, マンション不動産
20	国土開発・利用, 環境問題, 国民生活
19	都市計画（まちづくりに関する計画・設計・コーディネイト・事業のプロデュース等）
18	国土開発・利用, 環境問題, 福祉・医療・教育
15	国土開発・利用・環境問題・産業
15	交通, 環境問題
10	国土開発・利用, 国民生活, 環境問題
6	建築コンサルタント（都市・地方行政に関する総合建築コンサルタント）
6	都市計画, 地域行政の計画策定事業
2	国土開発・利用, 政治・行政・経済

（2）外部委託

　大阪府下の自治体でおこなわれている総計のための市民意識調査は，先に述べた調査担当課や担当形態に関係なく，すべての自治体で外部業者が関与していた。こうした外部業者の関与には，行政の業務効率化や作業への第三者的視点の導入が背景に考えられる。しかし，外部委託は自治体によって，委託する作業範囲がさまざまであった。ここでいう，外部委託とは，質問文作成から報告書作成まで一連の調査作業を，外部業者に委託することを指す。

　まず大阪府での外部業者の現状を把握することを目的に，調査委託先業者すべてを対象に業者調査を実施した。この調査では業者名称・本社所在地・法人格・資本関係・従業員数・専門分野の6つの項目について調べている。その結果をまとめたものが，**表1-13**の外部業者一覧表である。

　調査作業に関与した業者数は全部で24業者（総合計画策定作業への関与は17業者）である。これらの外部業者を，受注別数・本社所在地・業者規模の3点についてまとめた。受注別数では，外部業者の中で，最も多くの自治体から調査作業を委託されていたのは，地域計画建築研究所で8自治体の調査作業に関与していた。次いで多かったのが，関西総合研究所で5自治体から，野村総合研究所は4自治体から調査作業を委託されていた。

　本社の所在地は，大阪府(13)・京都府(1)・兵庫県(1)と15社が近畿内で，残りの9社は東京都内に置いていた。ただし本社が大阪府以外であっても，どの業者も必ず支店および営業所を大阪府内に設置しており，実質的にはすべて大阪府下で対応されていた。

　また24業者中20社は株式会社，残りの4社は財団法人であった。これらの業者の規模に関しては資本関係と従業員数の組み合わせから**表1-14**のような分類をおこなった。

第 1 章　総合計画策定のための市民意識調査

表 1 - 14　業者規模

	業者分類	業者規模	業者数
a	金融資本系大手業者	従業員数100人以上の金融機関系資本業者	4
b	独立資本系大手業者	従業員数100人以上の独立系資本業者	5
c	中小業者	従業員数100人未満の業者	15

　この表から，比較的規模の小さい中小業者が委託先として多く選ばれていたことがわかる。外部業者の専門分野は，外部業者一覧表の専門分野項目に記載のあった業務内容に着目し，以下の言葉を含んでいた業者をそれぞれくくり整理した（括弧内は業者数）。国土開発・利用(8)，建築コンサルタント(6)，政治・行政・経済(3)，都市計画(2)，総合(2)，環境問題(1)，PR 事業(1)，日常生活材(1)となった。

　この整理から大阪府下の多くの自治体では，必ずしも市民意識調査を専門としない業者に調査作業の委託がされている実態が読み取れる。

① 選定方式

　地方自治法第234条には，地方自治体（地方公共団体）が，売買，賃借，請負その他の契約をおこなう場合に，次のように規定されている。「一般競争入札，指名競争入札，随意契約またはせり売りの方法により締結するものとする」とされており，それぞれを説明すると次のようになる。

一般競争入札	地方公共団体が契約を締結する相手方を選ぶための原則的手続きであって，契約に関する公告をし，不特定多数を競争させ，地方公共団体にとって最も有利な条件を提供するものとの間に契約を締結する方法を言う。
指名競争入札	地方公共団体が契約を締結する手続きのひとつで，能力，信用のある数人のものを指名して競争させ，最も有利な条件を提供したものと，契約を締結する方法である。
随意契約	地方公共団体の契約手続きの一種で，任意に一人または二人以上のものから見積もりを取り，地方公共団体の決めた条件に適合する有利なものを示した者と契約を締結する方法を言う。

出典：地方自治法施行令。

表1-15　委託業者選定方式

	一般競争入札	指名競争入札	随意契約 単独	随意契約 複数
自治体数	1	9	12	22

（注）ここでは随意契約における1人を単独，2人以上を複数と定義している。

表1-15からは，随意契約（複数）での選定をおこなった自治体が22と最も多かったことが確認できた。このような選定方式の中で，自治体が複数業者から1社に絞る場合，それぞれ何社くらいの業者を競わせ選定先を決定していたのかを表したものが，表1-16である。

表1-16　競争参加業者数

	3社から	4社から	5社から	6社から	10社から
自治体数	7	4	8	1	2

ここから競争参加業者数が集中しているのは，3～5社であることが見てとれる。八尾市と箕面市は，最も多い10社の中から業者を選定していた。八尾市の外部業者の選定経緯は以下のとおりである。最初に独自の招集基準を設け，参加した10社の外部業者の企画書を採点し2社に絞った。最終的に，2社によるプレゼンテーションの結果で業者を選定した（詳細については，第2章を参照）。

② 委託金額

ここで分析した委託金額には，調査作業ではなく総合計画策定で支払われた金額を用いた。

それは，調査作業委託金額を「算出不可」と答えたのが，大阪府下44自治体中15を数え，比較が困難となったからである。これらの自治体は，調査作業を総合計画策定の一環として一括委託しており，調査部分だけの委託金額を算出することができなかったのである。

他方，総合計画策定の委託金額は37自治体で確認することができた。残り7自治体で確認できなかった理由は，総合計画策定を委託していない自治体が5つあったこと。総合計画策定作業が未終了のため決算ができない自治体が2つ

あったからである。そこで，この総合計画策定委託金額を用い分析をおこなった。その結果，業者規模・人口規模の2点で委託金額に違いが見られた。

次の表1-17は，業者規模別に，委託金額の平均を表したものである。

表1-17 業者規模別総合計画委託金額

	業 者 規 模	平均額（総合計画策定）
a	金融資本系大手業者	37,358,571円（7自治体平均）
b	その他大手業者	27,596,722円（7自治体平均）
c	中小業者	24,759,807円（23自治体平均）

この表から，一点目としてあげた業者規模の違いは，業者規模が大きければ委託金額が高く，業者規模の小さい中小業者の委託金額が低いことがいえる。

二点目の人口規模の違いに関して，人口規模別に委託金額と業者規模の関係を表したものが表1-18である。

表1-18 人口規模別の総合計画平均委託金額と業者規模

人　　口	平均額（総合計画策定）	自治体数	業 者 規 模		
			a	b	c
5万人未満	14,491,351円	10	0	1	9
5万人以上10万人未満	29,254,750円	11	1	1	9
10万人台	38,295,545円	8	2	3	3
20万人台	29,640,000円	4	2	1	1
30万人以上	33,130,625円	4	2	1	1

この表からは人口規模の違いが，委託金額と業者規模に影響を与えていることが見てとれる。つまり人口規模が大きければ委託金額も高くなり，より規模の大きい業者に委託する傾向にある。逆に人口規模が小さいほど委託金額も低くなり，より規模の小さい業者に委託する傾向にあることが特徴として見受けられた。

（3）行政の調査作業への関与方法

大阪府下の各自治体では，行政と外部業者とが，各調査作業段階においてさまざまな形で分担して作業をおこなっている。そこで，質問文作成・分析作

業・報告書執筆について次のような分類をおこなった。表1-19は，質問文作成・報告書執筆はどちらが原案を作成したかに，分析作業はどちらが主体となって作業をしたかに着目し，3つに分類した結果である。

表1-19 行政の調査作業への関与方法

			自治体数	割合
質問文作成	1	業者が原案を作成	25	56.8%
	2	原案作成をせず，両者（業者・行政）で調査票を完成する	1	2.3%
	3	行政が原案を作成	18	40.9%
分析作業	1	業者が分析主体	27	61.4%
	2	両者（業者・行政）で分析を実施	12	27.3%
	3	行政が分析主体	5	11.4%
報告書執筆	1	業者が原案を作成	39	88.6%
	2	原案作成をせず，（業者・行政）で報告書を完成する	3	6.8%
	3	行政が原案を作成	2	4.6%

　質問文作成段階においては，「業者が原案を作成」する自治体が25（56.8％）と最も多い。分析作業の段階でも，「業者が分析主体」となったのが，27自治体（61.4％）ある。報告書執筆段階では，3つの作業段階の中で最も多い39もの自治体（88.6％）が「業者が原案を作成」していた。このようにすべての作業段階で，業者の関与が強いことが示された。

　しかし，質問文作成段階では，「行政が原案を作成」した自治体が18（40.9％）あり，他の作業段階よりも行政が関与した割合が高くなっている。つまり，各作業段階での関与に違いが見られた。ここでは，質問文作成段階に着目し，行政の関与に関する分析をおこなった。表1-20は，表1-19の質問文作成段階について，自治体を関与の度合いで分類したものである。

第 1 章　総合計画策定のための市民意識調査

表 1-20　質問文作成段階での関与の違い

関与度合い	自　　治　　体
1. 業者が原案を作成	豊中市・岸和田市・和泉市・松原市・大東市・富田林市・箕面市・河内長野市・池田市・泉佐野市・貝塚市・摂津市・泉大津市・藤井寺市・泉南市・高石市・大阪狭山市・四条畷市・美原町・島本町・河南町・太子町・能勢町・千早赤阪村・田尻町（25自治体）
2. 両者で調査票を作成	吹田市（1自治体）
3. 行政が原案を作成	大阪市・堺市・東大阪市・枚方市・高槻市・八尾市・茨木市・寝屋川市・守口市・門真市・羽曳野市・柏原市・交野市・阪南市・熊取町・豊能町・岬町・忠岡町（18自治体）

① 業者が原案を作成

「業者が原案を作成」した25自治体を分析すると，調査票の作成過程における行政の関与度合いでおおまかに3分類することができた。(A)調査票作成過程に行政が関与していない(B)調査票作成過程に行政が確認をおこなった(C)調査票作成過程に行政が関与している，の3分類である。以下はそれぞれの代表的事例である。

(A)	「こちらからはまったく注文をつけず，原案を作成してもらいました。唯一，所得に関する項目は最終的に除かせていただきました」　　　（大東市　市長公室企画調整課）
(B)	「業者から原案を提出していただき，担当課で確認をしました。質問文の細かい点を訂正し，最終的に質問文を作成しました」　　　（泉佐野市　市長公室企画課）
(C)	「業者が提出した原案を，担当部局で確認をおこない，最終的な質問文については，業者と意見交換をしつつ作成していきました」　　　（池田市　政策推進部企画調整課）

この中でも(A)は大東市だけで，他のほとんどの自治体は「(B)確認をおこなった」程度の関与であった。なかには岸和田市のように，原案を業者が作成したにもかかわらず，最終的には行政が大幅に変更を加え調査票を作成した，特別な事例も見られた。

② 両者で調査票を作成

行政と業者が共同して調査票を作成していく作業をおこなったのが，吹田市

である。

> 「本市では，事前に業者に調査質問文の原案を作成してもらわず，あくまで業者と話し合いながら質問文を作成していきました」　　　　　　　　　　　（吹田市　企画部政策推進室）

③　行政が原案を作成

「行政が原案を作成」した場合では次のように実施されていた。

行政が原案を作成	「企画課内で調査票原案を作成し，ワーディング等の技術的側面のみコンサルタントに助言をいただきました」（茨木市　企画財政部企画調査課）
	「調査票原案を総合政策課で作成し，過去調査と比較できるように同じ項目を含めました」　　　　　　　　　　　　（門真市　市長公室総合政策課）

このように作業段階ごとに異なる行政の関与度合いについて，同一業者の場合の関与度合いの違いを示したものが表1-21である。

表1-21　行政の調査作業への関わり度合い

市町村名	業者名	質問	分析	報告	市町村名	業者名	質問	分析	報告
高槻市	地域計画建築研究所	3	2	1	忠岡町	関西総合研究所	3	3	3
岬町	地域計画建築研究所	3	2	1	高石市	関西総合研究所	1	1	1
吹田市	地域計画建築研究所	2	2	1	摂津市	関西総合研究所	1	1	1
美原町	地域計画建築研究所	1	2	3	泉南市	関西総合研究所	1	1	1
太子町	地域計画建築研究所	1	2	1	八尾市	野村総合研究所	3	3	1
四条畷市	地域計画建築研究所	1	1	1	豊中市	野村総合研究所	1	2	1
大阪狭山市	地域計画建築研究所	1	1	1	松原市	野村総合研究所	1	1	1
泉佐野市	地域計画建築研究所	1	1	1	藤井寺市	野村総合研究所	1	1	1
交野市	関西総合研究所	3	1	1					

ここでは，複数の自治体から調査作業を受託した業者と，それぞれの自治体との関与度合いを作業段階ごとに表した。この表からは，同じ業者であっても，自治体によって調査作業への関与度合いが異なっていることが見てとれる。また，規模の比較的大きな野村総合研究所（従業員数100人以上の金融資本系大手業者）と，小さな地域計画建築研究所や関西総合研究所（従業員数100人未満の中小業者）などを比べても同様に自治体によって関与度合いが異なってい

るといえよう。

（4）学識経験者

実際の調査作業には，外部業者の他にも学識経験者の関与が認められた。学識経験者の市民意識調査への関与は，43とほぼすべての自治体で審議会の一員という形でおこなわれている。つまり，各分野の専門家としての位置づけで審議会に参加し，総合計画策定全体の作業進行に関わっているのである。ただし，実質的な調査作業へはあまり参加していないのが現状である。

表1-22は，実質的な調査作業段階のひとつである質問文作成に絞り，学識経験者の関与について調査を実施した結果である。44自治体中40自治体では学識経験者の関与は見られず，4自治体のみで見られる程度だった。この4自治体の学識経験者について，関与の単位・人数・専門分野から整理したものは以下のとおりである。

表1-22 質問文作成段階での学識経験者関与

	関与の単位	人数	専門分野
豊中市	個人	1名	環境工学(1)
吹田市	個人	1名	社会学(1)
八尾市	専門委員会	3名	環境工学(1)，経済学(1)，社会福祉(1)
守口市	研究調査委員会	9名	福祉(3)，法学(2)，行政学(1)，女性学(1)，都市工学(1)，教育学(1)

これら4自治体では，各分野の学識経験者が，質問文の原案作成段階，つまり調査項目や質問文例の作成に関与していたのである。最も人数が多かった守口市では，研究調査委員会を設置し，9名の学識経験者がさまざまな専門の立場から原案作成に携わっていた。この他にも委員会ではなく，個人単位で調査質問文作成作業に携わっている場合も見られた。

第4節　どのように市民意識調査は実施されているのか

市役所が総計のための市民意識調査をおこなうとき，一般に全住民を対象とするのではなく，住民の中から無作為に選ばれた人に対して調査がおこなわれ

る。この調査対象となる住民を選ぶ作業をサンプリング作業という。以下は，大阪府下44自治体のサンプリング作業の詳細である。

1　母集団の設定

　大阪府下の44自治体では，個人を母集団と設定した場合が42自治体，世帯を母集団と設定したのが2自治体である。全世帯を対象に市民意識調査を実施した自治体は，いずれも人口規模の少ない町である。同じように人口規模の少ない千早赤阪村では，住民基本台帳から20歳以上の住民を年齢順に打ち出し，その中から一定間隔で，同一世帯を除いた対象者を手作業で抽出していた。これは結果的には全世帯の個人を対象としたサンプリングであり，特殊な事例だといえる。

表1-23　母集団に外国人を含んでいる自治体

堺　　　市	岸和田市	泉佐野市	四条畷市
東大阪市	松　原　市	摂　津　市	島　本　町
枚　方　市	富田林市	柏　原　市	豊　能　町
吹　田　市	箕　面　市	泉大津市	忠　岡　町
八　尾　市	池　田　市	阪　南　市	千早赤阪村

　また，サンプリング台帳に外国人登録原票（下記参照）を用いて，母集団に外国人を含めた自治体が20あった（表1-23）。たとえば，八尾市では，標本に占める外国人の割合を市内に住む外国人住民の割合と同じに設定していた。

外国人登録原票	外国人登録法により，日本国内に在留する外国人の居住関係・身分関係（氏名・国籍・職業等）を「登録原票」という原簿に記録する。日本に滞在している外国人のうち，新規で日本に入国し90日以上滞在しようとする人は，入国した日から90日以内に，日本で生まれた外国人又は日本国籍を失った人などは，その日から60日以内に外国人登録の申請を行なわなければならない。

出典：自治大学校編『自治用語辞典』ぎょうせい，1986年一部改。

第 1 章　総合計画策定のための市民意識調査

調査対象年齢

　個人を母集団とした場合，調査を何歳以上の住民に対しておこなうかという，調査対象年齢の設定が必要となってくる。表1-24は調査対象を年齢別に整理したものである。

表1-24　調査対象年齢別一覧表

調査対象年齢	15歳	16歳	18歳	20歳	全世帯
自治体数	2（4.5%）	14（31.8%）	6（13.6%）	20（45.5%）	2（4.5%）

　これによると対象年齢は15歳・16歳・18歳・20歳の4つのパターンに分類される。中でも20歳は20自治体で採用されており，45.5％を占めている。次いで16歳が14自治体で採用されており，31.8％を占めている。以下は，各自治体の調査対象年齢が設定された経緯である。

① 18歳に設定された経緯

> 「吹田市の総合計画は10年先を目標としているので，できるだけ若い人の声を聞きたいと思い18歳以上を対象としました」　　　　　　　　　　　　　（吹田市　企画部政策推進室）
> 「毎年おこなう調査では20歳以上が調査対象ですが，総合計画は将来のことを決めるため，できるだけ若い人の声を聞きたいと思い18歳以上としました」　（東大阪市　企画部総合計画策定室）

　以上のように18歳に設定した理由のひとつとして，単純に若い人の声を聞きたいという自治体の思いがあった。

② 16・15歳に設定された経緯

　16歳は14の自治体で採用されていた。そのキーワードとなっているのが義務教育である。以下の事例は，義務教育修了という区切りをひとつの基準とした事例である。

> 「義務教育を終えた15歳以上にしようとしたのですが，それだとまだ義務教育途中の生徒も含まれるので16歳以上としました」　　　　　　　　　　　（箕面市　市長公室政策企画課）

> 「以前，市内の公立中学校の生徒28人が参加した催しで，21世紀の八尾市について議論してもらったという経緯がありまして，今回の市民意識調査での調査対象はそれ以上（高校生以上）にしたかったからです」
> (八尾市　企画調整部地域経営室)
>
> 「最初の段階では20歳以上の全住民を調査対象と考えました。また，子供の意見も取り入れるために小学4年生から中学3年生にも修正を加えた市民意識調査を実施しました。しかし，まだ16歳から19歳の若者が抜け落ちていたため，16歳以上を対象とすることにしたのです」
> (田尻町　総務部企画財政課)

このように自治体が企画した催しや調査によって，義務教育途中の生徒の意見を聞くことができた経緯が，義務教育修了という区切りを生み出したといえよう。

一方，15歳以上を対象年齢とした場合，義務教育途中の生徒も含まれる。以下は，15歳以上を対象年齢とした自治体の事例である。

> 「若い人については中学生を対象に模擬議会を開き，中学生に議員になってもらいました。そこで彼らの意見を聞くことができたので，市民意識調査ではそれ以上の年齢を対象とすることにしました。15歳と設定したのは，別に中学生がもう1回だぶってもいいと考えたからです。」
> (岸和田市　企画調整部企画課)

このように，15歳も16歳と同様の理由であった。これまでの事例から16歳および15歳が対象年齢に設定されている理由のひとつとして，「義務教育途中の生徒とそれ以上の人」という区切りがあった。

また担当者の話から，対象年齢の設定には「若者の声を聞きたい」という行政の考え方が反映されていることが伺える。その理由として，総合計画の性質があげられる。すなわち，総合計画とは何年も先の将来を見据えたものであり，その計画の一環としておこなわれるのが市民意識調査であるからだ。よって，将来を担う若者にも声を聞こうという考え方が出てくるのであろう。

2　サンプリング

（1）サンプル数

表1-25はサンプル数をきりのいい数字と端数に分け整理したものである。[12]

表1-25　サンプル数別一覧表

サンプル数	2000	2001〜2999	3000	3001〜3999	4000	4001〜5999	6000以上
自治体数	12	3	9	4（＋1）	5	4（＋2）	4
	大阪狭山市 交野市 河南町 熊取町 四条畷市 忠岡町 豊能町 羽曳野市 阪南市 藤井寺市 岬町 美原町	高石市 (2,027) 千早赤阪村 (2,165) 門真市 (2,508)	池田市 泉大津市 泉佐野市 島本町 摂津市 泉南市 富田林市 松原市 八尾市	守口市 (3,010) 河内長野市 (3,054) 寝屋川市 (3,150) 大東市 (3,500) ※太子町 (3,433)	茨木市 大阪市 貝塚市 柏原市 岸和田市	箕面市 (4,011) 東大阪市 (4,197) 和泉市 (4,628) 枚方市 (4,960) ※能勢町 (4,378) ※田尻町 (5,741)	吹田市 (6,368) 豊中市 (8,500) 高槻市 (10,020) 堺市 (11,000)

（注）1.　（　）内は各自治体によって設定されたサンプル数である。
　　　2.　太子町・能勢町（全世帯調査），田尻町（16歳以上の全住民）は，サンプリングの必要がなかったため，※印で表している。

これによると，サンプル数を2000に設定した自治体が最も多く12自治体あった。次いで3000サンプルが9自治体と多かった。つまり約半数の21自治体がサンプル数を2000または3000に設定していたのである。一方，2027などの端数のサンプル数に設定していたのは12自治体である。

これまでの聞き取り調査や事例の分析から，サンプル数設定の経緯は以下の4パターンに分類することができる。

① 人口規模を考慮したケース

> 「当時，市内の世帯数は45000ほどありましたのでそのうちの1割に当たる4500サンプルにしたいと考えました。しかし，もっと区切りのよい数字にしたいと思い，4000にするか5000にするかを考えたときに，予算を考慮して4000サンプルに設定しました」　（箕面市　市長公室政策企画課）
> 「人口の1％のサンプル数を確保できれば，社会調査として成立すると考えました。まず，回収数を当時の人口（＝25万8000人）の1％とし，次に回収率を40％に設定しました。以上のことからサンプル数をaとし，次の式からサンプル数を求めました。
> 　　　$a \times 0.4 = 25万8000 \times 0.01$ ……①」
> 　　　　　　　　　　　　　　　　　　　　　　　（吹田市　企画部政策推進室）

（注）　式の答えは6450となり，実際のサンプル数6368と異なる。

　上記の事例をもとに，表1-25を4つの人口規模別に分類し，サンプル数の平均値をグラフ化したものが次の**グラフ1-1**である。

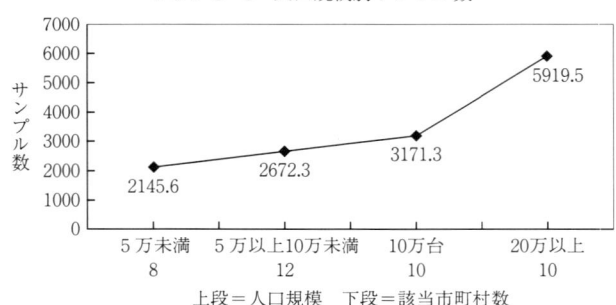

グラフ1-1　人口規模別サンプル数

人口規模	5万未満	5万以上10万未満	10万台	20万以上
サンプル数	2145.6	2672.3	3171.3	5919.5
該当市町村数	8	12	10	10

上段＝人口規模　下段＝該当市町村数

　これによると自治体の人口規模が大きくなるに従って，平均サンプル数も高くなっている。ここから，サンプル数を決定する要因のひとつが人口規模であるといえる。また，主に人口規模を考慮しつつ，予算や回収率などの要素も含めてサンプル数を決定していることがわかる。

② あらかじめきりのいいサンプル数に設定したケース
　以下は，2000や3000といったきりのいいサンプル数に設定した経緯の事例である。

第 1 章　総合計画策定のための市民意識調査

> 「アンケート調査のサンプル数はだいたい2000以上必要だと言われています」
> 　　　　　　　　　　　　　　　　　　　　　　　　（田尻町　総務部企画財政課）
> 「3000人というサンプル数は統計学的に一番精度が高くなるということからこの数に設定しました」
> 　　　　　　　　　　　　　　　　　　　　　　　　（泉大津市　総合政策部企画調整課）

　このように必要最低数および精度という考えを用いて2000，3000というサンプル数が設定されている場合が見られた。この考え方が出てきた理由を以下の事例から推測することができる。

> 「『太子町の人口規模（当時約1万2000人）では統計学的には2000サンプル集めればよい』と，外部委託業者にアドバイスされました」　　　　　　（太子町　秘書政策課）
> 「上記の話（3000人というサンプル数は統計学的に一番精度が高くなる）は外部委託業者から受けた提案です」　　　　　　　　　　　　　（泉大津市　総合政策部企画調整課）

　このように，その概念は自治体のアドバイザー的存在である外部業者によるという例も見られた。一方，以下のような他自治体を参考とした事例もあった。

> 「他の自治体のアンケートを見たら2000や3000というサンプル数が多く用いられていたからです」　　　　　　　　　　　　　　　　　　　（田尻町　総務部企画財政課）

（注）　田尻町や太子町は他自治体の調査や外部業者からの提案を考慮しながらも，自治体独自の意向によって，田尻町は16歳以上の全住民5741人を，太子町は全世帯3433世帯を調査対象としている。

　一方で，サンプル数が端数となった12自治体については，以下のような事例がある。

> 「最初は4500サンプルに設定していましたが，サンプリングで無作為抽出したら4628サンプル抽出することができたのでそのまま設定しました」　　（和泉市　企画財政部企画調整課）
> 「サンプリングでコンピュータを使って無作為抽出したら11サンプルが端数として抽出されたので，それも加えて4011サンプルに設定しました」　　（箕面市　市長公室政策企画課）

　このように，サンプリング作業をコンピュータでおこなった場合に，サンプル数が端数となり，結果として端数のサンプル数としたという自治体もある。

③　サンプル数を通常の調査の2倍にしたケース
　高石市では，総計のための市民意識調査のサンプル数を，定期的に実施して

いる市民意識調査の倍に設定していた。以下はその事例である。

> 「新総合計画策定に関与しない調査では1000サンプルを目安としています。一方，新総合計画策定に関与する調査では2倍の2000サンプルを目安としています」
> （高石市　企画調整部企画課）

上記の話を裏付けるものとして，表1-26がある。

表1-26　高石市1996～1999年までの市民意識調査実施一覧表

新総合計画策定を伴うか	調査名称	実施年度	サンプル数	対象年齢
×	第21回市民意識調査	1996年	1,020	16歳以上
○	第22回市民意識調査	1997年	2,027	16歳以上
○	第23回市民意識調査	1998年	2,068	16歳以上
×	第24回市民意識調査	1999年	1,039	16歳以上

この表は高石市で1996～1999年までにおこなわれた市民意識調査をまとめたものである。これによると新総合計画策定のための市民意識調査のサンプル数は通常の調査の約2倍になっている。

> 「総合計画は最も中心となる計画なのでできるだけたくさんの意見を聞きたいと考え，サンプル数を2倍にしました。2倍という概念には特に深い意味はありません」
> （高石市　企画調整部企画課）

ここから，将来を見据えた総合計画の性質上多くの住民の声を聞きたいという自治体の意向が出ていた。それがサンプル数を2倍に設定する大きな要因のひとつであるといえよう。

④　標本誤差を考慮したケース

以下は東大阪市のサンプル数設定手順である。

> 「サンプル数は地域を7つに分けた区域毎の人口構成比に合わせて設定しました。このとき，標本誤差を考慮して区域毎のサンプル数を割り出しました」　（東大阪市　企画部総合計画策定室）

表1-27 東大阪市ブロック別サンプル数

地域	人口	サンプル数
A	53,537	429
B	75,484	605
C	53,849	432
D	98,898	794
E	33,155	266
F	103,210	827
G	101,339	813
計	519,472	4,166

表1-28 東大阪市サンプル数計算式

$n = 4197$人（標本誤差2％　回収率60％として計算）
$$n = \frac{a^2 pq}{d^2}$$
n：標本数　　d：標本誤差（2％）
a：信頼水準による定まる値
p：当該比率（50％として計算）　$q:1-p$

出典：東大阪市市民意識調査報告書より抜粋。

（注）企画部総合計画策定室より「予定サンプル数は4166だったのですが、コンピュータでサンプリング作業をしていった結果、4197のサンプル数が抽出されたのでそのまま使用しました」と報告されている。

　以上のように、東大阪市では、サンプル数を設定するうえで最も重要視すべき「標本誤差」を考慮して、表1-28のような計算をした結果、サンプル数を設定している（表1-27）。

　サンプル数に関して、これまで見てきたような、①人口規模を考慮したケース、②あらかじめきりのいい数に設定したケース、③通常の調査の2倍に設定したケース、の3つは、社会調査論的に見ると課題が残る。また、一見人口規模が大きくなるに従ってサンプル数も増やしていくのは正しいように思える。しかし、サンプル数を設定する際に最も重要なのは、「誤差の幅をどれぐらいに設定するか」(14)である。すなわち、標本誤差を考慮することによって決まるものである。したがって、サンプル数を『誤差の幅』を考慮せず、人口規模を考慮して増やしたり、通常の2倍にしても、その分だけ精度が高くなるということはないのである。

　では、なぜ自治体はサンプル数を増やそうとするのだろうか。以下のような理由があった。

> 「市民意識調査は住民の方々に総合計画というものを理解していただく，いわゆる PR のひとつでもあります」　　　　　　　　　　　　（泉大津市　総合政策部企画調整課）
> 「市民意識調査は市民が政治に関わるきっかけでもあります。すなわち，アンケートに答えることをきっかけに，市のことを改めて考えてもらうことがひとつの目的です」
> 　　　　　　　　　　　　　　　　　　　　（八尾市　企画調整部地域経営室）

　このように，自治体がサンプル数を増やそうとする理由のひとつに，市民意識調査を標本調査としてではなく，PR や住民参加のひとつの手段として位置付けているということが背景にあるのだろう。しかし，自治体は「できるだけ多くの住民の意見を取り入れたい」という思いを持ってサンプル数を設定するのではなく，標本誤差とサンプル数の関係を十分考慮したうえでサンプル数を設定していく必要があるだろう。

（2）サンプリング台帳

　表1-29は，サンプリングをおこなうときに用いるサンプリング台帳を整理したものである。

住民基本台帳	個人又は世帯を単位とする住民票で構成され，住民からの届出又は職権によって住民の氏名，本籍，住所等を記載することになっている。
選挙人名簿	選挙人の氏名，住所等を記載した名簿で，市町村選挙管理委員会が調製，保管する。他の市町村から転入してきた場合は，当該市町村の住民票が作成された日から，引き続き3ヶ月以上その市町村の住民基本台帳に記載されている者が登録資格を得る。

出典：自治大学校編『自治用語辞典』ぎょうせい，1986年一部改。

表1-29　サンプリング台帳

使　用　台　帳	自治体数
住民基本台帳のみ	19
住民基本台帳・外国人登録原票	19
選挙人名簿のみ	2
選挙人名簿・住民基本台帳・外国人登録原票	1

（注）1．太子町・能勢町は，全世帯を調査対象としているので除いた。
　　　2．田尻町は，16歳以上の全住民を調査対象としているので除いた。

サンプリング台帳は，住民基本台帳が39自治体と，多くの自治体で使用されていた。選挙人名簿のみを使用した自治体は2自治体のみであった。調査対象年齢を20歳以上とした場合でも，選挙人名簿と，住民基本台帳を使用する自治体に分かれた。2つ以上の台帳を使用した自治体は20自治体ある。

外国人登録原票を使用した場合，住民基本台帳や選挙人名簿と組み合わせて用いている。

（3）サンプリング方法

表1-30は，サンプリング方法について整理したものである。

単純無作為抽出法	台帳からランダムにサンプリングした場合
層化抽出法（単純無作為）	男女比・地域別人口比率などを考慮してランダムサンプリングを実施した場合
系統抽出法	台帳からサンプル数を等間隔で抽出した場合
層化抽出法（系統）	男女比・地域別人口比率などを考慮し，台帳から等間隔で抽出した場合

表1-30 サンプリング方法

	単純無作為	層化（無作為）	系統抽出	層化（系統）	その他
自治体数	14	20	5	2	3

（注）　太子町・能勢町（全世帯調査），田尻町（16歳以上の全住民）は，サンプリングの必要がなかったため，その他とした。

サンプリングの方法として最も多く利用されていたのは，単純無作為による層化抽出法で20自治体が利用，次いで単純無作為抽出法で14自治体が利用していた。

では，実際にこれらのサンプリング方法を用い，どのようにして，サンプリング作業がおこなわれるのだろうか。以下は，聞き取り調査をおこなった結果である。

> 「住民の個人情報が入っているので、データは、企画部情報管理室が管理しています。そこでコンピュータで無作為抽出をしました」　　　　　　　（東大阪市　企画部総合計画策定課）
> 「住民基本台帳の所管課の住民課と総務課に協力を依頼して、コンピュータによる無作為抽出をしました」　　　　　　　　　　　　　　　　　　（美原町　総務部企画課）
> 「サンプリング作業は、南大阪電子計算センターに委託しました」
> 　　　　　　　　　　　　　　　　　　　　　　（泉南市　市長公室企画広報課）

このように、各自治体によって、サンプリング作業のやり方は異なっている。前述の千早赤阪村が手作業でサンプリング作業をおこなっていたのに対し、多くの自治体では、コンピュータによっておこなっていた。サンプリング作業を誰がおこなうかという点では、庁内の住民基本台帳の所管課がおこなう場合や、サンプリング作業だけ別の外部業者に委託している例も見られた。

〔3〕　回収率

表1-31は、大阪府下44自治体を回収率別に分類したものである。

表1-31　回収率一覧表

回収率(%)	30.0～39.9	40.0～49.9	50.0～59.9	60.0～69.9	70.0～79.9	80.0～89.9
自治体数	2	12	20	6	3	1
	柏原市 太子町	東大阪市 岬町 松原市 泉南市 貝塚市 八尾市 門真市 豊中市 阪南市 大東市 堺市 高石市	大阪狭山市 熊取町 寝屋川市 大阪市 忠岡町 茨木市 美原町 和泉市 河南町 泉佐野市 交野市 羽曳野市 池田市 摂津市 島本町 能勢町 富田林市 千早赤阪村 泉大津市 吹田市	四条畷市 豊能町 箕面市 高槻市 枚方市 岸和田市	田尻町 藤井寺市 河内長野市	守口市

第 1 章　総合計画策定のための市民意識調査

　44自治体の平均回収率は54.5％であり，約半数の20自治体が50％台の回収率であった。回収率が60％を超えたのは10自治体であるのに対して，14自治体の回収率が50％に満たなかった。回収率が最も高かったのは守口市の84.6％であり，逆に最も低かったのは太子町の30.5％であった。

　各自治体において回収率にこれだけ差が出た要因として，(1)調査方法，(2)督促状の有無の2点が考えられる。

（1）調査方法

　44自治体の市民意識調査における調査方法は，守口市・田尻町・能勢町が留置法，その他の41自治体は郵送法であった。太子町の場合，調査票の配布は自治会を利用しておこない，調査票の回収は郵送法でおこなったため，太子町は郵送法として考える。

表1-32　調査方法別平均回収率

調査方法	平均回収率
留置法（3自治体）	71.7％
郵送法（41自治体）	53.3％

　表1-32は，44自治体を調査方法別に分類し，それぞれの平均回収率を表したものである。留置法を採用した3自治体の平均回収率は71.7％，郵送法を採用した41自治体の平均回収率は53.3％であり，留置法の平均回収率が郵送法のそれを約18％上回っている。

　留置法を採用した自治体の回収率は，守口市が84.6％，田尻町が76.5％，能勢町が53.9％であった。留置法は，調査対象者から調査票を直接回収する。それに対して郵送法は，郵送によって調査票を回収する。そのため，留置法の回収率が高いのは当然の結果だといえる。

　大阪府市町村調査を終えた後，回収率が低かった自治体に対して追跡調査を実施した。調査方法別に最も回収率が低かった自治体として，留置法の中から能勢町を，郵送法の中から太子町を取り上げた。太子町の回収率は30.5％であった。以下は，2自治体に対しておこなった聞き取り調査の結果である。

> 「こういう調査に対して一切しないという人や，病気や入院されていた人もおられるでしょうし，また調査票の配布から回収まで1ヶ月と短かったことが結果につながっているのではないでしょうか」
> 　　　　　　　　　　　　　　　　　　　　　　　　　　　　　　（能勢町　税政企画課）
>
> 「太子町では積極的な町づくりの展開により，町民が現状に相応の評価をされたのではないか。またふれあい座談会など住民の提案や意見を発言できる機会が多いことや，年々人口が増加しており，新しい住民は長く太子町に住み続けている住民に比べて町に対する関心が薄いことなども回収率を低下させた要因ではないでしょうか」
> 　　　　　　　　　　　　　　　　　　　　　　　　　　　　　　（太子町　秘書政策課）

　一方，郵送法を採用した自治体の中で，回収率が高かった自治体に対しても追跡調査を実施した。回収率を上げるために特徴的な取り組みをおこなった自治体として，藤井寺市と四條畷市を取り上げた。

　藤井寺市は，市民意識調査実施時，調査票と一緒に『まちづくりズームアップ』[15]という冊子を同封した。

> 「市民意識調査の回収率をどうすれば高められるのか，市民意識調査に対して関心を持ってもらうためにはどうすれば良いか，という課題を常々持っていました。市民にとって必要な情報を事前に提供することによって市民意識調査に回答してもらうことが，前述の課題を解決することに繋がると考え，冊子の配布を決めました。」
> 　　　　　　　　　　　　　　　　　　　　　　　　　　　（藤井寺　市総務部企画財政課）

　郵送法において最も回収率が高かったのが藤井寺市であり，回収率は73.5%であった。

　四條畷市は市民意識調査実施時，調査票と一緒にシャープペンを配布した。

> 「市民意識調査を実施した当時は，さまざまな場所で景品が出回っていた時代でした。検討した結果，四條畷市では記入用として，シャープペンを配布することになりました。シャープペンに総合計画のネーミング『みんなでつくるまちづくり"ふるさと四條畷"』を入れることで総合計画のキャッチフレーズを広めたい，という考えもありました」　　（四條畷市　総務部企画調整課）

　四條畷市の回収率は63.1%であったが，藤井寺市同様，積極的な取り組みが回収率の高さに結果となって表れた事例といえよう。

（2） 督促状の有無

それでは，話を郵送法に絞って考えてみたい。調査票の回収を郵送法でおこなうとき，回収率を上げるために督促状を送付することが多い。督促状とは，調査対象者に対して調査の回答を促すための依頼状である。

表1-33　督促状有無別自治体数

督 促 状	自 治 体 数
有	30
無	11

表1-33より，郵送法を採用した大阪府下41自治体の中で督促状を送付したのは30自治体であり，逆に督促状を送付しなかったのは11自治体であった。ここで督促状を送付しなかった自治体の事例をいくつか取り上げる。

> 「督促状を送ることで，『市役所側が回答者を把握していますよ』というような不安を与えたくありませんでしたし，無作為抽出を強調したかったからです」　　　　　　　　（柏原市　企画室）
> 「広報紙で市民意識調査実施のPRをおこなっていますし，市民意識調査は強制するものではないと考えているからです」　　　　　　　　　　　　　　　　　（交野市　総務部企画調整課）

柏原市は回答者に余計な不安を与えないために，交野市は事前に広報紙で市民意識調査のPRをおこなっていたため督促状を送付しなかった。しかし，督促状がある場合とない場合の比較を表したものが次の表1-34である。

表1-34　督促状有無別平均回収率

督 促 状	平均回収率
有	55.8%
無	46.3%

この表より，督促状を送付した自治体の平均回収率が，督促状を送付しなかった自治体の平均回収率を約10％上回っており，督促状が回収率の上昇に貢献しているといえるだろう。また，市民意識調査への関心が低い人や，回答することを忘れている人がいる場合もあるので，回答を促す督促状を送付する意義は大きいといえよう。

また堺市では以下の理由で督促状を送付しなかった。

> 「市民意識調査を実施するにあたって，サンプル数や，督促状を送付したときと送付しないときの標本調査の精度を考慮した結果，今回は督促状を送付しませんでした」
> (堺市　企画部計画推進担当)

　堺市では，標本調査の精度を考えて督促状を送付しなかったと述べている。しかし，標本調査の精度を考えるのであれば，督促状を送付し回収率を上げる取り組みをすべきである。なぜなら，標本誤差の幅を考え設定したサンプル数であっても，回収率が低ければ母集団を正確に代表する結果を得ることはできない。むしろ設定サンプル数を多少少なくしても，督促状送付によって回収率を上げることで，より母集団を正確に表す結果を得ることができるのである。

４　市民意識調査実施後の取り組み

（１）報告書の執筆

　市民意識調査の結果を載せた報告書は，すべての自治体において執筆されていた。大阪府市町村調査の際にはすべての自治体よりその原本，あるいはコピーしたものをいただき，その内容を知ることができた。市民への公開の仕方は次のようにさまざまな事例がある。

> 「図書館や市政情報センター，各支所の市政情報コーナーで閲覧できます」
> (堺市　企画部計画推進担当)
> 「報告書をすべての課，議員，近隣の市に配布しました。去年設置した情報公開コーナーで閲覧ができます」
> (門真市　総合政策課の話より)
> 「市民アンケートの結果報告書は，もらいにきた市民には無料配布しました（当時）」
> (大東市　市長公室企画調整課)

　希望する市民に配布したり，庁内で閲覧する形を取ったりとさまざまである。また報告書の内容や構成は，自治体によって若干異なる。内容としては，市民意識調査の目的，概要（調査実施時期・調査方法・サンプリング数・サンプリング方法・回収率），回答者の属性，分析結果，集計結果などであり，資料と

して調査票を掲載している自治体もある。

　報告書の中で，自由回答質問の取り扱いは自治体による格差が顕著に表れていた。報告書での自由回答質問のまとめ方は，次の4つに大別できる。

（1）　全回答を掲載しているもの
（2）　主な回答を抜粋して掲載しているもの
（3）　回答から，「道路の整備について」など，抽出した意見を整理し，掲載しているもの
（4）　報告書ではまったく掲載がないもの

　報告書に，全回答を掲載していたのは岬町のみである。岬町は資料として，全有効回答であった365例を，回答者の文章そのままの形で一覧表としてまとめている。残るすべての自治体では，住民側から寄せられた回答を抜粋するなど，自治体が編集した形で報告書にまとめられている。そのため報告書上に肯定的意見ばかりが掲載されている場合，それがもともと批判的意見がよせられていなかった結果なのか，あるいは編集段階で恣意的に削除されたのかを判断することができないのである。

　岬町の報告書は，住民からの自治体に対する批判的意見も含めて，全回答が明らかな点で高く評価できるものである。

（2）ホームページによる結果公開

　現在大阪府下では，太子町を除く43の自治体がそれぞれのホームページを開設している。そこで，ホームページが市民意識調査の結果公開手段として，どのくらい活用されているのかを2001年11月12日に一斉検索して調査をおこなった。

　調査の過程で，各自治体のホームページを，市民意識調査と，総合計画の掲載度合いについて次の基準で分類した。

〈市民意識調査〉
Aタイプ：集計結果など具体的内容を知ることができるもの
Bタイプ：市民意識調査をおこなったことのみを知ることができるもの
Cタイプ：まったく掲載がないもの
〈総合計画〉
Aタイプ：総合計画の具体的内容を知ることができるもの
Bタイプ：総合計画の存在のみを知ることができるもの
Cタイプ：まったく掲載がないもの

ただし，市民意識調査の実施時期などは考慮に入れず検索時点での掲載度合いのみを基準として分類したことを念頭においていただきたい。次の**表1-35**が調査結果である。

表1-35 ホームページ分類表

		自治体数	内　　　　容
市民意識調査	Aタイプ	6	集計結果など具体的な内容を知ることができるもの
	Bタイプ	4	市民意識調査をおこなったことのみを知ることができるもの
	Cタイプ	33	まったく掲載がないもの
総合計画	Aタイプ	29	総合計画の具体的な内容を知ることができるもの
	Bタイプ	5	総合計画の存在のみを知ることができるもの
	Cタイプ	9	まったく掲載がないもの

（注）調査当時，太子町のホームページは開設されていなかった。

　総合計画に関する掲載は29自治体でその詳しい内容を知ることができた。まったく掲載がない自治体は2自治体しかない。それに対し，市民意識調査はA・Bタイプの合計が10自治体と少ない。

　ホームページによる市民意識調査の結果公開の具体的な内容として，Aタイプと分類した6自治体は，分析結果のグラフを挿入するなどの工夫が見られた。特に，大阪狭山市は調査票全体とすべての質問に対する回答の集計結果をPDFファイルによって公開していた。Bタイプと分類した4自治体に関しては，市民意識調査が実施されたことを発表しているもので，集計結果や分析といった具体的な内容を知ることはできなかった。

（3）調査票原票の回収

　調査票原票とは，実際に被調査者によって回答が書き込まれた1枚1枚の調査票のことである。その調査票原票の取り扱いに対して，調査票の冒頭部に次のような文章を掲載している自治体があった。

> 　本アンケートへの回答は，統計的な処理に限定して利用します。それ以外の目的には一切使用しませんので，回答者の皆様にご迷惑をおかけすることはございません。
> 　　　　　　　　　　　　　　　　　　　　　　　　　　　（大東市　調査票より抜粋）
> 　なお，お聞かせいただいた内容につきましては，全て統計的な処理を行いますので，ご迷惑をおかけするようなことは決してございません。
> 　　　　　　　　　　　　　　　　　　　　　　　　　　　（和泉市　調査票より抜粋）

　この2つの事例には，「統計的な処理」ということが明文化されている。その主旨は，市民意識調査に回答した市民に対して，個人が特定できるような処理はしないということである。つまり，こういった主旨の文章を載せることによって，市民意識調査は回答者に迷惑がかからないものであることを事前に告知しているのである。次の表1-36は，自治体が調査票原票を外部業者より回収したか否かの回答をまとめたものである。

表1-36　調査表原票回収状況

	自治体数	
調査票原票を外部業者より回収	32（回収）	9（未回収）

（注）　当時の資料および担当者に確認したが詳細が不明とした自治体が1つ，総合計画策定作業中のため未決状態である自治体が2つあった。

　全体の8割近い32の自治体は調査票原票を外部業者より回収していた。また，以下のような事例もある。

> アンケート用紙は集計終了後に焼却します。　　　　　（高槻市　調査票より抜粋）

　残る9自治体は，外部業者より調査票原票の回収をしていなかった。

（4）調査結果データの保存とその分析

　市民意識調査によって得たデータも，調査結果の保存状態と分析ができるか

どうかによって，その価値は大きく変わってくる。そこで，確認調査時に「調査結果データ保存」「保存データ分析」について，その実態を調査した。それぞれの定義は以下のとおりである。

調査結果データ保存	調査票原票の回答を単純な数値にしたものを磁気媒体（フロッピーディスク・CD-R・MO ディスクなど）上で保存していること
保存データ分析	分析に関する知識，技能をもった職員がおり，分析に使用するコンピュータソフトを保有していること

表1-37は，調査結果データと保存データの分析に対する自治体からの回答をまとめたものである。

表1-37 調査結果データ保存・保存データの分析

	自治体数	
1．調査結果のデータ保存	8（保存）	32（未保存）
2．保存データの分析	4（可）	36（不可）

（注）当時の資料および担当者に確認したが詳細が不明とした自治体が2つ，総合計画策定作業中のため調査結果データを外部業者に保管する必要があり，保存状態を確定できなかった自治体が2つあった。

32と多くの自治体では，調査結果データの保存はおこなわれていなかった。実際には，調査結果データが未保存であった自治体の多くは報告書の単純集計表など，紙媒体による調査結果の保存はおこなっている。しかし，この調査では，「調査結果データの保存」は「磁気媒体」での保存と定義した。それは以下の理由からである。集計結果からは単純な比較をおこなうといった簡単な分析は可能だが，クロス集計など，新たな観点からの再分析をおこなうことはできないからである。

一方で，調査結果データの保存は8自治体のみでおこなわれていた。そのうち，保存データの分析ができる自治体は，わずか4つである。

以下の事例のような調査を実施する場合，調査結果データの保存状態が重要になってくる。

> 「前回(第3次総合計画策定時)との比較ができるよう同じ質問項目を入れました」
> (門真市　市長公室総合政策課)
> 「前回の総合計画によって市民の意識がどう変化したかを知るために前回の市民意識調査をもとに質問文を考えました」
> (寝屋川市　企画財政部総合計画室)

　上記の例は市民意識調査を通し，市民の意向の変化を把握しようと試みたものである。このためには前回の調査結果データが保存されていることが前提となる。過去の調査結果データが蓄積されていなければ，異なる時期に実施した2つの調査の比較・分析はできない。さらに，調査結果データを十分に生かすためにはその分析ができなければならない。
　表1-38は，調査結果データを保存していた8自治体が，そのデータの分析が可能かどうかについて整理したものである。

表1-38　調査結果データ保存とその分析の可・不可の自治体

	分析		分析
枚方市	×	八尾市	×
摂津市	×	堺市	○
豊能町	×	河南町	○
東大阪市	○	忠岡町	○

　調査結果データの再分析が可能な自治体は東大阪市・堺市・河南町・忠岡町の4自治体のみである。つまり大阪府下44自治体に関しては，自治体単体での再分析が可能なのは，全体の約1割に満たないこの4自治体しかないというのが実情である。
　大阪府下の44自治体では，すべての自治体が市民意識調査を外部業者に委託している。その予算の平均は約430万円にものぼる。調査結果データの再分析ができないということは，このように高額な予算を費やして実施した調査も，1回きりのデータとなってしまう。その後，分析のためのソフト，それを使える職員がいなければ，自治体自らが再分析し比較することはできない。こういった状況は総合計画策定のための市民意識調査として，今後に幅広く活用できないという点で大きな課題が残るといえよう。

(1) 法制化以前においても，市町村レベルでの総合計画策定の動きは生じており，1966年の自治省調査によると，全国3369市町村のうち，759市町村が策定済，223市町村が策定中，172市町村が検討中であった。「地方自治体における基本的政策形成手続の動向（1）」『自治研究』第66巻，1990年，7頁。
(2) 「基本構想とは，市町村または市町村の存する地域社会の将来の目標及び目標達成のための基本的施策を明らかにし，基本計画及び実施計画の基礎となるべきものである。その内容としては，当該市町村の施策だけでなく，国，都道府県，民間等の行う施策，活動も含んでいる。基本計画とは，基本構想に基づき，各行政部門の施策を組織化，体系化して調整し，施策の総量及び根幹的事業を明らかにして施策の大綱を示す。この場合，原則として当該市町村が直接に実現手段を有する施策について定めるものとする。実施計画とは，基本計画に定める施策を具体化し，詳細に実施の方法を定め，財政的裏付けを明らかにする。計画期間としては，3ヵ年度のローリング方式とする」（木村仁・城野好樹編著『都市政策』ぎょうせい，1982年）。
(3) 森村道美「ふたつの計画—総合計画と市町村マスタープラン」『自治だよりNo. 130』自治総合センター，1998年。
http://lib1.nippon-foundation.or.jp/1988/0431/contents/005.htm
(4) 辻清明『事例・地方自治第2巻　計画と参加』ほるぷ出版，1983年，12頁。
(5) 全市区町村（3252）を対象に，2000年2月に，市区町村の保健担当部長宛に郵送法により実施。回収数1565自治体（回収率48.1％）。
(6) 神戸市の調査は他の5自治体とは異なり，直接市の総合計画を目的としたものではないが，調査目的がほぼ同様の趣旨であると判断し調査対象に加える。
(7) 阪神間6都市調査の詳細については，
大谷ゼミのホームページ　http://www.soc.kwansei.ac.jp/otani/zemi/seminar-top.htm もしくは鋤柄卓也「地方自治体における社会調査の現状と課題～阪神間6市が実施する市民意識調査を事例として」『市民参加とパーソナル・ネットワーク——芦屋市政モニター聞き取り調査報告書集』（関西学院大学社会学部大谷研究室，2001年）を参照。
(8) 宝塚市は，層化抽出法を用いた調査の他に織り込み配布による全世帯調査も実施していたが，その有効回収率は3.05％であった。神戸市の全世帯調査は調査対象が個人ではなく，世帯のため家族の中で誰が答えるかは特定できない。このような標本に偏りの出てしまう可能性がある調査に，莫大な予算（1999・2000年度5885万円）が費やされていた。
(9) 資料に関しては巻末参照。

第 1 章　総合計画策定のための市民意識調査

(10)　巻末参照。
(11)　巻末参照。
(12)　500で割り切れない数を端数とする。
(13)　「標本から母集団における数値を推定するときに生じる誤差で，標本調査に特有の誤差。無作為抽出法は，母集団から標本が抽出される確立が一定になるように行われるため，標本誤差の確率論的な算定ができる。一般には標本数が大きくなると標本誤差は小さくなるが，実査規模が小さくても，精密に調査し標本誤差を正確に算定するほうが，統計学的意義をもつ場合もある」（見田宗介・栗原彬・田中義久編『社会学事典』弘文堂，1988年）。
(14)　たとえば，市のある施策を支持する住民の割合を考えるときどれだけのサンプル数をとればよいかを考える。このとき，全住民に調査して得られた値からどれぐらいの範囲までの誤差を許すかによってサンプル数の値が変化していくのである。よって，誤差の幅を2分の1にしようとするなら2倍ではとても足りないほどたくさんのサンプル数を必要とするのである。
(15)　企画調整課が作成したもので，22ページからなり，公園配置図の折り込みが挟まれている。カラー印刷で，写真が多用されており，まちづくりについて簡潔に示されたパンフレットである。冊子の作成にかかった費用は約160万円であった。
(16)　自由回答質問は，質問事項として，38自治体が調査票に掲載していた。第5章参照。

63

第2章
市民意識調査の舞台裏
―― 八尾市の事例 ――

第1節　なぜ八尾市なのか

　第1章では，大阪府下44自治体の「総合計画策定のための市民意識調査」の実態を整理し，全自治体の調査の傾向について詳しく見てきた。

　本章では，その中のひとつの自治体を取り上げ，調査担当者が市民意識調査についてどのように考え，どのように作業を実施していったのかを明らかにする。

　市民意識調査の具体的な実施過程を把握するためには，「業者にすべて委託している」といった自治体を取り上げても意味がない。そこで，われわれは大阪府下44自治体の中で市民意識調査に積極的に取り組んでいる自治体を選ぶことにした。

　この自治体の選定のために，聞き取り調査を実施した全調査員を集めて報告会をおこなった。そこでは多くの自治体の現状として，次のような調査担当者の発言事例が報告された。

「前例を踏襲して調査をおこなっている」
「市議会対策のため，仕方なく調査をおこなっている」
「予算が出ているため，一応調査をおこなっている」
「どうせ市民意識調査では，あまりたいしたことはわからない」

　ここに共通しているのは，自治体の熱意に乏しい様子である。そうした中で，

八尾市の聞き取り調査をおこなった調査員は，調査担当者の話を次のように報告した。

> 「これからは，市役所だけではなく，市民とともに行政をすすめなければならない。市民意識調査は市民の意見を聞く重要な機会です」
> 「総合計画のために一応やった，というアリバイ作りのための調査にならないようにした」
> 「市民意識調査は市民にもっとまちのことを考えてもらうきっかけなのです」

以上の発言から，調査担当者の市民意識調査に対する熱意ある姿勢が伺えた。

そんな八尾市の市民意識調査はどのようなものだったのだろうか。表2-1は，八尾市の総合計画策定のための市民意識調査の実施状況について，八尾市を除く大阪府下43自治体と比較したものである。[1]

表2-1 八尾市市民意識調査実施状況・全自治体との比較

	八 尾 市	順位	八尾市を除く大阪府43自治体との比較
人　　口	274,779人	7番目	平均86,795人
調査時期	1999年7月1日～29日		平成10，11年が21自治体と最も多い
質　　問	評価3（行政が原案を作成）		評価3は17自治体，評価2は1自治体，評価1は25自治体
分　　析	評価3（行政が分析主体）		評価3は4自治体，評価2は12自治体，評価1は27自治体
報　　告	評価1（業者が原案を作成）		評価3は2自治体，評価2は3自治体，評価1は38自治体
調査担当課	企画調整部企画課新総合計画策定プロジェクトチーム		企画課およびそれに準ずる課が多い
委託業者（総合計画）	野村総合研究所　研究員3名		野村総合研究所は3自治体　地域計画建築研究所が8自治体と最も多い
選定方式（総合計画）	随意契約（複数，最多の10社から選定）		随意契約（複数）が19自治体と最も多く，次いで随意契約（単独）が12自治体，指名競争入札が7自治体
総合計画委託額	28,860,000円	14番目	平均27,647,295円（委託なし，総合計画策定中，複数の業者に委託した大阪市を除く）
委託業者（調査作業）	野村総合研究所　研究員3名		野村総合研究所は4自治体
選定方式（調査作業）	随意契約（複数，最多の10社から選定）		随意契約（複数）は20自治体と最も多く，次いで随意契約（単独）が13自治体，指名競争入札が9自治体，一般競争入札が1自治体

第 2 章 市民意識調査の舞台裏

調査委託額	2,520,000円	20番目	平均4,366,975円（算出不可14自治体除く）
学識経験者	それぞれ都市計画，経済学，社会福祉が専門の3名		調査作業に関与していたのは3自治体
調査対象	16歳以上の市民		16歳以上13自治体，18歳以上6自治体，20歳以上20自治体，全世帯2自治体，15歳以上2自治体
サンプリング台帳	住民基本台帳・外国人登録原票		住民基本台帳・外国人登録原票・選挙人名簿1自治体，住民基本台帳・外国人登録原票18自治体，住民基本台帳のみ19自治体，選挙人名簿のみ2自治体，全世帯対象3自治体
サンプリング方法	系統抽出法		系統抽出法4自治体，層化抽出法（単純無作為）が最も多く，20自治体
サンプル数	3000サンプル	17番目	平均3574サンプル
回収数	1360	28番目	平均1923サンプル
回収率	45.3%	37番目	平均54.7%
調査方法	郵送法		郵送法39自治体，留置法3自治体，郵送・留置法1自治体
督促状	有り		有り30自治体，無し11自治体
回収	タイプ1（調査票原票を業者より回収）		タイプ2は29自治体，タイプ1は31自治体，不明は1自治体，未決は2自治体
データ	タイプ1（調査結果データを保存）		タイプ2は32自治体，タイプ1は7自治体，不明は2自治体，未決は2自治体
分析	タイプ2（保存データの分析不可）		タイプ2は35自治体，タイプ1は4自治体，不明は2自治体，未決は2自治体
ホームページ（総合計画）	Aタイプ（内容あり）		Aタイプ28自治体，Bタイプ5自治体，Cタイプ9自治体
ホームページ（市民意識調査）	Aタイプ（内容あり）		Aタイプ5自治体，Bタイプ4自治体，Cタイプ33自治体

(注) 1. 「質問」の評価1は「業者が原案を作成」，評価2は「両者（業者・行政）で調査票を完成する」，評価3は「行政が原案を作成」という意味である。
2. 「分析」の評価1は「業者が分析主体」，評価2は「両者（業者・行政）で分析を実施」，評価3は「行政が原案を作成」という意味である。
3. 「報告」の評価1は「業者が原案を作成」，評価2は「両者（業者・行政）で報告書を作成する」，評価3は「行政が原案を作成」という意味である。
4. 「回収」のタイプ1は「調査票原票を業者より回収」，タイプ2は「調査票原票を業者より未回収」という意味である。
5. 「データ」のタイプ1は「調査結果データを保存」，タイプ2は「調査結果データを未保存」という意味である。
6. 「分析」のタイプ1は「保存データの分析可」，タイプ2は「保存データの分析不可」という意味である。
7. 「ホームページ」（総合計画）のタイプAは「総合計画の具体的内容を知ることができるもの」，タイプBは「総合計画の存在のみを知ることができるもの」，タイプCは「まったく掲載がないもの」という意味である。
8. 「ホームページ」（市民意識調査）のタイプAは「集計結果など具体的内容を知ることができるもの」，タイプBは「市民意識調査をおこなっていた事実のみ知ることができるもの」，タイプCは「まったく掲載がないもの」という意味である。

表2-1からいえる八尾市の市民意識調査の特筆すべき点は，以下の通りである。

- 調査担当課は，大阪府下では企画課およびそれに準ずる課が多い中，八尾市では「プロジェクトチーム」という総合計画策定のための専従チームでおこなっている。
- 質問文作成や分析作業は外部業者に委託している自治体が多い中，八尾市は行政主体でおこなっている。
- 学識経験者が，審議会を除いて直接調査作業に関与している。
- 調査票と数値化された調査結果を業者から回収している。
ホームページに総合計画と市民意識調査の内容（抜粋）の両方が掲載されている。

このように市民意識調査に対して熱意がみられ，実際に行政が主体的となり調査に取り組んでいたことから，われわれは八尾市を最も積極的な自治体であると判断した。

本章では八尾市の事例から，市民意識調査がどのような考えのもとに実施されたのかを見ていくことにする。

第2節　プロジェクトチームの思い

1　プロジェクトチーム発足

八尾市の市民意識調査は，プロジェクトチームがおこなっている。

1998年3月31日，それぞれ異なる部局に在籍していた5人の職員は内示を受けた。「4月1日付で，企画調整部企画課総合計画策定プロジェクトチームに異動を命ずる」というものである。翌日，配属されたメンバーは互いに顔を見合わせた。「けったいな集まりやなぁ。なんでこのメンバーが集められたんやろ」

プロジェクトチームには，ベテランのA氏，B氏，C氏，唯一の女性D氏，入庁3年目のE氏が配属された（表2-2）。

表2-2　プロジェクトチームメンバー表

	前任部課局	年齢	メンバーの特徴
A氏	市 長 公 室	50代	チームのまとめ役。
B氏	企 画 調 整 部	50代	企画調整部からの配属だが，総合計画策定作業の経験はない。
C氏	建 築 総 務 課	50代	建築，住宅問題に詳しい。
D氏	人 権 啓 発 課	40代	メンバー唯一の女性で女性問題に詳しい。質問文作成を担当。
E氏	市 民 税 課	20代	入庁して3年目の若手で主に事務作業などを担当。

プロジェクトチームへの配属について，E氏は「まだ入庁3年目でこれまで税金のことしか担当してなかったのに，突然プロジェクトチームに配属されて驚いています。総合計画について勉強する暇がなかったので，策定作業は手探り状態からのスタートでしたね」と当時の心境を語った。彼も含めたメンバー全員が総合計画策定作業は初めてだった。しかし，その状況が彼らの士気を高めたのである。「全員が策定作業をするのは初めてだということなら，いっそのこと新しいものをつくってやろうじゃないの！」

策定作業について，D氏は「5人のメンバーのうち，次回の総合計画策定時にはベテラン職員が定年退職してE氏しか残ってないだろうから，私らベテランにとって今回策定する総合計画は『遺言』みたいなものだとよく言い合いながら作業をおこなったものです」とベテラン独自の心境を語った。

2　第3次総合計画の総括

プロジェクトチームは，進行中の第3次総合計画の総括をおこなった。行政の現状分析をすることによって，今後どのような方針で新総合計画を策定したらいいのかを再確認しようとしたのである（図2-1）。

プロジェクトチームは，第三次総合計画がどこまで達成されたのかについて，担当部局に調書を提出させた。調書はE氏が取りまとめた。それをもとに，ベテランのメンバーが担当部局長へのヒアリングをおこなった。B氏，C氏は建

図2-1 総括の手順

```
┌──────────────┐           ┌──────────────┐
│ プロジェクトチーム │           │  ワーキング部会  │
└──────────────┘           └──────────────┘
  各部局から調書を取る          カテゴリー別の問題点抽出
        ↓                           │
  部局長へのヒアリング                │
        ↓                           ↓
      ┌──────────────────────────┐
      │ これまでの成果と今後の課題の抽出 │
      └──────────────────────────┘
              ↓
      新総合計画で重視すべきことを再確認
```

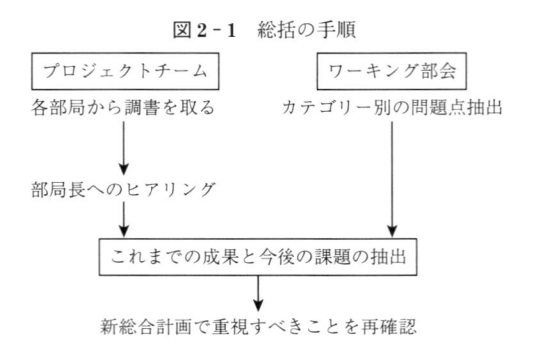

築，土木，下水，まちづくりなどの部局を，A氏，D氏は福祉，労働，教育などの部局を担当した。

　一方，プロジェクトチーム以外の視点から総括をおこなうため，別途設置されたワーキング部会では，まちづくりとコミュニティ，産業と環境，福祉と教育という3つのカテゴリーについて独自に問題点を抽出した。

　総括によって，プロジェクトチームは，これから策定する新総合計画には「行政の厳しい財政状況を踏まえ，施策は取捨選択して実行する」「行政が市民にまちづくりの方向性を示し，それについて共に考える」ことが重要だと再確認することができたのである。

　再確認事項は，市民意識調査にも大きく反映されることになった。

3　コンサルタント選定

　八尾市の市民意識調査には，コンサルタント（外部業者）が関与している。図2-2は，コンサルタント選定の流れである。

　プロジェクトチームは，コンサルタント選定に関する委託方針を定めた。ここでは，プロジェクトチームの新総合計画に対する方向性と同じ考え方で策定作業をサポートするコンサルタントが求められたのである。プロジェクトチームは，並行しておこなっている総括や自らがこれまで経験してきた職務を通じて，自治体の厳しい財政状況から今後は取捨選択した施策の実行が望ましく，

第2章 市民意識調査の舞台裏

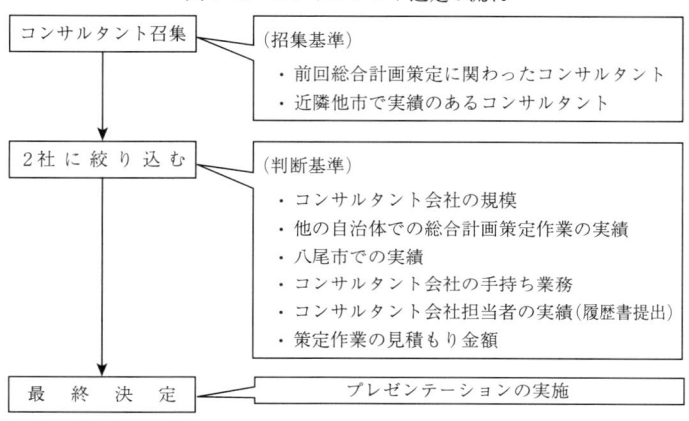

図2-2 コンサルタント選定の流れ

```
┌──────────────────┐     ┌─────────────────────────────────────────┐
│ コンサルタント召集 │────→│ (招集基準)                              │
└──────────────────┘     │ ・前回総合計画策定に関わったコンサルタント │
         │               │ ・近隣他市で実績のあるコンサルタント       │
         ↓               └─────────────────────────────────────────┘
┌──────────────────┐     ┌─────────────────────────────────────────┐
│ 2社に絞り込む    │────→│ (判断基準)                              │
└──────────────────┘     │ ・コンサルタント会社の規模               │
         │               │ ・他の自治体での総合計画策定作業の実績   │
         │               │ ・八尾市での実績                         │
         │               │ ・コンサルタント会社の手持ち業務         │
         │               │ ・コンサルタント会社担当者の実績(履歴書提出)│
         │               │ ・策定作業の見積もり金額                 │
         ↓               └─────────────────────────────────────────┘
┌──────────────────┐     ┌─────────────────────────────────────────┐
│ 最 終 決 定      │────→│ プレゼンテーションの実施                 │
└──────────────────┘     └─────────────────────────────────────────┘
```

行政が市民にまちづくりの方向性を示すことが重要だと考えていた。

　最初に招集されたのは，八尾市や近隣他市で実績のあるコンサルタント，シンクタンク系のコンサルタントなど約10社であった。彼らには，今回の総合計画策定業務に関する説明会を実施した後，どのような体制でどのように作業を進めるのかをまとめた企画書を作成させた。企画書をもとに，5人の部長クラスの職員が図2-2の判断基準で2社に絞り込んだ。

　2社には企画書のプレゼンテーションをおこなわせた。プロジェクトチームは，この時初めてコンサルタントと顔を合わせたのである。プレゼンテーションの際，策定作業を委託されることになった野村総合研究所は「右肩上がりの時代は終わったんです。自治体の財政状況は一層厳しくなります。これからは，行政が地域をマネジメントしていかなければなりません」との考え方を披露した。行政が地域をマネジメントするということは，行政がこれからの方向性を提示する必要があることを意味する。これらの考え方が，プロジェクトチームが定めたコンサルタントへの委託方針と合致したのである。

　このようにして，プロジェクトチームは，自らの考え方と合致するコンサルタントを選定したのである。

第3節　熱意を持って取り組んだ市民意識調査

　図2-3は，市民意識調査がどのように実施されたのかについて，プロジェクトチームと彼らをサポートしたコンサルタントの動きをまとめたものである。本節では彼らの動きを詳細に紹介する。

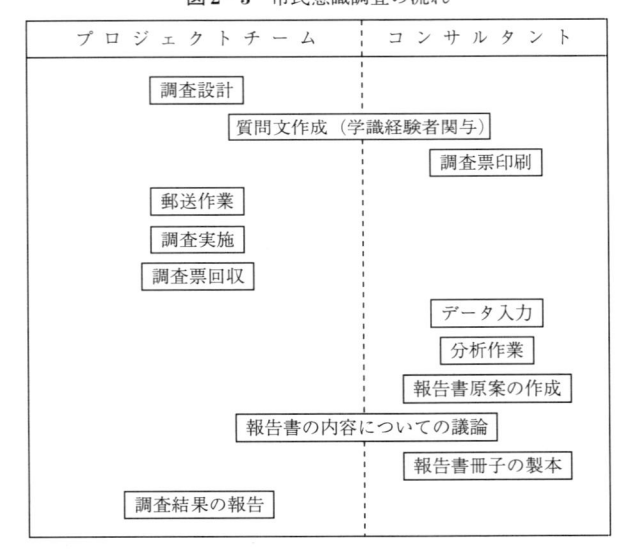

図2-3　市民意識調査の流れ

プロジェクトチーム	コンサルタント
調査設計	
	質問文作成（学識経験者関与）
	調査票印刷
郵送作業	
調査実施	
調査票回収	
	データ入力
	分析作業
	報告書原案の作成
報告書の内容についての議論	
	報告書冊子の製本
調査結果の報告	

［1］　調査設計

　八尾市では，自治推進課の予算を用いて毎年1回違った部局が市民意識調査をおこなっている。例えば，企画調整部人権室人権調整課の「人権についての市民意識調査」，環境部環境政策室の「やおの環境調査」などである。今回われわれが聞き取り調査の対象とした「総合計画策定のための市民意識調査」は，そのうちのひとつでもある。

第2章 市民意識調査の舞台裏

次の表2-3は，総合計画策定のための市民意識調査の調査設計である。

表2-3 調査設計

調査時期	1999年7月1日～29日
調査対象	16歳以上の市民
サンプリング台帳	住民基本台帳・外国人登録原票
サンプリング方法	系統抽出法
サンプル数	3000サンプル
調査方法	郵送法

- 調査時期は，調査対象者が余裕をもって回答できるようにするため，約1カ月間とした。
- 市民意識調査実施前に中学生28人が参加したこども会議がおこなわれ，そこでの議論を新総合計画に反映させることにした。そこで，今回は高校生以上の年齢である16歳以上の市民を調査対象とした。
- サンプリング台帳，サンプル数，調査方法は，前年におこなわれた市民意識調査の設定に従った。
- サンプリング台帳に住民基本台帳が用いられたのは，台帳が電算化されており，コンピューターを用いて抽出がおこなえるためである。また外国人登録原票が併用されたのは，以上の理由に加えて，八尾市が大阪府下6番目に外国人住民の数が多かったからである。全サンプル数に占める外国人住民の割合は，八尾市民に占める外国人住民の割合と同じ約3％に設定されている。

なお，電算化された情報は，サンプリングをおこなう際に簡単に抽出ができるため便利だが，プライバシー流出の可能性も高まる。そこで，八尾市では職員の代表などで構成される電算管理委員会を設け，住民基本台帳を利用する際にはそこでの許可を必要とさせている。

［2］ 外国人住民への配慮

プロジェクトチームは，外国人住民の調査対象者に対して，特別な配慮をお

こなっていた。調査対象者となった外国人住民全員が日本語の読み書きに堪能ではないため，調査票とともに5カ国語表記の調査依頼文を同封したのである。[3]依頼文には，日本語と同内容の調査依頼と併記して，日本語表記の調査票を読めない場合の市の対応が記載されていた。

　一方，市役所では，通訳を置いてさまざまな場合を想定した対応マニュアルを作成していた。E氏は「私が，何曜日の何時には，何語の通訳のできる誰々がどこにいる，といったことを把握しておいて，いつ呼ばれても対応できるようにしていた」と語る。

　実際に電話での問い合わせがあったのは1件で，日本語を話すことはできるが，読むことはできないという外国人住民からであった。調査内容を告げると「それだったら周りの人に聞いてやります」ということになった。

　たった1件であったが，国際化の進んでいる今日，外国人住民も市政に関われるよう試みることは非常に重要である。八尾市の外国人に対する配慮は，彼らの熱意の現れのひとつである。

3　質問文作成スタート！

　1999年4月に人事異動がおこなわれ，プロジェクトチームではA氏が下水道部へ異動し，代わって総務課からF氏がチームに加わった。その後市民意識調査実施に向けた作業が本格的に始まった。

　質問文作成を主に担当したのは，プロジェクトチームで唯一の女性，D氏である。彼女は「役所は楽しいです。ひとの暮らしをまるごと抱えるから」と語る，はつらつとした元気な女性であった。

　市民意識調査を実施することは，プロジェクトチームが結成された1998年4月の時点で既に決まっていたので，彼女はその頃から質問文作成の参考にするため他市の調査票を多数集めていた。

　(1)　A or B 形式の質問文
　その中から彼女が注目したのは，豊中市の A or B 形式の質問文であった。

これは,「あなたはAとBどちらの考え方に近いですか」というもので,「これからの行政は,施策を取捨選択していかなければならない」という八尾市の目指す行政のあり方に適していると感じたのである。

そこで質問項目を変えて20項目についてこの形式を取り入れることにした。以下は,八尾市市民意識調査(問5)から抜粋したA or B形式質問文の一例である。

【問5】 下のようにA・B二つの生活のしかたがある場合,あなたのお考えはどちらに近いですか。お考えに近いものをひとつだけ選んで○をつけてください。					
A	Aに近い	どちらかといえばAに近い	どちらかといえばBに近い	Bに近い	B
夫が働いて家族の生活を支え,妻は家庭を守るという生活のスタイルが理想的である。	1	2	3	4	夫婦が共にはたらき,家族を共に支えるという生活のスタイルが理想的である。

この質問項目は,家族の中での夫婦のあり方について尋ねているが,これはD氏がどうしても入れたかった質問である。プロジェクトチームのメンバーは,これまで経験した職務からそれぞれがこだわりを持って策定作業に取り組んだ。D氏はかつて人権啓発課で女性政策を担当した経験から,女性問題への関心は非常に高かった。そんな彼女の思いがこの質問文にはよく現れている。

D氏の女性問題への関心の高さが現れた例は他にもある。以下は,八尾市市民意識調査(問7)からの抜粋である。

【問7】 みなさんの生活環境をよくするために,とくに必要と考えられるのはどのような事業ですか。お考えに近いものを3つだけ選んで番号に○をつけてください。( )内に具体的な例をあげていますから,参考に考えてください。
1. 女性政策の推進(女性問題についての啓発や相談など) 2. 公害対策(騒音,悪臭などへの対策) 3. 道路の整備(舗装,改良,歩道設置など) 　　……以下24選択肢

この質問は，八尾市で毎年おこなわれる市民意識調査で必ず聞かれている質問である。彼女は「市民のみなさんに女性政策にもっと関心を持ってもらいたい」という強い思いから，前回は下の方にあった「女性政策の推進」という選択肢を目立ちやすい一番上にもってきたのである。

(2) 説明文の挿入

　八尾市の質問文には，質問に入る前にあらかじめ質問に関する説明文が載せてある。以下は八尾市市民意識調査の（問9）の前に設置されている説明文の抜粋である。

3　あなたの都市づくりへの関わり方についての質問です
　市民と市が協働してまちづくりをすすめる方法は，これまで日本ではあまり盛んではありませんでしたが，最近では国内も，一部の都市で市民のまちづくりへの参加が活発になっています。八尾市は市民参加が活発な都市ですが，今後はよりいっそう，市民のみなさんに積極的にまちづくりに参加していただきたいと考えています。
　そこで，まちづくりに関する市民の関わり方や，参加の現状と今後の希望などを聞くために以下の質問にお応えください。

　調査票の中で大きく四角囲みされた中に太字で書かれたこの説明文は，かなり目立つ。

　これを読むことで市民は，あらかじめこれから何についての質問が始まるのか，そして今八尾市がどういう状況にあるのか，行政がどういうことを望んでいるのかといったことを理解することができる。D氏は「質問文作成に当たって重要視したことは，行政のスタイルや市民の生活が変化していることをアピールすることです」と語る。

　プロジェクトチームは，この説明文を盛りこむことで，市民にもっとまちづくりに関心を持ってもらおうとしたのである。さらに調査票と共に八尾市の現状を説明した小冊子も同封することにした。

「調査はとりあえずやってみようといって実施したわけではなかった。市民のみなさんに，行政と一緒にまちづくりについて考えてみてよ！　とこちらから働きかけたことは，今までの調査スタイルとは違うんじゃないかな」（D氏の

(3) 自由記述式質問

以下は，調査票の最後にある記述式の質問である。

【問12】
「あなたが八尾市の中で最も好きな場所はどこですか。2つだけお書きください」

D氏は，自分たちのまちで一番愛着のある場所を聞いて，市民が八尾をどういうふうに見ているのかを知りたかったという。自治体の作る冊子，記念誌などの表紙にそのような場所の写真が使えるからである。
「総合計画を作る時には，そういうのを把握しておきたいんですよ」（D氏の話）

その他に，調査票には回答者が答えやすいように，次のような工夫がおこなわれていた。

彼女は，個人的な属性を聞くフェイスシートを最初に設置すると，回答者が警戒して質問に答えてくれない可能性があるため，調査票の最後に設置したのである。また，調査票を上下して答えなくてはならないサブクエスチョンを極力使わなかったのである。実際，八尾市の調査票でサブクエスチョンがあるのは，定住意思を聞く問題のみであった。

4　学識経験者

質問文作成に関わったのはプロジェクトチームだけではない。八尾市では学識経験者が専門委員として総合計画全般のみならず，質問文作成段階においても関与している。

専門委員のメンバーは，**表2-4**のとおりである。

専門委員は，1998年3月から八尾市の総合計画策定作業でアドバイスをしていた。彼らはプロジェクトチーム結成より以前に企画課によって選ばれたため，

表2-4　学識経験者の専門分野

名　前	年齢	専　門　分　野
X先生	30代	都市計画・都市デザイン・まちづくり
Y先生	30代	中小企業論・工業経済論
Z先生	30代	自治体福祉システム・社会福祉政策及び計画における施策間調整

プロジェクトチームは直接選定に関与していないが，彼らと共に総合計画策定にあたったE氏はこう推測する。

「総合計画は10年間の計画なので，その間もずっと継続してアドバイスがもらえるよう，そして気さくに相談できるように若い先生にしたのではないでしょうか」

E氏の言うとおり，彼らは当時全員30代。総合計画の審議会などには大御所的な学識経験者が呼ばれることが多い中，彼らは比較的若手であった。Z先生はネクタイはめったに締めず，フリースにリュックといういまどきのラフなスタイルが多かった。彼は厳しい意見であっても気持ちいいくらいずばっと言う性格の持ち主で，E氏は「まるで兄貴のようだった」と語る。

X先生とY先生は，以前から八尾市と関わりを持っていたという。X先生は都市計画マスタープランや，その他の市民文化活動で八尾市の委員をしていた。Y先生は専門の産業部門にあたる中小企業について，八尾市とその周辺を研究対象にしていた。選考にあたってこの点も考慮されたのではないだろうかとE氏は推測する。

彼らは，プロジェクトチームが送った資料はきっちり見て，そのつど熱心なアドバイスをくれたという。このうち，市民意識調査へのアドバイスというのはどういうものだったのだろうか。質問文作成を主に担当したD氏によると，彼らは「市民意識調査は，実態調査やニーズ調査ではない。何をしましょうかという御用聞きではダメなんだ」「総合計画ができてから，市民意識調査で市民の意見は聞きましたよというアリバイ作りのための調査ならいらない」とアドバイスしたという。

質問文作成には特にZ先生が積極的に関与したという。福祉専門のZ先生は，

近年福祉が「～してあげる」といった施し的なものから介護保険のような契約という形に変わってきた状況をふまえて,「～してほしいといった市民の答えが出てきそうな質問文は良くない。そういう行政のスタンスは嫌いだ」とはっきり言ったという。

　これらのアドバイスは,行政の「好景気の時代は終わった。これからは,あれもこれも何でもする行政から,あれかこれか取捨選択して施策を実行するという時代になってきた」という考え方を後押しすることにもなった。「みなさんから熱いコメントがありました」とE氏が語るように,彼らのアドバイスは,時代に即した熱意あるものであった。行政が市民に対して「何でもします,何をしましょう？」という御用聞きの姿勢をとっていては,この不景気の時代にそぐわないという意見には,非常にうなずける。

　こうして,専門委員の協力とプロジェクトチームの思いによって,今回の調査票は完成したのである。

　このように,こだわって思いを込めた質問文を完成させたD氏であったが,市民意識調査実施前の1999年7月に,プロジェクトチームから去ることになった。人事異動である。今回の人事異動では,F氏も異動となった。彼らに代わる人員補充はおこなわれず,ここから市民意識調査終了までは,B氏,C氏,E氏の3人体制となったのである。

5　忙しかった郵送作業

　3人体制になったプロジェクトチームは,調査票の郵送作業に取りかかった。ここからの細かな作業を主に担当したのはE氏である。彼は「D氏の去った後は3人だけでしたが,とにかく自分の限界にチャレンジする思いで作業しました」と語る熱意にあふれる職員だった。
「郵送作業は宛先など市民の個人情報が外部に漏れるのを防ぐため,コンサルタントに頼まずに自分たちでおこないました。それにしても,3000人分の宛名

シールを貼っていく，調査票などを折って封入する作業はとても手間のかかるものでした」と語るE氏。彼は「このような単純な作業は，他の策定作業で忙しいベテラン（B氏，C氏）には頼めない」と思ったものの，1人ではどうにもならないので，企画課の若手職員やアルバイト1名に応援を頼んだ。

　封入の終わった調査票は，通常より料金の安い市内特別郵便を用いて郵送した。また，締め切り1週間前には，調査の協力に対する市長のお礼をかねた督促状を郵送した。この時の作業も調査票の郵送作業と同様のものであった。
「調査はこういう地味な作業のもとに成り立っているんです」（E氏の話）

6　「読みやすい報告書」の作成

　こうして，プロジェクトチームの思いの詰まった調査票は，3000人の市民に届けられ，2週間後の締め切り日に，プロジェクトチームによって郵便局から回収された。回収された調査票は，そのままコンサルタントに渡された。調査結果は，コンサルタントによって男女別，年齢別にクロス集計され，集計結果についての簡単な説明が加えられて，報告書の原案として再びプロジェクトチームが受け取った。

　プロジェクトチームは，今回の質問文には，A or B 形式質問のように，調査結果のままでも市民の意見が一目でわかるものが多くあったため，分析方法にはあまりこだわらなかった。その分，彼らは報告書のレイアウトには工夫をこらした。報告書の冒頭部分には，報告書全体と同じ内容であっても調査結果の要約を載せ，視覚的にわかりやすいようにするため，調査結果の説明にはグラフを多用したのだ。
「読みやすい報告書を！」
　これは先に異動したD氏がプロジェクトチームに残したメッセージであった。彼女は，市民によりわかりやすい報告書にしたいと考えたのである。「文字ばっかりでだらだらとした報告書なんて読みたくないでしょ。市民のみなさんに読んでもらうには，たとえ内容が重複したとしても，報告書全体の内容がわ

かりやすい要約部分を冒頭に設けたほうがいいと思ったんです。最後まで読んでもらえることってなかなかないですからね」（D氏の話）

また，説明文の文章表現の校正にも時間が割かれた。「グラフと説明文の内容が一致しているか細かく見なければなりません。それに，調査結果のどこをよく見て欲しいのか，文章の表現で誘導する部分もありますが，事実を歪曲するわけにはいかないので，（校正は）かなり時間のかかる作業です」

このようなレイアウトや文章表現の校正は，プロジェクトチームがコンサルタントに注文を重ねるという形で進められた。校正が終了した報告書原案は，コンサルタントが報告書冊子にまとめて完成した。

プロジェクトチームは，報告書冊子を，庁内の総合計画に関係する部局に配布したほか，市民が誰でも自由に閲覧できるように市役所3階の情報公開コーナーにも設置した。また，「望まれる将来都市像」「望まれる事業」「今後参加したい社会活動」「市内で一番好きな場所」の4項目の調査結果は，広報紙とホームページに掲載した。

「（市民意識調査の抜粋をホームページに載せたのは）市民にまちのことを一緒に考えてもらいたいという雰囲気をずっと醸し出し続けたかったからです」（D氏の話）

プロジェクトチームは調査結果をホームページに掲載することで，調査終了後も市民にまちづくりについて一緒に考えてほしいと訴え続けているのである。

7　コンサルタント

このようにして調査作業は終了したわけだが，この間にサポーターとして活躍したコンサルタントとプロジェクトチームの関係はどのようなものだったのだろうか。

コンサルタントは，前節で述べたように総合計画策定作業全般にわたってプロジェクトチームにアドバイスをおこなっているが，市民意識調査では調査票，督促状の印刷，報告書文章の原案作成，報告書製本などの技術的サポートが主

であった。具体的には、一週間に一回の割合で打ち合わせがおこなわれ、それ以外は電子メールを利用して、作業がおこなわれた。D氏はコンサルタントについて、「結構こだわりのある人だった。市役所は地域をマネジメントする組織だという考え方がうちと同じだったから、作業において意思疎通しやすかった」と語る。

一方、コンサルタントは「委託される自治体の中には、何も意志を示さないというところもあるが、八尾市はどんな調査をしたいのかという考え方が明確であり、電子メールが使えたので、作業がやりやすかったです。」と八尾市の調査に対する姿勢を評価している。

第4節　思いが裏目にでた調査

これまで見てきたように、八尾市ではプロジェクトチームが中心となって市民にまちづくりに関わってもらおうと熱意を持ってさまざまな工夫をおこなってきた。しかし、プロジェクトチーム構成員に市民意識調査の捉え方や質問文作成などの社会調査の基礎知識が欠けていたために、以下の4つの具体的な問題点を引き起こしていたのである。
(1)　データ化できない質問文
(2)　低い回収率
(3)　重要視されなかった分析
(4)　市民意識調査の捉え方

本節では、これらの社会調査方法論的な観点からの問題点について、詳しく見ていく。

1　データ化できない質問文

われわれは、八尾市の調査票の質問文ひとつひとつを、「データ化」できるか否かを基準として質的に評価した（データ化および質的評価の詳細は第6

表2-5　八尾市質問文質的評価表

	データ化可能 (○)		データ化可能 要改善 (△)		データ化不可能 (×)	
大阪府	413	34%	120	10%	673	56%
八尾市	5	31%	3	19%	8	50%

章を参照)。その結果,八尾市の調査票には,データ化できない質問文が半数を占めていることがわかった。表2-5はその結果をまとめたものである。

ここでは,データ化不可能(×)と判断した質問文の形式2つを説明する。

【問7】　みなさんの生活環境をよくするために,とくに必要と考えられるのはどのような事業ですか。お考えに近いものを3つだけ選んで番号に○をつけてください。(　)内に具体的な例をあげていますから,参考に考えてください。

1. 女性政策の推進(女性問題についての啓発や相談など)
2. 公害対策(騒音,悪臭などへの対策)
3. 道路の整備(舗装,改良,歩道設置など)
4. 消費者保護の推進(消費者教育,物価安定など)
5. 公園,緑化の整備(児童公園,植樹,みどりの保全など)
6. 下水道の整備
7. 福祉の充実(高齢福祉,障害者福祉の充実など)
8. 教育施設の充実(学校・幼稚園などの整備など)
9. 文化施設の充実(文化会館・図書館の整備など)
10. スポーツ施設の充実(グラウンドやテニスコートの整備など)
11. 文化活動の振興
12. 環境衛生対策(ごみ,し尿,不法看板,不法投棄などへの対策など)
13. 保険・医療の充実(休日・夜間診療,母子保健,住民検診など)
14. 防災対策(地震,火災,水害など非常時の対策など)
15. 住宅対策(公営住宅の建設など)
16. 産業の振興(商業,農業,工業の振興)
17. 都市整備(市街地の再開発など)
18. 放置自転車対策
19. 交通安全対策(信号,カーブミラーの設置など)
20. 文化財保護(埋蔵文化財やまち並みの保存)
21. 青少年教育(青少年の健全育成など)
22. 国際化施策(国際交流・在住外国人の住みやすいまちづくりなど)
23. 生涯学習の充実
24. その他(具体的に　　　　　　　　　　　　　　　　　　　　)

前節で述べたように,これは質問文作成の工夫の一例として女性政策の選択肢を一番上にもってきた質問文である。しかし,ここには社会調査論の観点から見て問題がある。

　それは,質問形式が「M. A.（Multiple Answer）問題」[6]であることである。この場合,24ある選択肢の中から回答を「3つだけ」選ばせているが,回答数を「3つ」のように限定した場合,回答が1つや2つしか当てはまらない人は数合わせで答えてしまう恐れがある。すると集計結果の中に適当に答えた回答数も含まれてしまい,その数字には信頼性がなくなってしまうのである。

　市民と市が協働してまちづくりをすすめる方法は,これまで日本ではあまり盛んではありませんでしたが,最近では国内も,一部の都市で市民のまちづくりへの参加が活発になっています。八尾市は市民参加が活発な都市ですが,今後はよりいっそう,市民のみなさんに積極的にまちづくりに参加していただきたいと考えています。

　そこで,まちづくりに関する市民の関わり方や,参加の現状と今後の希望などを聞くために以下の質問にお答えください。

【問9】　まちづくりの進め方にはいろいろな考え方がありますが,現在の八尾市のまちづくりの進め方について,あなたはどうお考えですか。また,これからはどのようなまちづくりの進め方が望ましいとお考えですか。あなたの考えに近いものを下の1～5のうち1つずつ選んで番号に○をつけてください。

	現在の八尾市のまちづくりの進め方	これからの望ましいまちづくりの進め方
1. 市が責任を持って独自にまちづくりを進めている	38.5%	3.5%
2. 市民や企業が意見を言い,これを聞きながら市が中心となってまちづくりを進めている	23.0%	19.5%
3. 市だけでなく,市民や企業も参加し,協力してまちづくりを進めている	15.8%	33.6%
4. まず市民や企業が中心となってまちづくりを考え,これに市が経済的,人的な支援をしてまちづくりを進めている	6.1%	19.3%
5. 内容によって,市民,企業,市の間で役割を分けてまちづくりを進めている	11.7%	24.1%

　これは,あらかじめ質問に関する説明文を設置した例として前節でもとりあげたが,社会調査論の観点で見ると,質問の前に回答者の見解,態度に影響する説明をすることによって回答結果が誘導されるという「威光暗示効果」なの

である。

この説明文では，傍点部分において，「今後はよりいっそう市民の皆さんに積極的にまちづくりに参加していただきたいと考えています」という八尾市の思いを市民に訴えかけている。それを読んだあと，「これからの望ましいまちづくりの進め方」について聞かれると，回答者は選択肢1には回答しにくくなる。実際，この問いに対して選択肢1と回答したのは全体の3.5％であった。これでは，住民の意見を平等に取り入れたということにならないのである。

② 低い回収率

「サンプル数がたった3000では，八尾市民27万人全員の意見を聞けたかわからない。もっとサンプル数を増やしたかったんですけど…」とD氏は語った。この発言から分かるように，彼らは，より多くの市民を調査に参加させるため，サンプル数を増やしたいと考えていたようだ。しかし，社会調査論的に見ると，サンプル数は単純に多ければ多いほどいいというわけではない。第1章で述べたように，サンプル数を設定する際に最も重要なのは，「誤差の幅をどれくらいに設定するか」ということなのである。

このように，多くの市民に調査へ参加して欲しいと思っていたプロジェクトチームだったが，今回の市民意識調査の回収率は45.3％と低かった。これは大阪府下44自治体中37位なのである。また，第1章で考察されている督促状の有無で考えても，督促状なしの自治体の平均回収率46.6％よりも低い。これについて，D氏は「今回の調査票は文字がぎっしりという印象があったし，八尾市の現状を説明した冊子を読みながら回答するような形式だったので，回答者が面倒くさがって途中でやめてしまったのではないかな」と語った。

D氏の言うように八尾市の調査票は回答しにくかったのだろうか。第6章ではゼミ生30人が実際に大阪府下44自治体の調査票を回答し，その回答のしやすさについて評価している。その結果，八尾市の回答のしやすさは44自治体中30位であった。また，コメントには，「読まないといけない部分が多く，しんど

い」「文章が長すぎる上に選択肢数も多すぎて，最後まで読む気になれない」「質問文の前にある太字の説明文に威圧感を感じた」など，D氏の話との一致が見られた。

　今回の回答しにくい調査票というものが，回収率の低さに結びついてしまったのではないだろうか。第1章で「標本調査において回収率が高まればそれだけ標本の偏りが少なくなり，標本調査の精度が高くなる」と述べているように，調査をおこなう上で回収率を上げることは重要である。八尾市はその積極的な取り組みを回収率を上げることにも発揮するべきであった。

３　重要視されなかった分析

　第3節で述べたとおりプロジェクトチームは，報告書を読みやすいものにするためレイアウトや文章校正の工夫などに多くの時間を割いていた。しかし調査結果の分析にはあまり時間をかけなかった。分析について，E氏は次のように述べている。

「分析作業をあまり考える時間がなかった。コンサルタントには，男女別，年齢別の一般的なクロス集計をおこなってもらったが，他にクロス集計しようとは思わなかった。また質問の形式をA or B形式質問にしたので，質問の結果自体が分析結果になると考えていた」

　彼らは，男女別・年代別以外の選択肢を掛け合わせることは一切おこなっていなかった。質問文の単純集計結果をそのまま分析結果と認識していたことで，それ以上の詳しい分析をおこなわなかったのである。

　また，調査結果のうち数値化されたデータを紙媒体でしか保存していなかったのである。紙媒体によるデータでは，クロス集計などの詳細な分析ができない。分析作業を考えると，数値化されたデータは磁気媒体で保存されたものが必要である。

4 市民意識調査の捉え方

　プロジェクトチームは、「市民に八尾市のことをもっと考えてもらい、市民と行政が共にまちづくりをしていきたい」という強い思いを持って総合計画策定作業に取り組んだ。皮肉にも、その熱い思いが、市民意識調査を「八尾市の考えや現状を市民に啓発」する方向へ導いてしまった。

　社会調査の本来の目的は、「啓発」ではなく「現状把握」である。プロジェクトチームはその点を理解していなかったため、上述した3点の問題点が生じてしまったのである。

　プロジェクトチームが、社会調査とは何なのかを正しく認識し、社会調査に関する基礎知識を持ち合わせていれば、このような問題が生じることはなかっただろう。また社会調査を専門とする学識経験者の参与がなかったことも原因であろう。

　ここまで見てきた八尾市の事例は、市民意識調査には「行政の熱意」と「社会調査に関する知識」の両方が必要だということを示す好例であった。

(1) 第1章の表1-7は市民意識調査実施一覧表を用いて作成。
(2) 第3次総合計画を行うための組織で、課長・係長級の職員で構成。
(3) 5カ国語は、八尾市に在住する外国人約8000人の国籍の大多数を占める、英語、中国語、ハングル、ベトナム語、ポルトガル語である。
(4) 第5章の表5-11参照。
(5) ここでの学識経験者とは、大学教員のことである。
(6) 選択肢の中から2つ以上選ばせる質問形式。
(7) 第6章の表6-6参照。

第3章
市役所が実施している多様な市民意識調査
——吹田市・羽曳野市・高石市の事例を中心として——

　本章の目的は、「市役所が総合計画策定目的以外で実施している市民意識調査（以下、総計以外の市民意識調査）の実態を明らかにすること」にある。

　市役所では、一体どのくらいの量の市民意識調査を、どのような部局が、どういった方法を用いて、どんなテーマでおこなっているのだろうか。

　こうした実態を把握することを目的として、総計以外の市民意識調査の資料を集めることにした。そのため、大阪府市町村調査で使用した調査票に、「『総合計画のための市民意識調査』以外で、過去5年間におこなわれたすべての市民意識調査について教えて下さい」という質問項目を入れた。

　しかし、結果的に、総計以外の市民意識調査の資料が得られたのは44自治体中14にとどまり、残りの30自治体からは得ることができなかったのである。

　その30自治体の多くからは、次のようなことを言われた。

【30自治体の発言例】

> 「他の課がおこなっているものに関しては把握していない」
> 「各課で市民意識調査は実施されているが、それらを把握している課はない」
> 「行政資料室で調べたらわかると思うが……」　　　　　　　　　　　　　など

　このような発言に対して、「『調べて下さい』、とは言いにくかった」と多くの調査員がコンタクトファイルに記している。このことから、「総計以外の市民意識調査」を調べることは困難であることがわかった。また同時に、自治体職員は他の部局がおこなっている市民意識調査に関してあまり情報を把握していないこともわかった。いわゆる「縦割り行政」の一面が見受けられたのである。

そのような中，総計以外の市民意識調査の資料が得られた14自治体の多くは，以下の美原町のようにわれわれの調査に協力してくれた。

【14自治体の協力例：美原町】

> 美原町では，市民意識調査一覧表を作成するための記入用紙を作るということまでして下さった。それは，調査目的・調査時期・調査内容・調査対象者・調査方法・抽出方法・調査票配布方法・調査票回収方法・標本数・回収率を項目ごとに記入する表である。また，各課の職員にわかりやすいよう各項目の回答例も載せられていた。
> これを「平成8年度以降に実施した市民意識調査についてご記入ください。ご多忙中恐れ入りますが，平成13年2月19日（月）までに，提出願います。該当なき場合も，その旨，ご連絡願います」という文書とともに総務部企画課が各課に配布した。そして回収したものをひとつに束ね，われわれに郵送して下さった。

つまり，「総計以外の市民意識調査」を把握するためには，総計担当部局だけでなく自治体全体の協力が不可欠だったのである。こうしたことから，われわれは，44自治体全てから資料を収集することを断念し，協力の得られる自治体をいくつか事例的に取り上げ，詳細な実態把握をおこなうことにした。

そこで，総計以外の市民意識調査の資料が得られた14自治体の中から，吹田市・羽曳野市・高石市の3市を選定し，再調査をおこなうことにした。選定の理由は以下の3つである。

> ① 調査が非常に多くの部局でおこなわれていた
> ② 調査数が多い
> ③ 珍しい調査方法を用いている調査が含まれていた

①・②を設定した理由は，総計以外の市民意識調査の実態をより詳細に把握するために，数多くの調査をさまざまな部局でおこなっている自治体を選ぶ必要があると考えたためである。

③は，他ではあまり見られない調査方法が用いられているならば，遺漏なく着目しておくことこそが，詳細な実態把握につながるといえると考えたためである。吹田市は「モニターアンケート調査」，羽曳野市は「エンジェルノート」，高石市は「広聴はがき」と，それぞれの自治体が珍しい調査方法を用いていたのである。なお，羽曳野市は調査テーマが非常に多岐にわたっているという特

第 3 章　市役所が実施している多様な市民意識調査

徴も兼ね備えていた。

　そして，3つの市役所へ再度出向き，聞き取り調査をおこなった[1]。その結果，わかったことを以下に整理していく。第1節では，市役所ではどれくらいの市民意識調査が具体的にどうおこなわれているのかについて整理する。第2節では，調査方法に焦点をあて，その多様性を明らかにする。第3節では，調査テーマが多岐にわたる要因について考察する。第4節は，本章のまとめとする。

第1節　過去5年間の市民意識調査の実施状況

　本節では，3市で過去5年間に実施された「総合計画策定目的以外の市民意識調査」について，その調査数がどれくらいあり，どのように実施されたのかについて整理する。

　表3-1は3市の総計以外の市民意識調査をまとめたものである。これによると3市で実施されたのは，過去5年間だけでも47調査にのぼることがわかる。市別で見ると，それぞれ吹田市16・羽曳野市14・高石市17調査となっている。これは，少なくとも3市で実施される調査は「総計のための市民意識調査」だけではないことを表している。

　では，どのようにしてこれらの調査は実施されたのであろうか。以下，実施状況を (1)年間あたりの調査数，(2)担当部局，(3)調査要因，(4)外部委託と予算，に分けて具体的に見ていく。

（1）年間あたりの調査数

　過去5年間に実施された総計以外の市民意識調査の年度別実施数はどうなっているのだろうか。

表 3-1 総計以外の市民意識調査表

市	調査名称	担当部局	調査実施	調査要因
吹田市	市政モニターアンケート調査	市民文化部市民生活室市民相談課	1998年	B
	市政モニターアンケート調査	市民文化部市民生活室市民相談課	1998年	B
	市政モニターアンケート調査	市民文化部市民生活室市民相談課	1999年	B
	市政モニターアンケート調査	市民文化部市民生活室市民相談課	1999年	B
	市政モニターアンケート調査	市民文化部市民生活室市民相談課	2000年	B
	市政モニターアンケート調査	市民文化部市民生活室市民相談課	2000年	B
	吹田市民意識調査	市民文化部市民生活室市民相談課	1998年	B
	市民活動についての調査	市民文化部市民協働ふれあい室	2000年	B
	吹田操車場跡地利用計画市民アンケート調査	都市整備部措置整備課	1999年	A
	高齢者の生活と健康についてのアンケート調査	福祉保健部高齢福祉推進室	1998年	A
	高齢者の福祉・保健サービス利用者の生活と健康についてのアンケート調査	福祉保健部高齢福祉推進室	1998年	A
	高齢者の健康と介護についての専門調査	福祉保健部高齢福祉推進室	1998年	A
	都市計画マスタープランづくりアンケート	都市整備部措置整備課	2000年	A
	吹田市民スポーツ意識調査（施設利用者編）	体育振興部	2000年	B
	吹田市民スポーツ意識調査（一般市民編）	体育振興部	2000年	B
	男女平等に関する市民意識実態調査	人権部男女共同参画課	2000年	B
羽曳野市	まちづくりアンケート調査	秘書室情報管理課	1996年	B
	まちづくりアンケート調査	秘書室情報管理課	1996年	B
	まちづくりアンケート調査	秘書室情報管理課	1996年	B
	総合スポーツセンターアンケート調査	秘書室情報管理課	1997年	B
	年末年始の業務に関するアンケート調査	秘書室情報管理課	1997年	B
	気象情報提供に関するアンケート調査	秘書室情報管理課	1997年	B
	まちづくりアンケート調査（ごみ・リサイクル・環境）	企画財政部まちづくり推進課	1996年	B
	まちづくりアンケート調査（教育）	企画財政部まちづくり推進課	2000年	B
	同和問題の解決に向けた実態調査及び意識調査	人権文化部施策推進課	2000年	A
	市民の親しむ木・楽しむ花アンケート調査	土木部みどり公園課	1998年	B
	高齢者一般調査	保健福祉部高年福祉課	1998年	A
	要援護高齢者需要調査	保健福祉部高年福祉課	1998年	A
	若年者一般調査	保健福祉部高年福祉課	1998年	A
	介護保険利用者アンケート	保健福祉部高年福祉課	2000年	B
高石市	第21回市民意識調査	企画調整部企画課	1996年	B
	第24回市民意識調査	企画調整部企画課	1999年	B
	第25回市民意識調査	企画調整部企画課	2000年	B
	広聴はがき	企画調整部秘書広報課	1996年	B
	広聴はがき	企画調整部秘書広報課	1997年	B
	広聴はがき	企画調整部秘書広報課	1998年	B
	広聴はがき	企画調整部秘書広報課	1999年	B
	広聴はがき	企画調整部秘書広報課	2000年	B
	高石西地区第2回個別訪問による意向調査	駅周辺整備室	1997年	A
	高石西地区第3回個別訪問による意向調査	駅周辺整備室	1998年	A
	高石西地区第4回個別訪問による意向調査	駅周辺整備室	1999年	A
	高石市のまちづくりに関するアンケート調査	駅周辺整備室	1998年	A
	高石市のまちづくりに関するアンケート調査	都市計画課	1998年	A
	泉州地域経営雇用状況調査	経済課	1998年	B
	障害者福祉に関するアンケート調査	社会福祉課・高齢福祉課	1999年	A
	高石市児童育成計画	児童福祉課	1999年	A
	高齢者保健福祉に関するアンケート調査	介護保険課	1998年	A

（注） 調査要因Aは〈計画策定[2]に関するもの〉で実施された調査を，Bは〈市の独自企画によるもの〉で実施された調査を表している。

第 3 章　市役所が実施している多様な市民意識調査

表 3 - 2　年間あたりの調査数

	吹田市	羽曳野市	高石市	3市合計
1996年度	0	4	2	6
1997年度	0	3	2	5
1998年度	6	4	6	16
1999年度	3	0	5	8
2000年度	7	3	2	12
合　計	16	14	17	47

　表 3 - 2 は 3 市が年間あたりに実施した調査数を表したものである。これによると1996～2000年度の過去 5 年間だけでも，毎年， 3 市のいずれかの市で市民意識調査が実施されているのがわかる。前章まで述べてきた「総計のための市民意識調査」の実施年度は，自治体によってばらつきがあった。それと同様， 3 市の総計以外の市民意識調査も自治体によって調査実施年度にばらつきが見られた。

（2）担当部局

　表 3 - 1 より， 3 市の総計以外の市民意識調査は1996～2000年度の過去 5 年間だけでも実にさまざまな部局によって実施されているのがわかる。 3 市での「総計のための市民意識調査」を担当した部局が，それぞれ企画部政策推進室（吹田市）・企画財政部まちづくり推進課（羽曳野市）・企画調整部企画課（高石市）である点を考えると，市民意識調査は「総計のための市民意識調査」の担当部局のみで実施されているわけではないのだ。

　実際， 3 市では，体育振興部（吹田市），土木部みどり公園課（羽曳野市），経済課（高石市）などとさまざまな部局が調査を実施していた。

（3）調査要因

「総計のための市民意識調査」は，前章に述べてきたとおり，総合計画といった計画策定の一環で実施されている。では，総計以外の市民意識調査は，過去 5 年間どういった調査要因で実施されてきたのだろうか。

> 「市が市民意識調査を実施する場合，〈計画策定に関するもの〉と〈市の独自企画によるもの〉の２通りがあります。前者は，総合計画・都市計画・介護保険計画・児童計画といった各分野別の計画とその策定にあたって市民意識調査を実施します。後者は，その都度聞きたいテーマを設定して市民意識調査を実施しています。高石市が過去５年間に実施した調査はすべてこれらに従っています」
> 　　　　　　　　　　　　　　　　　　　　　　　（高石市　企画調整部企画課）

　このような話から，高石市では，市民意識調査を〈計画策定に関するもの〉と〈市の独自企画によるもの〉の２つの調査要因に分類していたことがわかった。

　ここでの〈計画策定に関するもの〉とは，総合計画をはじめ都市計画や介護保険計画など，策定が義務づけられている計画の策定過程で実施される市民意識調査のことである。

　〈市の独自企画によるもの〉で実施される市民意識調査とは，各自治体が計画策定とは関係なく，その都度市民に聞きたいことを問うために実施しているものといえるだろう。

　さらに，この分類は，表３-１にあるように，吹田市・羽曳野市にも当てはまった。すなわち，少なくとも３市では２つの調査要因で市民意識調査が実施されているといえよう。ちなみに高石市では，第21・24・25回「市民意識調査」は〈市の独自企画によるもの〉として実施していた。しかし，第22・23回は「総計のための市民意識調査」の意味合いがあるため，〈計画策定に関するもの〉として実施していた。

　また，〈計画策定に関するもの〉には，３市で介護に関する調査が共通しているのがわかった。なぜ，３市で共通しているのだろうか。これは前述のとおり〈計画策定に関するもの〉の市民意識調査である点が大きいといえる。以下は，高石市の事例である。

> 　障害者福祉に関するアンケート調査は，高石市障害者計画を策定するにあたり，障害をもつ方とその支援者の生活の実態を把握するとともに意見を参考とし，障害者計画策定の基礎資料として障害者福祉の推進を図ることを目的に実施。
> 　高齢者保健福祉に関するアンケート調査は，「介護保険事業計画」の策定及び「老人保健福祉計画」の見直しに向けて，地域における要介護度及び状態像別の人数分布の把握及び介護保険給付サービスの種類ごとの利用意向等の把握。
> 　　　　　　　　　　　　　　　　　　　　　　　　　　　　　（高石市資料より引用）

第3章　市役所が実施している多様な市民意識調査

　これらから，介護に関する調査の場合，障害者計画・介護保険事業計画などの策定および見直しが必要となって市民意識調査が実施されたことがわかった。おりしも3市で介護に関する市民意識調査が実施されたのは，1998年度および1999年度である。つまり，これは2000年度の介護保険制度施行を見据えていたからこそ実施されたものと考えられる。

（4）外部委託・予算

　ここでは，総計以外の市民意識調査を実施するにあたって，外部委託がなされているのか，また予算が使われているのかに着目していく。ちなみに第1章で述べたように，「総計のための市民意識調査」では，どの自治体でも外部委託がなされており，予算も使われていた。

表3-3　高石市・総計以外の市民意識調査——予算および委託業者

調査名称	予算	委託業者	調査要因
高石市のまちづくりに関するアンケート調査(A)	684,940円	国際航業	A
障害者福祉に関するアンケート調査	4,200,000円	三和総合研究所	A
高石市児童育成計画	4,950,000円	三和総合研究所	A
高齢者保健福祉に関するアンケート調査	280,000円	三和総合研究所	A
泉州地域経営雇用状況調査	算出不可	大阪府立産業開発研究所	B
高石西地区第2回個別訪問による意向調査	算出不可	国際航業	B
高石西地区第3回個別訪問による意向調査	算出不可	国際航業	B
高石西地区第4回個別訪問による意向調査	算出不可	国際航業	B
高石市のまちづくりに関するアンケート調査(B)	算出不可	国際航業	A
第21回市民意識調査	400,000円	なし	B
第24回市民意識調査	400,000円	なし	B
第25回市民意識調査	未定	なし	B

（注）1.「広聴はがき」の予算・外部委託については第2節で触れることにする。
　　　2. 調査要因Aは〈計画策定に関するもの〉で実施された調査を，Bは〈市の独自企画によるもの〉で実施された調査を表している。
　　　3.「高石市まちづくりに関するアンケート調査」(A)は，都市計画課で実施された調査を，(B)は，駅周辺整備室で実施された調査を表している。
　　　4.「算出不可」は，複数事業一括委託のため，調査予算のみの算出は不可能との回答を得た。
　　　5. 第25回市民意識調査は，2002年2月末現在，策定作業中につき「未定」との回答を得た。

　表3-3は高石市の総計以外の市民意識調査についての予算及び委託業者を表したものである。これによると，総計以外の市民意識調査も予算が使われ，

外部委託がなされているのがわかる。また聞き取りからは，調査要因によって外部委託の有無に違いがあることがわかった。

> 「計画策定に関して実施される調査は，市が事業計画を作らなければならないことがあり，その核となる市民意識調査には必ず外部委託をしています。それ以外の調査すなわち市独自で企画した調査は，市の職員の手で担っています」　　　　　　　　　　　　（高石市　企画調整部企画課）

このように高石市では，主に〈計画策定に関するもの〉で実施される市民意識調査に外部委託がなされていた。それに対し〈市の独自企画によるもの〉で実施される市民意識調査は，基本的には外部委託がなされていない。ただし，その中でも，内容が市のハード事業に関するものであれば外部委託がなされる場合もあった。[4]

次に，予算に着目する。表3-3を見ると，高石市では〈計画策定に関するもの〉で実施される市民意識調査には，〈市の独自企画によるもの〉の市民意識調査に比べて多額の予算が使われている。すなわち，調査の仕方や内容によって予算額に違いは生じてくるが，前章まで述べてきた「総計のための市民意識調査」だけでなく，それ以外のどのような市民意識調査にも，予算が使われているのである。

第2節　調査方法の多様性

市役所がおこなう市民意識調査はその調査方法においても非常に多様である。ここでは，その一例として「モニターアンケート調査」（吹田市）・「広聴はがき」（高石市）・「エンジェルノート」（羽曳野市）を取り上げ述べていく。

1　モニターアンケート調査

標本調査とは，母集団から一部のサンプルを取り出してそれを対象に調査をおこなう方法である。多くの市民意識調査がこの方法でなされているなか，こ

第3章 市役所が実施している多様な市民意識調査

れと異なる調査方法を用いているのが「モニターアンケート調査」である。これは調査対象者を市のモニターに限定している市民意識調査であり、モニター活動のひとつとして定期的におこなわれている。

(1) 大阪府下のモニター制度

大阪府下44自治体中21が、「モニターを選定し、活動を委嘱する」というモニター制度を取り入れている。ここでは、大阪府下のモニター制度の概略を整理する。

表3-4は1999年度においてモニター制度を取り入れている自治体を、大阪府資料をもとにまとめたものである。

表3-4 大阪府下のモニター制度(1999年度)

市町村名	人数(人)	委嘱年数(年)	選定方法			謝礼金(円)	謝礼物	アンケートの有無
大阪市	600	1	公募	抽出	—	～10,500	—	○
枚方市	329	2	公募	抽出	—	—	記念品	○
吹田市	200	2	—	抽出	推薦	1回1,500	—	○
守口市	190	2	—	抽出	—	～3,000	—	○
茨木市	100	1	公募	—	—	—	図書券 6,000円分	○
堺市	100	1	公募	—	—	～12,000	—	○
豊中市	50	1	公募	—	—	10,000	—	○
高槻市	50	2	公募	—	—	1回1,500	—	○
高石市	50	1	公募	—	—	8,000	—	○
岸和田市	50	1	公募	—	—	～10,000	—	○
門真市	50	2	公募	—	—	—	記念品 3,000円相当	○
八尾市	50	1	公募	—	—	8,800	—	○
柏原市	40	2	公募	—	—	～7,000	—	○
泉佐野市	28	2	—	—	推薦	12,000	—	○
四条畷市	11	1	公募	—	—	—	図書券 2,000円分	○
池田市	33	1	公募	抽出	—	—	記念品 2,500円分	—
摂津市	28	1	公募	—	推薦	—	記念品	—
箕面市	20	2	公募	—	—	4,500×4回	—	—
河内長野市	20	2	公募	—	—	8,000×3回	—	—
美原町	19	2	公募	—	—	～6,000	—	—
藤井寺市	15	2	公募	—	—	～12,000	—	—

(注)「アンケートの有無」の○印は、アンケートを実施している市町村を表している。
(大阪府資料より引用・一部改)

まず，モニターの委嘱年数について見ると，10自治体が１年，11自治体が２年に設定している。一方，モニター人数にはかなりのばらつきが見られる。最も多いのは大阪市の600人，最も少ないのは四條畷市の11人である。また，50人に設定しているのが６自治体と最も多い。

　モニターの選定には，公募・抽出・推薦の３つの方法が使われている。[5]その中でも公募は特に多く，18自治体が用いている。そして，５自治体が抽出を，３自治体が推薦を用いている。大阪市・枚方市・吹田市・池田市は，複数の方法を組み合わせて用いている。

　また，全自治体ともモニターには活動実績に応じて謝礼をしている。図書券など品物をもって謝礼としているのが６自治体，謝礼金を支払っているのが15自治体である。謝礼金の額は１回につき1500円（吹田市・高槻市）から計３回で最高２万4000円（河内長野市）まで，自治体によってさまざまである。

　モニター活動にアンケート調査を取り入れているのは，表３－４中の大阪市から四條畷市までの15自治体である。では，具体的にどのような市民意識調査なのか，吹田市を事例にその特徴やメリット・デメリットについて述べていく。

（２）吹田市におけるモニターアンケート調査

　表３－５Ａは「吹田市市政モニターアンケート調査」の概要であり，表３－５Ｂは３年間計６回にわたる調査項目と回収率を一覧にまとめたものである。

表３－５　Ａ　「吹田市市政モニターアンケート調査」：概要

実施部局	市民文化部市民生活室市民相談課
調査頻度	1998年より毎年２回実施
調査方法	郵送法
調査対象	吹田市政モニター
サンプル数	200人
モニター選定方法 （2000年度）	(1) 選挙人名簿より系統無作為抽出（95人） (2) 自治会長による推薦（93人） (3) 国際交流協会からの推薦による外国人（12人）
謝礼	回答１回につき1500円を年度末に一括して口座振込

第3章 市役所が実施している多様な市民意識調査

表3-5 B 「吹田市市政モニターアンケート調査」：調査項目・回収率

実施年度・回	調　査　項　目	回収率(%)
1998年第1回	「吹田市総合計画」にもとづいた市政の各分野	97.5
1998年第2回	(1)水道　(2)生涯学習　(3)ボランティア・NPO活動　(4)人権　(5)平和事業　(6)女性問題	98.0
1999年第1回	(1)行政の情報化　(2)プライバシー保護　(3)自転車対策　(4)道路の愛称	94.5
1999年第2回	(1)消費生活行政　(2)農業施策　(3)子育て支援　(4)環境保全と生活環境　(5)ごみの減量・再資源化施策	96.0
2000年第1回	(1)介護保険制度, 敬老会　(2)子育て支援　(3)生活環境　(4)消防行政	98.0
2000年第2回	(1)市政全般　(2)人権　(3)ごみの減量・再資源化	97.5

　吹田市は1998年度よりモニターアンケート調査を取り入れた。市民文化部市民生活室市民相談課が企画し，同課が中心になり毎年2回おこなっている。

　調査テーマには，各部局が抱えているそのときどきの問題がとりあげられている。原則として，その調査テーマに関係している部局が質問文を作成している。それらを市民文化部市民生活室市民相談課がひとつの調査票にまとめ，郵送法で調査をおこなう。

　着目すべき点は，モニターの選定方法である。多くの自治体が公募を用いているのに対し，吹田市は抽出・推薦という2つの方法を併用している。

　吹田市での抽出は，選挙人名簿から無作為抽出した市民にモニター活動への参加を依頼する方法でおこなわれている。また推薦は，各地区の自治会長が地区の住民にモニターになってくれるよう依頼する方法でおこなわれている[6]。しかし，以下にあるようにモニターを定員数集めることは困難だそうだ。

　「それぞれの方法でおよそ100人のモニターを集めます。しかし抽出では依頼を断られることが多いので，あらかじめ多めにサンプルを取ります。500〜600サンプル取るのですが，それでも依頼に応じてくれる人が100人に満たない場合があります。その場合は再度サンプリング・依頼書送付を繰り返します」　　　　　　　　　　　（吹田市　市民文化部市民生活室市民相談課）

（3）モニターアンケート調査のメリット・デメリット

この調査方法のメリット・デメリットをまとめると，以下のとおりである。

【メリット】
1. 回収率が高く，また，積極的な意見が得られる
2. 調査毎のサンプリングが不要なので，比較的手軽に調査を実施できる

【デメリット】
モニターの属性に偏りがみられる

　この調査の最大の特徴は，調査対象者が一般市民ではなく「モニター」だということである。モニターは，公募に対して主体的に応募してきた人，あるいは市や自治会長などからの依頼を了承した人である。これは，一般市民と比べると比較的市政に関心のある人が集まってくる可能性が高いことを意味する。逆にいえば，市政に全く無関心な人や，非協力的な人は含まないのである。

　このことが，1点目のメリットを生み出す。それは，モニターは調査を引き受けることを了承した人で，また謝礼もされるので，多くの回答が得られる点である。つまり，回収率が高くなるのである。実際，表3-5Bのとおり，回収率はすべて90％以上である。また，次の事例のように，市民から積極的に意見を出してもらうこともできるのである。

「子育てセンターや個人情報保護条例などに関する大切な意見もこのモニターアンケート調査から出ました」
　　　　　　　　　　　　　　　　　　　　　　　（吹田市　市民文化部市民生活室市民相談課）

　2点目のメリットは，調査を実施するたびのサンプリング作業が不要なので，行政は比較的手軽に調査をおこなうことができるという点である。

　一方，デメリットは，「モニターの属性に偏りが見られる点」にある。市政に無関心な市民は，モニターの募集や依頼に応じないと考えられる。また，モニターの年齢にも偏りがあることを聞き取った。

「選定方法〔抽出〕では，20～30代の若い世代で委嘱を断る人が多いです。〔推薦〕では，自治会長さんが声をかけやすいということから50代の人が多くなります。結果的に中高年の人ばかり集まってしまいます」
　　　　　　　　　　　　　　　　　　　　　　　（吹田市　市民文化部市民生活室市民相談課）

このことは，モニターは「市民の声」を代弁できる存在とはいえず，全市民の実態や意向を調査する場合には限界があることを示している。
　これらメリット・デメリットをふまえると，モニターアンケート調査は，市や政策に対する意見・施設に対する評価・市への提案などを求める場合には有効な方法だと考えられる。なぜなら，先にも述べたように，市民の側からの積極的な意見・提案が得られる可能性があるからである。

　吹田市モニター制度の特徴は，他自治体とは異なり，モニター選定に公募ではなく抽出・推薦という方法を併用していた点にある。無作為抽出を用いているということは，ある意味，標本調査の要素を加味しているといえるだろう。それにもかかわらず，回収率は9割を超えている。この点からは，一見優れた調査方法に思える。
　しかし，回収率が高いのは，「モニター活動を了承した人」が定員数を満たすまでサンプリングを繰り返し，その人を対象に調査をおこなっているからである。つまり，「モニター活動を了承しなかった人」は，調査対象者から省かれているのである。このことは，標本調査の要素を加味しているものの，無作為抽出とはいえないことを示している。
　モニター制度において重要なことは，行政に対して意見のある人が誰でもモニターになれることではないだろうか。つまり，行政に対して「反対意見がある人」も参加し意見できるような，市民に開放された制度であることが重要なのである。こうした住民参加の側面を重視するならば，モニター選定には公募を用いる方がよいだろう。なぜなら，無作為抽出を用いると，住民からの自由な参加を制約することになるからである。
　吹田市におけるモニターアンケート調査は，標本調査と住民参加の2つの要素を兼ね備えているが，同時に，両方の特性が中途半端になる危険性もはらんでいるといえよう。

2　広聴はがき

「広聴はがき」とは，その名称どおり"はがき"を用いた調査方法である。高石市では，この「広聴はがき」を1967年から秘書広報課が毎年実施している。

　高石市がこの調査をおこなう目的は2つある。一つは，市民がどのようなことを望んでいるかを知り，今後の市政に役立てることである。もう一つは，市民のニーズがどのように変化しているのかといった経年変化を見ることで施策の効果をつかむことである。

　調査の概要は以下のとおりである。まず，住民基本台帳に登録されている20歳以上の市民の中から系統抽出法によって500名を選ぶ。次に，この500名に宛てて，調査へのお願いや質問項目などをまとめた封書を郵送する。そして，封書を送られた市民は同封されている"はがき"に回答を記入して返信するのである。

　質問項目は毎年決まっており，年齢・性別・住所・高石市での居住年数・高石市に住む以前の居住地・定住意識・今後の市政への要望となっている。

　見本1は，調査対象者500名に郵送された質問項目を，**見本2**は，回答を返信する"はがき"を，それぞれ記載したものである。このように，市民は質問項目に対する回答を選び○をつけて返信するだけでよいのである。また質問項目も，回答しやすいものとなっている。この簡単さが，「広聴はがき」の最大の特徴である。

　このような調査方法をとる「広聴はがき」の過去5年分の回収率は，1996年度60.4％・1997年度57.4％・1998年度55.0％・1999年度59.0％・2000年度60.6％であった。過去5年間毎年，約55％～61％の回収率を保っている。その一方で，過去5年間毎年実施している高石市企画課の「市民意識調査」の回収率は約47％～52％であった。両者を比較すると，「広聴はがき」の方が高い回収率をおさめているといえる。このような結果が出るのは"はがき"を用いた簡単な調査方法であり，質問数が少ないため，市民にとって手軽に回答できるか

第3章 市役所が実施している多様な市民意識調査

見本1　質問項目（2000年度版）

次に該当する番号のところに○印をつけてください。
あなたの年齢　①20代　②30代　③40代　④50代　⑤60代　⑥70代以上
あなたの性別　①男　　②女
あなたの住所　①千代田　②高師浜　③羽衣　④東羽衣　⑤加茂
　　　　　　　⑥綾園　　⑦西取石　⑧取石　⑨高砂
高石市に住まわれてから何年くらいですか。
　　　　　　①3年未満　②3年〜5年未満　③5年〜10年未満　④10年〜20年未満
　　　　　　⑤20年以上
次の問いにお答えください。
問1　あなたは高石市に住まわれる以前はどこにお住まいでしたか。
　1．生まれたときから今のところに住んでいる
　2．生まれたときからではないが高石市内で生まれ，現在の地区に住所を移して住んでいる
　3．他市（大阪府内の市町村）に住んでいた
　4．他市（大阪府外の市町村）に住んでいた
問2　あなたは今後も高石市に住み続けますか。
　1．ずっと住み続けたい
　2．当分住み続けたい
　3．他市へ移りたい
問3　あなたは，市に対して今後どのような施策に力を入れてほしいですか。次のうちから3つ
　　以内で選んでください。
　1．市街地の再開発事業（連続立体交差事業含む）　　2．道路づくりや道路網の整備
　3．宅地開発　　　　　　　　　　　　　　　　　　4．住宅行政
　5．歩行者や自転車の交通安全対策　　　　　　　　6．小・中学校など教育施設の充実
　7．スポーツ施設の充実　　　　　　　　　　　　　8．文化施設の充実
　9．公園や子供の遊び場の充実　　　　　　　　　 10．まちの美化運動の推進
　11．緑化事業の推進　　　　　　　　　　　　　　 12．障害者や老人など社会福祉の充実
　13．公害の防止や防災対策の充実　　　　　　　　 14．公共下水道の整備
　15．医療や健康など保健行政の充実　　　　　　　 16．消費者の保護対策
　17．商工業など産業の育成　　　　　　　　　　　 18．自治会活動の助成
　19．広報活動の充実
＊回答は，別紙の返信用ハガキに記入

見本2　返信用ハガキ（2000年度版）

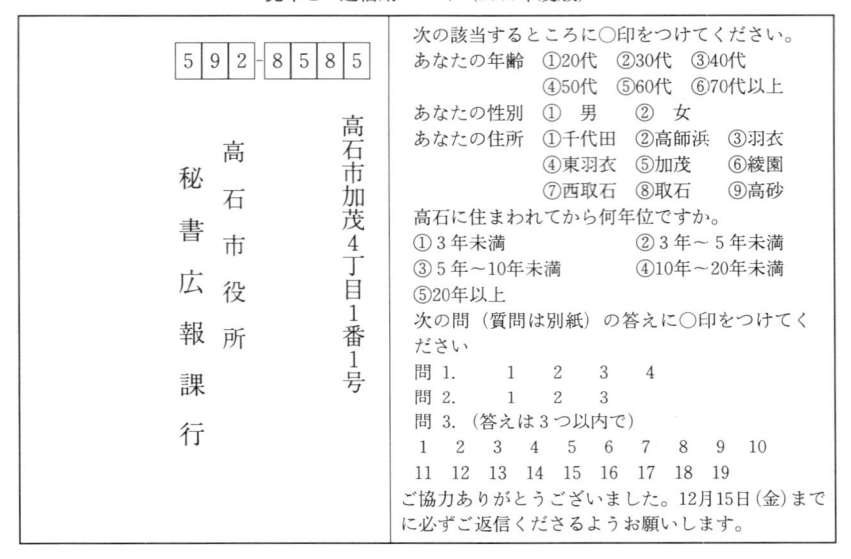

```
┌─────────────────────────────────────────────────────────┐
│  ５９２－８５８５      次の該当するところに○印をつけてください。 │
│                      あなたの年齢　①20代　②30代　③40代      │
│  高                                ④50代　⑤60代　⑥70代以上  │
│  石  高              あなたの性別　①　男　　②　女           │
│  市  石              あなたの住所　①千代田　②高師浜　③羽衣  │
│  役  市                            ④東羽衣　⑤加茂　⑥綾園    │
│  所  加                            ⑦西取石　⑧取石　⑨高砂    │
│      茂              高石に住まわれてから何年位ですか。       │
│  秘  ４              ①3年未満　　　　　　②3年～5年未満       │
│  書  丁              ③5年～10年未満　　　④10年～20年未満     │
│  広  目              ⑤20年以上                               │
│  報  １              次の問（質問は別紙）の答えに○印をつけてく │
│  課  番              ださい                                  │
│  行  １              問1．　1　2　3　4                       │
│      号              問2．　1　2　3                          │
│                      問3．（答えは3つ以内で）                │
│                        1　2　3　4　5　6　7　8　9　10        │
│                       11  12  13  14  15  16  17  18  19   │
│                      ご協力ありがとうございました。12月15日(金)まで │
│                      に必ずご返信くださるようお願いします。    │
└─────────────────────────────────────────────────────────┘
```

らであろう。

　次に，調査結果については，回収標本のすべてを項目ごとにデータ入力をして地域別・年代別・男女別の要望がわかるように分析している。質問数が少なく，またコーディングを簡単におこなうことができるので，分析における量的負担が少ない。この調査結果の報告については，毎年「市民の声」[7]という冊子を作成して庁内（議会を含む）へ配布しており，また市民に対しては5月号の広報紙及び市のホームページに掲載する方法をとっている。

　「広聴はがき」は，これまで述べてきたように自治体が実施する市民意識調査の中で成功している一例といえる。しかもこの調査は，外部委託がなされていない。ただ，高石市では優れた調査方法をとっていながら，質問項目に問3のような回答を3つ以内で選ぶ形式をとっているという社会調査論的な問題点も見られた[8]。

　最後に，この調査のメリット・デメリットを整理すると以下のとおりである。

第3章 市役所が実施している多様な市民意識調査

> 【メリット】
> 1. はがきに○をつけるだけでよいので,簡単に回答できる
> 2. 経費がかからない(一人につきはがき代50円で回収できる)
> 3. コーディングを簡単におこなうことができる
> 4. 毎年同じ質問項目を使用するため,過去の調査との比較ができその経年変化を見ることができる
>
> 【デメリット】
> 回答を"はがき"に記入する調査方法のため質問項目数が限られている

このように,"はがき"を用いることで簡単に調査を実施することができ,調査者側・回答者側とも負担が少なくてすむ「広聴はがき」は,今後自治体が実施する調査方法のひとつとして大いに活用できる将来性豊かなものだといえる。今後,この調査方法を有効に活用するためには,調査テーマを絞り,質問文を洗練させていくことが必要となってくるだろう。

③ 電話回線を使った調査

調査方法には紙を媒体としたもの以外に,電話回線を使ったものもある。そのひとつの例が,「エンジェルノート」[9]である。これは,表3-6のように羽曳

表3-6 羽曳野市が実施したエンジェルノートを使った調査

調査名称	調査年度	担当部局	調査内容
まちづくり アンケート調査	1996年	秘書室情報管理課	はびきのシティカード[10]の利用拡大を目的としたニーズ調査
まちづくり アンケート調査	1996年		テレビやラジオ,電話など,メディア機の利用度を聞いたニーズ調査
まちづくり アンケート調査	1996年		はびきのシティカードを実際利用してみてどうか,などを聞いた確認調査
総合スポーツセンター アンケート調査	1997年		利用率の高い,総合スポーツセンターの利用施設などを聞いたニーズ調査
年末年始の業務に関する アンケート調査	1997年		年間363日開館している,羽曳野市の公共施設の利用状況などを聞いたニーズ調査
気象情報提供に関する アンケート調査	1997年		お天気サテライト[11]の導入後,市民によりよいサービスを提供するためのニーズ調査

野市の秘書室情報管理課が実施した，1996年度の3回の「まちづくりアンケート調査」と1997年度の「総合スポーツセンターアンケート調査」「年末年始の業務に関するアンケート調査」「気象情報提供に関するアンケート調査」で使われた調査方法である。

では，羽曳野市では，このエンジェルノートをどのようにして調査方法として利用したのであろうか。

エンジェルノートは，電話番号案内をするためだけの機械であるが，この機械に PC カードを差し込むと，パソコンのインターネットのような機能も有するのである。

また，電話回線を通じ，NTT のビデオテックス通信網(12)（キャプテンシステム）とよばれるものにつながっている。これを通すと，新幹線の座席予約や，航空券をとったりすることもできる。そして，こうした機能のひとつとして，アンケート集計機能があったのである。

そこで羽曳野市は，この機能に注目し，調査方法のひとつとして用いたのである。これは当時無料で NTT から配布されていたので，羽曳野市では200台取り寄せた。

そして，それを住民基本台帳と外国人登録原票から，それぞれ単純無作為抽出で選んだモニターに1台ずつ渡して，このような電話回線を使った市民意識調査をおこなったのである。つまり，羽曳野市では，モニター調査としてエンジェルノートを利用したのである。(13)

（1）エンジェルノートのメリット・デメリット

この電話回線を使った「エンジェルノート」を，調査に用いた場合に，どんなメリットとデメリットがあるのだろうか。聞き取り調査での羽曳野市の職員の話を参考にまとめると，以下のとおりである。

第 3 章　市役所が実施している多様な市民意識調査

> 【メリット】
> 1．手間がかからない
> 　（各自の家に設置されたエンジェルノート画面に質問文と回答項目が表示されるので，調査票の印刷・封入・郵送といった一連の作業が不要）
> 2．効率がいい
> 　（モニターがエンジェルノートの端末を操作し回答すると，そのデータがリアルタイムにセンターに蓄積・集計される仕組みなので，データ入力などが不要）
> 【デメリット】
> 1．質問形式が限られる
> 　（エンジェルノートでは，番号ボタンを押すだけなので，自由記述は打ち込むのが面倒であり，ほとんど作れない。どうしても選択式の設問のみになってしまう）
> 2．電話回線を使うので回答者に電話代がかかる。[14]

　このように，質問形式が限られる・回答者に電話代がかかるなどのデメリットはあるが，調査作業の「手間」・「効率」という面を重視した場合，エンジェルノートのように電話回線を使った調査は有効といえよう。

（2）「インターネット」の可能性

　以上に述べてきた電話回線を用いた「エンジェルノート」とよばれる調査方法は，現在は用いられていない。それは，インターネットの普及により，キャプテンシステム上でのサービスが終了しており，使えなくなったからである。羽曳野市では，現在はエンジェルノートに代わる調査方法を特に決めていないそうである。ただ，「インターネット」を用いた調査が今後は増えてくるのではないかと述べていた。

　では，ここで「インターネット」での調査が増えてくる可能性をデータから見てみる。パソコンの世帯あたりの保有率は，1997年3月末には22.1％だったが，1999年には29.5％，2000年には38.6％となっている。さらに，2001年には50.1％にもなっている。[15]

　こうしたデータや時代背景からも，電話回線を用いた調査でも，今後はインターネットを使った調査が増えてくると考えられる。インターネットには，「回答者に電話代や通信料がかかる」などのデメリットもあるが，一方で，エ

107

ンジェルノートと同じく「効率がいい」という点に加え，「映像や音声が使える」などのメリットもある。また，自由記述の設問を作ることが可能であり，エンジェルノートのデメリットであった，設問が選択式のみになるという問題も解消される。こうした点から，「インターネット」は今後の新たな調査方法として，さまざまな可能性を秘めていると考えられよう。

第3節　多岐にわたる調査テーマ

　本節では，「調査テーマ」に着目する。第1節でも述べたように，自治体がおこなう市民意識調査の調査要因には2種類あった。ひとつは，〈計画策定に関するもの〉である。これはどの自治体でも同様におこなわれていた調査であった。しかし，もう一方の〈市の独自企画によるもの〉には，自治体によってテーマや内容に差がみられることがわかった。では，なぜこのような差が生じるのであろうか。そこで本節では，羽曳野市を事例に取り上げ，その要因について考察する。

　総計以外の市民意識調査の資料を見ていくと，ほとんどの自治体が似通ったテーマで調査をおこなっていることがわかった。しかし，羽曳野市では，**表3-7**にあるように，「年末年始の業務に関するアンケート調査」や「気象情報提供に関するアンケート調査」，「市民の親しむ木・楽しむ花アンケート調査」など他の自治体ではあまり見られない珍しいテーマの調査も多数おこなわれていた。つまり，調査テーマが非常に多岐にわたっていたのである。

　では，なぜ羽曳野市の実施した調査は，調査テーマが多岐にわたっているのであろうか。

　その疑問を解くヒントとなるような話を，聞き取り調査の際に市職員から聞いた。それは，「羽曳野市役所には，他市にないサービスを先駆けてやろう，目指すなら一番を，といった風潮がある」というものである。このような話は，総合計画での聞き取り調査を含め，他の自治体ではあまり聞かれなかった。

　これを聞いた後，われわれは羽曳野市の調査テーマが多岐にわたっている要

第3章　市役所が実施している多様な市民意識調査

表3-7　羽曳野市・総計以外の市民意識調査表

調　査　名　称	担　当　部　局	調査実施	調査要因
まちづくりアンケート調査	秘書室情報管理課	1996年	B
まちづくりアンケート調査	秘書室情報管理課	1996年	B
まちづくりアンケート調査	秘書室情報管理課	1996年	B
総合スポーツセンターアンケート調査	秘書室情報管理課	1997年	B
年末年始の業務に関するアンケート調査	秘書室情報管理課	1997年	B
気象情報提供に関するアンケート調査	秘書室情報管理課	1997年	B
まちづくりアンケート調査（ごみ・リサイクル・環境）	企画財政部まちづくり推進課	1996年	B
まちづくりアンケート調査（教育）	企画財政部まちづくり推進課	2000年	B
同和問題の解決に向けた実態調査及び意識調査	人権文化部施策推進課	2000年	A
市民の親しむ木・楽しむ花アンケート調査	土木部みどり公園課	1998年	B
高齢者一般調査	保健福祉部高年福祉課	1998年	A
要援護高齢者需要調査	保健福祉部高年福祉課	1998年	A
若年者一般調査	保健福祉部高年福祉課	1998年	A
介護保険利用者アンケート	保健福祉部高年福祉課	2000年	B

(注)　調査要因Aは〈計画策定に関するもの〉で実施された調査を、Bは〈市の独自企画によるもの〉で実施された調査を表している。

因として次のようなことを考えた。それは、「羽曳野市では、市民に対して積極的に施策やサービスを実施し、そしてその都度、それらの確認作業として市民意識調査で意見や評価を聞き取っているのではなかろうか」という仮説である。

（1）「施策評価」としての市民意識調査

そこで、こうした疑問も含め、羽曳野市の取り組みや市民意識調査についてのより詳細な話を、今度は市の代表者である市長から聞いてみることにした。[16]

質問内容（一部）は以下のとおりである。

- 羽曳野市の調査テーマが多岐にわたっているのはなぜか。
- 市長は市民意識調査についてどのように考え、どう捉えているのか。

これらの質問に対する市長の意見を簡単にまとめると以下のとおりである。

「市は主体的に市民のために施策やサービスを提案していく事が大切だと考えます。そして、その中で実施したものについては、市民意識調査などを通じて市民の評価や要望を把握しています。そうすることで、改善点やよりよくするヒントを得ることができます。また、市民意識調査などで市民の意見を聞くことはもちろん大切であると考えています」　　（羽曳野市長　福谷剛蔵氏）

この聞き取り調査での話に示されているように，羽曳野市では市民意識調査を市が実施した施策に対する市民の意見や評価を聞くことを目的におこなっていたのである。また，それは実際の調査内容を見ても明らかであった。たとえば，「まちづくりアンケート調査」は，はびきのシティカード導入後の市民の満足度や利用状況を確認するための調査であった。「気象情報提供に関するアンケート調査」も，お天気サテライト導入後に，市民の意見や評価を聞いた調査であった。これら以外の多くの調査も同様であった。

　すなわち，多様な施策・サービスを実施している羽曳野市は，多くの市民意識調査を「施策評価」という意味合いを持っておこなっていたので，調査テーマが多岐にわたっていたのである。また，作業負担の少ないエンジェルノートを用いた調査であったということも，調査テーマが多岐にわたった要因のひとつであると考えられる。

（2）羽曳野市の市民意識調査からみえた問題点

　このように，羽曳野市が市民意識調査を通じて積極的に市民の意見を聞こうとしている姿勢は評価できよう。しかし，それを聞く「調査対象」があまり考慮されていなかった点は惜しまれる。

　たとえば，「気象情報提供に関するアンケート調査」は，第2節でも述べたように，エンジェルノートを使い，お天気サテライトの評価や要望を聞いたモニター調査であった。この調査は250名のモニターを対象におこなわれたものである。ところが，その250名すべてがお天気サテライトの利用者ではないのだ。実際にこの調査結果を見ていくと，その利用者は250名中18名であった。[17]そしてその18名だけを対象に，お天気サテライトのサービスの評価を聞いていたのである。しかし，施策やサービスの評価を聞く場合に，18名の評価は利用者全体の評価から見ると，ほんの一握りの数にすぎない。そのため，この調査は，実際にお天気サテライトを利用したことのある人を対象におこなった方がよかったとも考えられる。

　つまり，住民から施策やサービスの意見や評価を聞く場合には，調査の目的

などによって，その調査対象もきちんと選定する必要があるのではなかろうか。自治体には，住民の意見や評価を積極的に聞く姿勢に加え，その調査は誰に聞けば最も有効的になるのかということも同時に考える必要があるといえよう。

第4節　総合計画策定目的以外の市民意識調査の現状と課題

以上のように，本章では「総合計画策定目的以外の市民意識調査」に焦点を当ててきた。本章を通じてわかったことを整理すると，以下の4点である。

まず1点目は，「市役所では総計以外にも数多くの市民意識調査がおこなわれている」という点である。市役所では，ひとつの担当部局だけでなく，多くの部局でさまざまなテーマの調査がおこなわれていたのである。さらに，どの調査でも予算がかかっているということが判明した。また，その中には外部委託がなされているものも多数見られた。つまり，「総合計画策定のための市民意識調査」は，市役所がおこなっている数ある調査のほんの一部であることが明らかとなったのである。

2点目は，「調査要因には2つの種類がある」という点である。第1節で見たように，市民意識調査を実施する要因には，「計画策定のための調査」と，「各自治体の独自企画による調査」の2つのパターンがあった。前者の調査には，たとえば，2000年度に施行された「介護保険制度」を見据えておこなった調査があった。これは，国からの指導の下で，どの自治体でも同様に実施された調査であった。逆に後者の調査は，「年末年始の業務に関するアンケート調査」（羽曳野市）など，各自治体が計画策定とは関係なく，その都度住民に聞きたいことを問うためにおこなっているものであった。また，それには第3節でも述べたように，「施策評価」の要素が含まれていることもわかった。

3点目は，「市役所はさまざまな調査方法で市民意識調査をおこなっている」という点である。第1章でも述べたように，総計のための市民意識調査は，ほとんどの場合，郵送法や留置法でおこなわれていた。しかし，「総計以外の市民意識調査」は，市政に関心のある市民から多くの意見を得ることができる

「モニターを使った調査」や，低費用で簡易に調査することができ，比較的高い回収率を得ることができる「はがきを使った調査」，インターネットという新たな調査方法への可能性を秘めた「電話回線を使った調査」など，さまざまな方法を用いておこなわれていた。

　4点目は，「自治体では，部局間での情報の共有化があまりなされていない」という事実である。これは重大な問題点である。

　はじめにも述べたが，われわれが「総計以外の市民意識調査」の把握をする際，多くの総合計画の担当者から「他の課がおこなっているものに関しては把握していない」，「各課で市民意識調査は実施されているが，それらを把握している課はない」というような話を聞いた。これは，いわゆる「縦割り行政」を象徴しているものであろう。自治体では，多くの部局でさまざまな市民意識調査がおこなわれている。しかし中には，同じような調査項目が，他の部局と重複して聞かれている場合もある。このような無駄を省くためにも，部局間での情報の共有化を推し進めるべきである。また，市民意識調査に関する情報をきちんとデータ化・保存し，自治体職員が自由にそれを利用できる環境を作ることも今後重要な課題となるであろう。

(1)　吹田市・高石市では，それぞれ市民文化部市民生活室市民相談課・企画調整部企画課の担当者に聞き取りを実施。羽曳野市調査では企画財政部まちづくり推進課の担当者を中心として，秘書室情報管理課・人権文化部施策推進課の職員からも聞き取りを実施した。
(2)　自治体で策定が義務付けられている計画を指す。
(3)　表中の予算は，2002年2月末の時点での委託金額もすべて含めたものである。ただし，高齢者保健福祉に関するアンケート調査は，アンケート費用のみの金額である。
(4)　高石西地区第2・3・4回個別訪問による意向調査を指す。ちなみに泉州地域経営雇用状況調査は，泉州8市合同での広域調査のため例外である。
(5)　公募とは，市報などを通じてモニターを一般から募集する方法。抽出とは，たとえば，住民基本台帳や選挙人名簿などから抽出した市民にモニターになってくれるよう依頼する方法。推薦とは，たとえば，自治会長などがモニターになってくれる

第 3 章　市役所が実施している多様な市民意識調査

人を自治体に推薦する方法。
(6)　2000年度においては，国際交流協会からも外国人12人が推薦されている。
(7)　高石市企画調整部秘書広報課『市民の声』(2000年度版) を参照。
(8)　質問項目についての詳細は，第 6 章を参考にしていただきたい。
(9)　NTT の電話番号案内である，104番の代わりのような機械。自分の電話回線にこの機械をつなぎ，相手の名前などの必要事項を入力すると，104番に電話しなくても自分で電話番号を調べることができる。
(10)　1991年に導入。住民票や印鑑証明等を専用の機械で自動発行する際などに用いる，本人確認のためのカード (こうしたカードを使った証明書の自動交付機の設置は全国の自治体で 2 番目)。
(11)　1995年に市役所の隣に開設された施設。日本気象協会と直接つながっている端末があり，いつでも気象情報が提供できる。また，常時気象予報士が 1 名おり，市民からの質問にも直接答えたりもできる (こうしたサービスは，全国の自治体で 4 番目・気象業務法改正後では 1 番目)。
(12)　「電話回線を利用し，情報センターに蓄えられた文字情報や図形等の画像情報を利用者のテレビやパソコンなどのディスプレイに表示させるシステムがビデオテックスであり，ビデオテックス通信網は，その伝送媒体。また，キャプテンシステムは，日本での呼称」(『imidas 2001』集英社，より引用，一部改)。
(13)　羽曳野市のエンジェルノートを使ったモニター調査は，1993年度から1997年度までの 4 年間のみおこなわれた。第 2 節の表 3 - 4 の大阪府下のモニター制度に羽曳野市が載っていないのは，その表が1999年度分であるためである。
(14)　そのため羽曳野市では謝礼として，一回の調査につき，500円のテレホンカードと1000円の図書券を贈っていた。
(15)　内閣府・公式ホームページ (http://www.cao.go.jp/) 内の，経済統計の「消費動向調査」(2001年普及率・3 月調査) のパソコン普及率より。
(16)　2001年11月13日 (火)，羽曳野市役所市長室において実施。
(17)　『羽曳野市気象情報提供に関するアンケート調査報告書』(1998年 3 月) より。

第4章
地方の市民意識調査との比較
―― 香川県市町村調査と大阪府市町村調査 ――

　本章の目的は，大阪の「総合計画策定のための市民意識調査」を，他県の調査実態と比較することにある。

　ここまでわれわれは，一貫して大阪の市民意識調査を対象に分析をおこなってきた。

　大阪は，人口規模や町村比率から見て都市部である。しかし全国には，人口規模が小さく，町村比率の高い地方が数多く存在している。こうした地方ではどのように市民意識調査がおこなわれているのだろうか。

　地方でも，都市部と同じ方法で調査がおこなわれているのだろうか。あるいは全く異なる方法でおこなわれているのだろうか。もし異なっているとすればどのような要因によるものなのだろうか。

　こうした疑問に答えるため，地方の「総計のための市民意識調査」の実態調査をおこない都市部大阪の実態と比較することにした。つまり，地方の市民意識調査の実施状況を把握すると同時に，比較によって，全国の市町村が実施している「市民意識調査」を少しでも理解する手がかりを得たいと考えたのである。

　ここでは都市部大阪との比較対象として香川を選定した。理由は次の点にある。

　ひとつは町村比率の高さである。通常，地方は都市部に比べ市町村に占める町村比率が高い。大阪の町村比率は25.0％と，全国平均の79.4％に比べて非常に低かった。それに対し香川の町村比率は86.4％と全国平均に比べ高かったのである。

また，県域面積が大阪と，香川はほぼ等しく，自治体数も大阪44に対し43と近似していたことが理由にあげられる。他にも兵庫県西宮市の関西学院大学に距離的に近く，調査経費がかからないこともひとつの理由である。

第1節　香川における総計調査の概要

　香川県市町村調査で最も留意した点は，調査基準の統一である。調査結果を比較するには，統一された基準で集められたデータでなければ意味がない。そこで本調査では，対象とする市民意識調査の選定基準や調査する項目を，大阪府市町村調査で用いた基準に統一した。

　対象とする市民意識調査の選定基準は，以下の3つである。
- 自治体が最も近年に実施した総合計画策定のための調査であること
- 調査実施自治体に居住する住民のみを対象にした調査であること
- 質問文の内容が他自治体と同様のもの

　また，聞き取り調査での調査項目についても，大阪と同じ調査票を使うことで統一をはかった。

　しかし，このように統一した基準でおこなってきた香川県市町村調査の結果には，単純に大阪とは比較できない大きな違いが4点みつかった。その違いを整理したものが次の**表4-1**である。

　まず一点目の違いは合併予定自治体の存在である。表に詳しくあるように，8自治体では，合併に向けて2つの協議会を設置している。それぞれの合併協議会は，「市町村建設計画」と呼ばれる，合併市町村の建設に関する基本的な計画を策定していた。

　この計画は「市町村の合併に際し，住民等に合併後のまちづくりに関するビジョンを示し合併の適否を判断するという，いわば合併市町村のマスタープランとしての役割を果たすもの（合併特例法第5条第2項）」として位置付けられている。この規定では「単に合併市町村の総合計画をつなぎ合わせただけのものとならないよう，真に合併市町村の建設に資する事業を選び，合理的で健

第 4 章 地方の市民意識調査との比較

表 4-1 大阪と香川を比較する際の問題点

	香川	大阪	説　　　　明
自治体総数	43	44	—
合併予定の自治体	8	なし	香川には合併予定の自治体が 8 あり，2003年度までにさぬき市と東かがわ市の 2 市が誕生する。これに伴ってさぬき市と東かがわ市には，それぞれ合併協議会が設置されている。さぬき市は津田町・大川町・志度町・寒川町・長尾町の，東かがわ市は白鳥町・引田町・大内町の合併による
総計のための市民意識調査を実施していなかった自治体	2	なし	香川には，総計のための市民意識調査を実施していない自治体があった。内海町と琴平町である
調査作業を外部業者に委託しなかった自治体	13	なし	香川には調査作業を外部業者に委託せず，自治体自ら調査をおこなった自治体が13あった。高松市・三木町・香川町・土庄町・牟礼町・詫間町・大野原町・豊中町・庵治町・池田町・財田町である
報告書・調査票を保存していなかった自治体	8	なし	香川には調査報告書と，調査票を保存していない自治体が 8 つあった

全な行財政に裏付けられた着実な計画とすること」を配慮することも明記されている。

　この計画策定にあたって合併協議会では「市町村建設計画のための市民意識調査」をおこなっている。大阪の統一基準に従えば，8 自治体それぞれの「総計のための市民意識調査」が調査対象になる。しかし合併自治体で基本となる計画は「市町村建設計画」である。

　そこで，合併予定自治体に限って，「市町村建設計画のための市民意識調査」を調査対象とすることにした。

　つまり，香川県市町村調査の対象は，香川43自治体ではなく，35自治体と 2 合併協議会（以下，37自治体とする）となる。

　二点目の違いは，「総計のための市民意識調査」を実施していない自治体の存在である。香川では，調査を実施していない自治体が 2 つあった。この 2 つの自治体は内海町と琴平町である。この 2 自治体が調査を実施しなかった理由

表4-2 市民意識調査実施状況一覧表

市町村名	人口	調査実施	質問	分析	報告	担当課名称
高 松 市	331,004	1997年11月	3	3	3	企画財政部企画調整課
丸 亀 市	78,090	1999年07月	1	1	1	総務部企画財政課
坂 出 市	61,351	1993年07月	3	3	3	総務部企画課
五 町 合 併 (津田・大川・志度・寒川・長尾)	58,390	2000年05月	1	1	1	五町合併協議会
観 音 寺 市	45,103	1999年03月	1	1	1	企 画 課
三 町 合 併 (引田・大内・白鳥)	39,226	2000年07月	1	1	1	三町合併協議会
善 通 寺 市	37,361	1998年09月	1	1	1	市長公室企画課
三 木 町	27,766	2000年02月	3	3	3	企 画 課
多 度 津 町	23,749	1994年02月	1	1	1	総 務 課
香 川 町	23,324	1999年02月	3	3	3	企 画 課
国 分 寺 町	21,520	2001年01月	1	1	1	建設企画課
土 庄 町	19,074	2001年05月	3	3	3	商工企画課
牟 礼 町	18,123	1999年09月	3	3	3	企画計画課
高 瀬 町	17,231	1995年08月	3	3	3	合併対策室
詫 間 町	16,656	1996年07月	3	—	—	都市計画課
飯 山 町	16,078	2001年09月	1	1	1	総 務 課
宇 多 津 町	14,928	1993年07月	1	1	1	総 務 課
内 海 町	13,587	1994年12月	—	—	—	企画商工観光課
満 濃 町	13,148	2000年09月	1	1	1	企画観光課
大 野 原 町	13,068	1994年07月	3	3	3	企画商工課
琴 平 町	12,002	2001年04月	—	—	—	企 画 課
綾 歌 町	11,939	1997年07月	1	1	1	総 務 課
豊 中 町	11,877	1994年05月	3	3	3	総 務 課
三 野 町	9,783	1996年05月	1	1	1	企画調整課
豊 浜 町	9,371	1996年07月	1	1	1	企画商工課
山 本 町	7,890	1997年12月	1	1	1	企画開発課
香 南 町	7,792	1996年08月	不明	不明	不明	総務企画課
仁 尾 町	7,482	1994年09月	1	1	1	企画情報課
庵 治 町	7,136	2001年03月	3	3	3	総 務 課
綾 上 町	7,124	1998年09月	3	1	1	総 務 課
池 田 町	6,113	1999年10月	3	3	3	企画総務課
仲 南 町	4,948	1993年09年	1	1	1	総 務 課
財 田 町	4,926	1996年03月	1	1	1	総 務 課
直 島 町	4,162	1995年08月	3	3	3	企 画 課
塩 江 町	3,727	1998年04月	3	2	3	総務企画課
琴 南 町	3,660	1998年12月	1	2	1	総 務 課
綾 南 町	3,660	2000年04月	1	1	1	企 画 課

＊宇多津町はサンプル数・回収数に関する資料が保存されてなく不明
＊大野原町はサンプルに関する資料でサンプル数のみ資料に記載、回収数に関する記述なし

第4章 地方の市民意識調査との比較

委託業者（総合計画）	選定方式	総合計画委託額	委託業者（調査作業）	選定方式
委 託 な し	—	—	委 託 な し	—
野村総合研究所	随意契約（複数）	24,987,350	野村総合研究所	随意契約（複数）
委 託 な し	—	—	委 託 な し	—
パシフィックコンサルタンツ	随意契約（単独）	20,000,000	パシフィックコンサルタント	随意契約（単独）
（株）五 星	随意契約（複数）	9,000,000	（株）五 星	随意契約（複数）
パシフィックコンサルタンツ	随意契約（複数）	7,875,000	パシフィックコンサルタント	随意契約（複数）
（株）日本総合研究所	随意契約（複数）	16,500,000	（株）日本総合研究所	随意契約（複数）
委 託 な し	—	—	委 託 な し	—
第一法規出版	随意契約（単独）	16,444,475	第一法規政策情報センター	随意契約（単独）
委 託 な し	—	—	委 託 な し	—
国際航業(株)	随意契約（複数）	5,691,000	国際航業(株)	随意契約（複数）
委 託 な し	—	—	委 託 な し	—
委 託 な し	—	—	委 託 な し	—
羽野編集事務所	随意契約（単独）	3,500,000	羽野編集事務所	随意契約（単独）
委 託 な し	—	—	委 託 な し	—
第一法規出版	随意契約（複数）	12,195,200	第一法規政策情報センター	随意契約（複数）
日本システム開発研究所	入　札	9,979,670	日本システム開発研究所	入　札
地域総合研究所	随意契約（単独）	13,000,000	調 査 な し	—
（株）ぎょうせい	入　札	総計策定中	ぎょうせい総合研究所	入　札
委 託 な し	—	—	委 託 な し	—
委 託 な し	—	—	調 査 な し	—
（株）ぎょうせい	随意契約（複数）	8,400,000	ぎょうせい総合研究所	随意契約（複数）
委 託 な し	—	—	委 託 な し	—
（株）ぎょうせい	随意契約（単独）	9,327,000	ぎょうせい総合研究所	随意契約（単独）
（株）ぎょうせい	随意契約（複数）	6,500,000	ぎょうせい総合研究所	随意契約（複数）
第一法規出版	随意契約（複数）	8,292,000	第一法規政策情報センター	随意契約（複数）
（株）ぎょうせい	随意契約（複数）	6,489,000	ぎょうせい総合研究所	随意契約（複数）
（株）ぎょうせい	随意契約（複数）	6,901,000	ぎょうせい総合研究所	随意契約（複数）
委 託 な し	—	—	委 託 な し	—
（株）ぎょうせい	随意契約（複数）	4,305,000	ぎょうせい総合研究所	随意契約（複数）
委 託 な し	—	999,000	委 託 な し	—
第一法規出版	随意契約（単独）	7,120,000	第一法規政策情報センター	随意契約（単独）
委 託 な し	—	—	委 託 な し	—
委 託 な し	—	—	委 託 な し	—
（株）ぎょうせい	随意契約（複数）	3,000,000	ぎょうせい総合研究所	随意契約（複数）
日本システム開発研究所	随意契約（複数）	6,583,500	日本システム開発研究所	随意契約（複数）
（株）ぎょうせい	随意契約（複数）	6,825,000	ぎょうせい総合研究所	随意契約（複数）

＊綾歌町はサンプルに関する資料でサンプル数のみ資料に記載，回収数に関する記述なし
＊三野町はサンプルに関する資料でサンプル数のみ資料に記載，回収数に関する記述なし

市町村名	調査委託額	学識経験者	調査対象	サンプリング台帳
高　松　市	474,588	関与なし	18歳以上	住民基本台帳
丸　亀　市	算出不可	関与なし	16歳以上	住民基本台帳
坂　出　市	資料なし	関与なし	20歳以上	住民基本台帳
五町合併 （津田・大川・志度・寒川・長尾）	算出不可	関与なし	全世帯	—
観　音　寺　市	算出不可	関与なし	20歳以上	選挙人名簿
三町合併 （引田・大内・白鳥）	算出不可	関与なし	18歳以上の全住民	—
善　通　寺　市	7,000,000	関与あり	16歳以上	住民基本台帳
三　木　町	資料なし	関与なし	20歳以上	住民基本台帳・モニター・議会議員
多　度　津　町	算出不可	関与なし	20歳以上	住民基本台帳
香　川　町	340,440	関与なし	18歳以上	住民基本台帳
国　分　寺　町	算出不可	関与なし	20歳以上	住民基本台帳
土　庄　町	200,000	関与なし	16歳以上	住民基本台帳
牟　礼　町	資料なし	関与なし	18歳以上	住民基本台帳
高　瀬　町	算出不可	関与なし	20歳以上	住民基本台帳
詫　間　町	7,800	関与なし	全世帯	—
飯　山　町	算出不可	関与なし	18歳以上	住民基本台帳
宇　多　津　町	算出不可	関与あり	18歳以上	住民基本台帳
内　海　町	—	—	—	—
満　濃　町	算出不可	関与なし	18歳以上	住民基本台帳
大　野　原　町	資料なし	関与なし	20歳以上	選挙人名簿
琴　平　町	—	—	—	—
綾　歌　町	算出不可	関与なし	16歳以上	住民基本台帳
豊　中　町	80,000	関与なし	20歳以上	住民基本台帳
三　野　町	算出不可	関与なし	20歳以上	住民基本台帳
豊　浜　町	1,000,000	関与なし	20歳以上	住民基本台帳
山　本　町	算出不可	関与なし	20歳以上	住民基本台帳
香　南　町	算出不可	関与なし	20歳以上	不明
仁　尾　町	算出不可	関与なし	20歳以上	住民基本台帳・外国人登録原票
庵　治　町	資料なし	関与なし	18歳以上	住民基本台帳
綾　上　町	算出不可	関与なし	20歳以上	住民基本台帳
池　田　町	算出不可	関与なし	20歳以上	住民基本台帳
仲　南　町	算出不可	関与なし	20歳以上	住民基本台帳
財　田　町	資料なし	関与なし	20歳以上	住民基本台帳
直　島　町	607,620	関与なし	20歳以上の全住民	—
塩　江　町	1,600,000	関与なし	18歳以上	住民基本台帳
琴　南　町	算出不可	関与なし	20歳以上	住民基本台帳
綾　南　町	算出不可	関与なし	20歳以上	住民基本台帳

＊財田町はサンプルに関する資料でサンプル数のみ資料に記載，回収数に関する記載なし
＊香南町は行政の調査作業関与度合い，サンプリング台帳に関する資料が保存されてなく不明

第4章 地方の市民意識調査との比較

サンプリング方法	サンプル数	回収数	回収率	調査方法	督促	回収	データ	分析
系統抽出法	5,000	2,277	45.5%	郵送法	○	1	2	2
単純無作為抽出法	3,000	1,239	41.3%	郵送法	○	1	2	2
単純無作為抽出法	4,320	2,089	48.4%	郵送法	○	1	2	2
―	16,908	13,565	80.2%	留置法	―	1	2	2
層化抽出法（単純無作為）	1,532	770	50.3%	郵送法	○	1	2	2
―	33,570	10,655	31.7%	郵送法	○	1	1	2
層化抽出法（単純無作為）	2,000	1,011	50.6%	郵送法	○	1	2	2
単純無作為抽出法	540	332	61.5%	郵送法	○	1	1	1
単純無作為抽出法	1,800	1,086	60.3%	郵送法	○	1	2	2
層化抽出法（単純無作為）	2,000	887	44.4%	郵送法	○	1	2	2
層化抽出法（系統）	2,000	1,139	57.0%	郵送法	○	2	2	2
単純無作為抽出法	850	463	54.5%	郵送法	○	1	1	1
単純無作為抽出法	2,000	1,026	51.3%	郵送法	●	1	1	1
単純無作為抽出法	615	379	61.6%	郵送法	○	1	2	2
―	5,113	156	3.1%	留置・郵送法	○	1	2	2
系統抽出法	1,200	1,066	88.8%	留置法	―	1	2	2
単純無作為抽出法	不明	不明	不明	郵送法	○	2	2	2
―	―	―	―	―	―	―	―	―
層化抽出法（単純無作為）	1,500	899	59.9%	郵送法	○	1	2	2
単純無作為抽出法	1,500	不明	不明	留置・郵送法	○	1	2	2
―	―	―	―	―	―	―	―	―
層化抽出法（単純無作為）	1,080	不明	不明	郵送法	○	1	2	2
単純無作為抽出法	700	392	56.0%	郵送法	○	1	2	2
単純無作為抽出法	1,123	不明	不明	郵送法	○	2	2	2
層化抽出法（単純無作為）	1,067	734	68.8%	郵送法	○	1	2	2
単純無作為抽出法	1,500	1,398	93.2%	留置法	―	1	2	2
単純無作為抽出法	1,060	1,008	95.1%	郵送法	○	2	1	2
層化抽出法（単純無作為）	2,318	1,106	47.7%	郵送法	○	1	2	2
単純無作為抽出法	500	473	94.6%	面接法	―	1	1	1
層化抽出法（単純無作為）	1,835	1,122	61.1%	留置法	―	1	2	2
単純無作為抽出法	755	666	88.2%	郵送法	○	1	2	2
単純無作為抽出法	1,000	525	52.5%	郵送法	○	1	2	2
単純無作為抽出法	1,300	不明	不明	不明	○	1	2	2
―	3,367	2,602	77.3%	郵送法	○	1	2	2
単純無作為抽出法	1,000	608	60.8%	留置法	―	1	1	1
単純無作為抽出法	600	347	57.8%	郵送法	○	1	1	2
単純無作為抽出法	1,000	632	63.2%	郵送法	○	1	2	2

は以下のとおりである。

> 「地区懇談会を開催し，公民館運営審議会委員から意見を聴取し，それらを持って住民意見とした」 (内海町　企画商工観光課)
> 「財政上の理由から，新しく調査はおこなわず，実施済みの各種下部計画（中心市街地活性化計画や障害者福祉計画等）での市民意識調査結果を利用した」 (琴平町　企画課)

　調査を実施していない自治体は全国では決して珍しくはない。第1章表1-3にあるように，市町村ごとに見た調査実施率は市86.1％，町76.2％，村72.3％，全国平均77.5％である。つまり全国22.5％の自治体は，「総合計画（基本構想）策定のための市民意識調査」をおこなっていないのである。

　調査を実施していない2自治体を除く，33自治体と2合併協議会の調査結果をまとめたものが118ページの「**表4-2　市民意識調査実施状況一覧表**」である（以下，35自治体とする）。

　三点目の違いは，香川では，調査報告書を回収できない自治体が8つあったことである。以下はそれぞれの理由である。

「調査研究のためにそこまで協力できない」	豊浜町
「担当者が変わったため，保存資料についてはわからない」	池田町
「書庫を作り直したとき，調査報告書等は処分した」	三原町
「報告書など成果品の保存は5年間のため，処分した」	大野原町
「調査報告書も調査票も保存していない」	宇多津町
「調査報告書も調査票も保存していない」	香南町
「調査報告書も調査票も保存していない」	満濃町
「分析できなかったため報告書を作成していない」	詫間町

　これらの理由からもわかるように，香川のいくつかの自治体では調査報告書および調査票の保存が完全にはおこなわれていなかった。このため，香川では調査票自体の評価による比較分析をおこなわず，調査方法や調査過程の比較をおこなうことにした。

　四点目は，調査作業を外部業者に委託しなかった自治体の存在である。香川では13自治体が外部委託することなく，自ら調査作業をおこなっていた。35自治体中22は，大阪同様，調査作業を外部業者に委託していた。

この違いは，大阪と香川の調査実態の比較を複雑なものにした。つまり項目によっては，そのまま比較することができなくなってしまったのである。

われわれが調査した項目には，大きく分けて「調査内容に関する項目」「業者に関する項目」の2つがある。たとえば，「調査内容に関する項目」に含まれている回収率を見ると，大阪と香川のどちらがより高いか，低いかをそのまま比較することができる。

しかし「業者に関する項目」に含まれる委託金額をみると，調査作業を外部業者に委託している自治体しか回答しないためそのまま比較することはできない。つまり，外部業者に委託している自治体同士しか比較できないのである。

この点を考慮して，第2節では「調査内容に関する項目」を，調査を実施したすべての自治体を対象に比較をおこなっていく。第3節では，調査結果を単純に比較できない要因となった香川の外部委託をしていない自治体を取り上げ，どのように市民意識調査をおこなったかについて言及していく。第4節では「業者に関する項目」を調査作業を外部業者に委託した自治体を対象に比較していくことにする。

第2節　調査内容に関する項目の比較

本節では，まず初めに，市民意識調査を実施していた香川の35自治体と大阪44自治体を取り上げ，調査内容に関する項目を比較していく。調査内容に関する項目とは，調査時期，調査担当課，学識経験者，調査対象年齢，サンプリング台帳，サンプリング方法，調査方法，サンプル数，回収率，督促の有無，データの保存（調査原票回収・データ保存・分析）である。

次の表4-3は，調査内容に関する各項目を大阪と香川で比較し，それぞれの特徴を整理したものである。ここからは，大阪で外国人登録原票が多用される姿や，香川の督促状送付の少なさといった特徴が見つかった。

まず，大阪で外国人登録原票が多用される要因として，大阪府下に居住する外国人人口の多さが考えられた。事実，大阪には府全域に17万8165人の外国人

表 4-3 調査内容に関する項目比較

	香　川	大　阪	比較結果の説明
自治体総数	35	44	―
調査時期	1994 (5) 1996 (5) 1999 (5) 2000 (5) 2001 (5)	1997 (12) 1998 (9) 1992 (7)	香川は調査時期が分散していた。大阪では97、98年が最も多かった。この違いは「新総合計画開始年次」「総合計画目標年次」「計画策定に要する期間」が理由として考えられる
担 当 課	企画課(11)，総務課(9)，合併協議会(2)，企画調整課(2)，企画商工課(2)，企画開発課(1)，企画観光課(1)，企画計画課(1)，企画商工観光課(1)，企画情報課(1)，企画総務課(1)，建設企画課(1)，商工企画課(1)，企画財政課(1)，都市計画課(1)，合併対策室(1)	企画課(9)，企画調整課(7)，企画財政課(3)，政策推進室(3)，総合計画室(2)，総務課(2)，企画グループ(1)，企画広報課(1)，企画室(1)，企画情報室(1)，企画人事課(1)，企画調整室(1)，税政企画課(1)，政策企画課(1)計画推進担当(1)，政策推進課(1)，政策調整室(1)，総合計画策定室(1)，総合政策課(1)，総合調整担当(1)，地域経営室(1)，秘書政策課(1)，まちづくり推進課(1)	香川と大阪のどちらも企画課が最も多く調査を担当していた。担当課の名称に「企画」を含んだ自治体数では香川24（68.6%），大阪25（56.8%）と，どちらも企画に関係する担当課が調査を担当している比率が高かった
学識経験者	善通寺市 (1) 宇多津町 (1)	守口市 (9) 八尾市 (3) 吹田市 (1) 豊中市 (1)	ここでは調査質問文作成に直接関与していた学識経験者を整理した香川と大阪のどちらも，学識経験者の関与は少なかった
調査対象年齢	20歳以上 (20)	20歳以上 (20)	どちらも20歳以上が最も多い
サンプリング台帳	住民基本台帳 (26)	住民基本台帳 (19) 住民基本台帳と外国人登録原票の組み合わせ (19)	どちらも住民基本台帳を使う比率が最も高かった。大阪は外国人登録原票との組合せも19と多かった
サンプリング方法	単純無作為抽出法 (20) 層化抽出（単純無作為）(8)	層化抽出（単純無作為）(20) 単純無作為抽出法 (14)	香川は単純無作為抽出法が最も多く，大阪は層化抽出（単純無作為）が最も多かった。ただし香川と大阪のどちらもこの2つの方法で7割強を占めている

124

第4章 地方の市民意識調査との比較

調査方法	郵送法 (28)	郵送法 (41)	どちらも郵送法が最も多かった
サンプル数	1000〜1999 (14) 1〜999 (7)	2000〜2999 (15) 3000〜3999 (13)	香川は大阪よりサンプル数が少ない サンプル数は自治体人口規模に比例して多くなる傾向にある
回収率の平均値	57.6%	54.0%	平均回収率はほぼ同じ
督促状送付	有り (1)	有り (29)	香川はほぼすべてで督促状を送付していなかった。牟礼町のみ送付
調査票原票の回収	有り (31)	有り (33)	調査票原票を保存・処分を把握している自治体は香川が若干多かった
結果データの保存	有り (8)	有り (8)	結果データの磁気媒体での保存は，比率で比較してもほぼ同じ
結果データの分析可能性	可能 (5)	可能 (4)	磁気媒体による結果データの分析可能性についても比率で比較してもほぼ同じ

が居住しており，総人口比2.0%だった。これに対し香川には県全域に3063人，人口比で0.3%しか居住していなかった（平成7年国勢調査）。つまり居住外国人人口の多さが，サンプリング台帳に外国人登録原票を多用する要因として考えられるのである。

次に，督促状送付についてであるが，香川で督促状を送付していたのは，郵送法を用いていた28自治体中牟礼町だけだった。第1章第4節では，督促状を送付すると，しなかった時に比べて回収率が約10%上回ることを指摘していた。このことを考えると，香川の多くの自治体では，回収率を上げるために督促状を送付していなかったと言える。

以上，表4-3から明らかとなった違い以外にも，香川では聞き取り調査から，調査方法とサンプリングに特徴的誤りが見つかった。次は，調査を実施したにもかかわらず，結果を分析することなく中止してしまった詫間町の事例である。

> 「前回まではコンサルに委託していましたが，委託しても他市町村とあまり変わらないし，自分のまちのことは職員が一番知っておくべきだという理由から，係長クラスの職員が集まって調査をおこないました。自治会を通じて配布している広報紙に，調査質問文を印刷したはがきを添付して全世帯調査をおこないました。回答はがきは代金後納で郵送回収する方法をとりました。結果は回収数156サンプル，有効回収率3.05％と散々だったので，結局，集計・分析もせず終わりました」
> （詫間町　都市計画課）

次の4事例は，サンプリングにおいて極めて初歩的な誤りを犯していた。ここでは「無作為抽出サンプルと作為サンプルの混同」「サンプル抽出時点での誤り」の2つが見られた。

① 無作為抽出サンプルと作為抽出サンプルの混同

> 「選挙人名簿から抽出をおこなっている。しかし転居，長期不在などで調査票が配達されなかったものは再度抽出し直して郵送した。名簿から抽出されなかった町政モニター経験者にも調査をおこなった。町政モニターは一般住民の代表者ということで，町政モニターの分析結果と無作為抽出による分析結果は差異が認められなかったので，分析作業段階で両結果を同一集計とした」
> （豊中町　総務課）

> 「住民基本台帳から標本抽出をおこなった。しかし町政モニターと町議会議員にも調査をおこない，分析作業段階でこれらの結果を同一集計とした」
> （三木町　企画課）

> 「委託業者からは1000サンプルで十分ですよと言われた。しかし行政としては，最も町の事情がわかっている職員やより多くの若者，その他様々な意見を聞きたいと考え835サンプルを追加した」
> （綾上町　総務課）

② サンプリング抽出時の誤り

> 「人口が少ないから，私たち行政職員は住民の方ならどこの誰々さんがだいたいわかります。だからサンプルをリストアップした際，調査の無駄があってはいけないので，この人は病気で入院されているとか，この人は調査期間中に町外に出かけているとか，事情がわかっている人はリストからのぞいて他のサンプルを差し込みました」
> （仲南町　総務課）

前者の豊中町・三木町・綾土町事例では，無作為抽出サンプルと作為抽出サンプルの混同によって，分析したデータが結果として使えないものになってしまっていた。ここでの無作為抽出サンプルから得られた結果は，居住者全体を代表するデータである。しかし作為抽出によるモニターや議員からのデータは，あくまでモニターや議員を代表する意見に過ぎない。この2つを混合してしまうと，結果的に両方の代表性を失ってしまうのである。そのため，この混同さ

第4章 地方の市民意識調査との比較

れたデータは使えないものになってしまっているのである。

　後者の仲南町事例も，分析したデータが結果として使えない点では前者と同じである。この場合，無作為抽出サンプルを自治体の調査担当者が作為的に変更することによって，居住者全体の意見の代表性を失ってしまったのである。

　こうした誤りに加え，香川には調査項目に多くの不明箇所があった。

表4-4　調査内容項目の不明個所

自治体名	サンプリング台帳	サンプル数	回収数	回収率	説　明
香南町	●	—	—	—	サンプリング台帳に関する資料が保存されてなく不明
宇多津町	—	●	●	●	サンプル数・回収数に関する資料が保存されてなく不明
三野町	—	—	●	●	書庫を作り直したときに，回収サンプル数に関する資料を紛失したため不明
綾歌町	—	—	●	●	調査関連の保存資料に，回収数の記載がないため確認できない
大野原町	—	—	●	●	調査関連の保存資料に，回収数の記載がないため確認できない
財田町	—	—	●	●	回収数に関する文章が残っていないため不明

（注）　ここでは不明箇所がある場合を●とする。

　表4-4は，調査において回答を得られなかった項目を，自治体ごとに整理したものである。ここでは香川の6自治体が調査関連情報を，完全には保存していなかったことが明らかとなった。

　このように香川では，大阪で見ることのなかった督促状送付の少なさ・調査方法選択やサンプリングの誤り・調査関連情報の未保存といった，ずさんな調査状況が確認されたのである。

第3節　地方香川の特徴

　本節では，「業者に関する項目」比較をおこなう前に，調査作業を外部業者

に委託しなかった香川13自治体を取り上げ，なぜ委託しなかったか，行政のみでどのように調査をおこなったかについて明らかにしていく。

（1）外部委託をおこなわなかった理由

この13自治体での聞き取り調査からは，外部業者に委託しなかった理由として，次の3つがあげられた。「よいものができない，あたりまえのものしかできない」「他自治体とあまり変わらない」「財政的な問題」である。以下はそれぞれの事例である。

> 「外部業者に委託して作成するとあまりよいものができないし，あたりまえのものしか出来上がってこない。」
> （高松市　企画課）

> 「委託しても他自治体とあまり変わらないものしかできない。」
> （詫間町　都市計画課）

> 「今回は自分達で計画策定・調査実施をおこなうことになり，同じ広域行政圏の高松市の調査を参考にしました。コンサルに委託しなかったのは，財政的な問題や委託しても他自治体と変わらない結果になることがあげられます。他市町村が香川町と同じ方法で計画策定・調査実施をおこないだしたのは，讃岐地区合併協議会で一緒になり，おたくがやるならうちもといった経緯からです。」
> （香川町　企画課）

それぞれの理由ごとに自治体を分類すると，「あまりよいものができない」としたのが2自治体，「他自治体とあまり変わらない」としたのが2自治体，「財政的な問題」をあげたのが2自治体であった。ただしすべての自治体が，ひとつの理由をもって外部委託しなかったわけではない。香川町事例にもあるように，複数の理由を述べた自治体も4つ見られた。また現在の担当者では確認できず不明と答えた自治体が3自治体あった。

（2）どのように調査をおこなったか

こうした理由以外にも，香川では，他の自治体の調査票をまねて調査を実施している自治体が数多く見られた。以下は，香川町の事例である。

第 4 章　地方の市民意識調査との比較

　市民意識調査実施当時，讃岐地区合併協議会に所属していた香川町・牟礼町・三木町では，高松市の調査票を参考に質問文を作成していた。つまり高松市の質問文をベースに，新たな設問を加え質問文を作成していたのである。

　香川町の質問文を具体的に見てみると，高松市の 8 項目のうち，次の 5 項目「定住希望について」「住みよさについて」「余暇時間の過ごし方について」「施設の利用について」「施策，事業に対する評価と要望について」を使用していた。また牟礼町では，この 5 項目に「今後のまちづくりについて」を加え質問文を作成していた。三木町では，牟礼町と同じ 6 項目に「市町村合併について」を加えていた。

　このように，他自治体が参考にする高松市の市民意識調査や，総合計画は，どのように作成されたのか。ここで詳細に検討しておきたい。高松市は，人口約33万人の県庁所在都市であり，香川県内で唯一，人口が10万人を超える都市である。

　高松市の総合計画の特徴は，作業全般ではなく，一部業務を委託していた点にある。ではなぜ，外部業者に作業全般の委託をおこなわなかったのか。その理由について，次のように述べている。

> 「外部業者に委託をしても，あまりいいものはできないし，職員の総意のもと知恵を出し合って作った方が職員の能力アップも図れるし，地元に密着した本当の計画も作成できると思い作成しました。委託すると内容は乏しいのに，お金はたくさんかかります。もちろん見た目にはきれいなものができますけどね……」
> 　　　　　　　　　　　　　　　　　　　　　　　　　　　　　　　（高松市　企画課）

　以上の理由から高松市は，総合計画全体の進行は企画課職員がおこない，一部業務のみを外部業者に委託する形式をとっていた。この一部業務とは「長期ビジョン策定基礎調査」，「新・高松市総合計画策定基礎調査」の 2 つである。

- 「長期ビジョン策定基礎調査（三菱総合研究所）」
　調査内容：(1)　他市町村実施の基本構想統計資料分析
　　　　　　(2)　社会経済環境の変化に関する資料分析
　　　　　　(3)　国・県の構想計画等の資料分析をおこない，高松市の位置付け，今後の方向性，今後必要とされる事業を抽出

- 「新・高松市総合計画策定基礎調査(四国総合研究所)」
  調査内容：(1) 高松市の現況と特性分析
  (2) 企業・市民ニーズ把握(企業調査・グループヒアリング・意向調査)
  (3) 社会経済環境の変化に関する資料分析をおこない，今後の主要な課題の抽出と施策の提案

　ここでの特徴は「長期ビジョン策定基礎調査」で，他市町村や国や県などの動向を調べていた点だった。ここでは，他市町村の基本構想や，国や県の構想・計画等の資料分析をおこない，今後の高松市の位置づけや方向性・事業などを析出していた。つまり高松市では，まず他自治体の動向を分析し今後の事業を考えていたのである。

　次に，市民意識調査での特徴的な点は，外部委託せず自治体自ら調査を実施していた点と，過去の調査質問文を転記して質問文を作成していた点の2点である。高松市では，質問文作成から報告書執筆に至る主要調査業務のすべてを企画課職員1名によって実施していた。自治体自らが調査作業をおこなうようになった理由については，次のように述べている。

> 「当時の策定に関わった職員はほとんど退職していますが，外部委託をせずに調査作業をおこなった理由には次の5つが想定されます。『この業務内容であれば，職員でも対応が可能と判断したこと』『市の業務が現在ほど多種多様でなく，ある程度人的余裕が確保できたこと』『委託では費用対効果が望めないと判断したこと』『1980年当時の市長が，総合計画は職員の手で作成するという意識を強くもっていたこと』『市民アンケートの実施についてのノウハウを確保したかったこと』です」
> 　　　　　　　　　　　　　　　　　　　　　　　　　　　　　(高松市　企画課)

　こうした理由から，自ら調査作業をおこなっていた高松市であるが，質問文は過去に作成した質問文から転記していた。質問文作成に関しては，過去との比較を重視していたのである。ではこうして作成された質問文の内容はどのようなものなのだろうか。われわれは「データ化」を基準として，高松市の質問文の質的評価をおこなうことにした(詳細は第6章を参照)。表4-5はその結果をまとめたものである。

第 4 章　地方の市民意識調査との比較

表 4 - 5　高松市調査票の質的評価

	データ化可能（○）		データ化可能要改善（△）		データ化不可能（×）	
大阪44自治体	413	34%	120	10%	673	56%
高　松　市	2	20%	0	0%	8	80%

　表 4 - 5 に示されるように，高松市は全10問中，「データ化可能」が20％，「データ化不可能」が80％であった。これは大阪の「データ化可能」34％，「データ化可能だが要改善」10％，「データ化不可能」57％，と比較すると低い質的評価であった。また大阪44自治体を質的評価で順位付けしたものに高松市を加えると，42位と極めて低い評価であった。このように高松市には，総合計画策定と市民意識調査の両方に特徴が見られた。

　以上，本節では，外部委託をおこなわなかった自治体を詳細に見てきた。これらの自治体では「良いものができない，あたりまえのものしかできない」「他自治体とあまり変わらない」「財政的な問題」などの理由から外部委託をおこなっていなかった。また実際の質問文作成においては，香川町・牟礼町・三木町のように，高松市の質問文をまねて作成する事例や，高松市のように過去の質問文をそのまま利用して作成していた事例がみられた。

第 4 節　業者に関する項目の比較

　前節では，調査作業を外部委託しなかった香川の13自治体を取り上げ，その理由と，どのように自治体だけで調査をおこなったかについて考察してきた。本節では，調査作業を外部業者に委託していた香川の22自治体と大阪の44自治体を取り上げ比較していく。ここでは「委託に関する項目」，業者選定方式・委託業者・委託金額・関与度合を比較し，その特徴的違いを考察する。

　表 4 - 6 は，業者に関する各項目を大阪と香川で比較し，それぞれの特徴を整理したものである。ここからは，「香川県下自治体の調査作業への関与度合が低いこと」「総計・調査委託金額はどちらも香川が低いこと」「香川では委託

表4-6 業者に関する項目比較

	香川	大阪	説明
自治体数	22	44	—
業者選定方式	随意(複数) 68.2% (15) 随意(単独) 22.7% (5)	随意(複数) 54.5% (22) 入　　札　 25.0% (10)	どちらも随意複数による契約が最も多かった
関与度合	《業者が原案作成》 質問文作成　85.7% 分析作業　　85.7% 報告書執筆　90.0%	《業者が原案作成》 質問文作成　56.8% 分析作業　　61.4% 報告書執筆　88.6%	どちらも業者に原案作成を任せていた割合が高かった。しかし大阪は香川よりも、行政が原案作成をおこなう比率が高かった
委託金額の平均値	9,677,963円	34,188,490円	大阪は香川の3倍以上の予算規模である
調査委託金額の平均値	3,200,000円	4,304,285円	大阪は香川よりも予算が大きい
・調査作業委託業者数 ・最多受託業者名（調査作業受託比率）	9社 ぎょうせい 9/22 (41.0%)	24社 地域計画建築研究所 8/44 (18.2%)	香川は一社あたりの調査数が大阪よりも多かった 最も調査数の多い業者も、香川の方が多かった

を請け負った業者数が少なく、1社に自治体の委託が集中する」の3点の特徴が明らかとなった。

表4-7 行政の関与度合

		香川(%)	大阪(%)
質問文作成	1. 業者が原案作成 2. 原案作成をせず、両者（業者・行政）で調査票を完成する 3. 行政が原案作成	85.7 0.0 14.3	56.8 4.7 39.5
分析作業	1. 業者が分析主体 2. 両者（業者・行政）で分析を実施 3. 行政が分析主体	85.7 9.5 4.8	61.4 27.9 9.3
報告書執筆	1. 業者が原案作成 2. 原案作成をせず、両者（業者・行政）で報告書を完成する 3. 行政が原案作成	90.0 0.0 10.0	88.6 7.0 4.6

表4-7は、行政の調査作業への関与度合を整理したものである。この表から全ての作業段階で、香川は大阪に比べ、業者が主体（原案作成・分析作業）となる比率が高いことがわかった。質問文作成段階では、大阪55.8％に対し香川85.7％、分析作業段階では大阪62.8％と比べ香川85.7％、報告書執筆段階でも大阪88.4％に対し香川90.0％であった。つまり香川は大阪に比べ、業者への

第4章 地方の市民意識調査との比較

依存傾向が高かったのである。

次に委託金額では，大阪の総合計画策定平均額3419万円に対し，香川の平均額は968万円と3倍の開きが見られた。また調査作業委託平均額は大阪430万円に対し，香川320万円と100万円以上の開きが見られた。

では，この委託金額の違いは何に起因しているのだろうか。その要因として，自治体人口規模が考えられた。次の表4-8は，自治体人口規模別に，総合計画委託平均額(3)を計算したものである。

表4-8　人口規模別の総計委託金額

自治体人口規模	総計策定平均 （香川）	総計策定平均 （大阪）
10万人以上	—	34,840,429円
5万人以上10万人未満	22,493,675円	29,254,750円
1万人以上5万人未満	10,258,535円	14,116,939円
5千人以上1万人未満	6,969,000円	15,989,000円
5千人未満	5,882,125円	—

この表4-8からわかるように，人口規模が大きければ，委託金額も大きくなる傾向にあった。この傾向は大阪と香川で同様に見受けられた。

次に，調査作業を請け負った業者数であるが，香川では9社と，大阪の24社に比べて少なかった。特に香川では，「㈱ぎょうせい」に委託が集中しており，調査作業を外部委託していた自治体の約4割にあたる9自治体の調査を請け負っていた。これに対し大阪では「地域計画建築研究所」が44自治体中8と，約2割弱程度の自治体の調査作業を請け負っており，香川に比べると一業者への集中度合いが低いことがわかる。

このように表4-6では，香川と大阪の調査作業に関わった業者の，調査作業への関与度合や委託金額などの比較をおこなってきた。しかし業者の違いには，従業員数や専門分野などもある。そこで香川でも大阪同様，調査作業を請け負った調査会社すべてを対象に調査をおこない，その比較をおこなうことにした。

業者調査においても，大阪での業者調査と同じ項目を調査した。具体的な調査項目は，業者名称，設立年次，本社所在地，法人格，従業員数，専門分野で

ある。この結果をまとめたものが**表 4 - 9**「外部業者一覧表」である。

表 4 - 9　外部業者一覧表

業　者　名	本社所在地	総計	調査	法人	資　本　関　係
野村総合研究所	東京	●(1)	●(1)	株式	野村證券グループ（1965年設立）
日本総合研究所	東京	●(1)	●(1)	株式	独立系（1969年設立）
ぎょうせい（ぎょうせい総合研究所）	東京	●(9)	●(9)	株式	独立系（1974年設立）
国　際　航　業	東京	●(1)	●(1)	株式	独立系（1947年設立）
パシフィックコンサルタンツ	東京	●(2)	●(2)	株式	独立系（1951年設立）
第一法規出版（政策情報センター）	東京	●(4)	●(4)	株式	独立系（1943年設立）
五　　　　星	香川	●(1)	●(1)	株式	独立系（1985年設立）
日本システム開発研究所	東京	●(2)	●(2)	財団	財務省（1970年設立）
地域総合研究所	東京	●(1)	○	株式	独立系（1980年設立）
羽野編集事務所	香川	●(1)	●(1)	株式	独立系（1994年設立）

従業員数	専　　門
2,890	総合
2,321	経済，政治，行政
2,000(91)	国，地方公共団体，公益団体，企業等の行う地域作り等に関する調査受託，研究業務
1,502	航空写真測量，マッピングシステム，都市計画・環境・建設コンサルタント
1,326	国土開発・利用，交通，資源，エネルギー
1,200	専門書・雑誌の出版，受注出版物の編集・印刷，地域政策に関する調査研究
193	建設コンサルタント，計画・予測，調査・設計・情報処理，施工管理，試験・測量
137	都市整備，まちづくり，民間活力を活用した再開発，土地利用・交通拠点施設計画
10	都市・地域計画・産業振興に関する調査研究及び計画立案，総合計画策定
5	書籍の企画・編集，都市景観に関する企画・調査

　次の表 4 -10は，香川と大阪の外部業者一覧表を比較したものである。ここでは香川県下自治体が委託していた業者の「地元比率が低い」，「従業員数100人以上の業者が多い」，2つの違いが明らかとなった。

　大阪では24社中13社が地元の大阪府内に本社を置いていた。それに対して香川では，9社中7社が東京に本社を設置しており，地元業者の比率が低かった。

　業者の従業員数では，大阪の24社中15が従業員数100人未満の業者だった。それに対して香川では9社中2社のみが，従業員数100人未満の業者に委託していた。つまり香川の委託先には，従業員数の多い業者が多く見られたのである。

第4章 地方の市民意識調査との比較

表4-10 業者の比較

	香　川	大　阪	説　明
調査作業関与業者数	9	24	—
本社所在地	東京(7)，香川(2)	大阪(13)，東京(9)，兵庫(1)，京都(1)	大阪では地元近畿内の業者に委託する割合が高い
法　人　格	株式会社(8)，財団法人(1)	株式会社(20)，財団法人(4)	どちらもほぼ同じ
専　門　分　野	建築コンサルタント(2)，専門書・雑誌の出版，書籍の編集(2)，総合(1)，経済，政治・行政(1)，地域づくり(1)，まちづくり(1)，都市地域計画立案(1)	国土開発・利用(8)，建築コンサルタント(6)，政治・行政・経済(3)，都市計画(2)，総合(2)，環境問題(1)，PR事業(1)，日常生活材(1)	どちらも建築コンサルタントや国土開発・利用などといった業者に多く委託している
従　業　員　数	100人以上（8） 100人未満（1）	100人以上（9） 100人未満（15）	香川では100人以上に，大阪は100人未満の業者に多く委託していた

第5節　地方の調査環境

　前節では，調査作業を外部業者に委託していた香川の22自治体を取り上げ，大阪44自治体と「委託に関する項目」についての比較をおこなってきた。そこでは多くの違いが見つかった。第2節で述べた，香川で外部委託をおこなわない13自治体の存在も含め，なぜ大阪と香川ではこのような外部委託に関する違いが生まれるのだろうか。またこの違いは，大阪と香川の調査の質的内容にどのような違いを生むのだろうか。

　本節では，特に香川での調査会社との関係に着目して，考察を進めていくことにする。

（1）調査会社の数

　まず初めに，香川に委託可能な調査会社が少ないことに触れ，次に，今回委託した調査会社も，香川や四国に進出してきたのは最近であったことについて述べていく。

香川で調査作業に関与した調査会社数は全部で9社（東京本社が7社，香川本社が2社）であった。この9社は大阪の24社に較べると確かに少ない。しかしこの数をもって，香川の委託先調査会社の少なさを証明することはできない。なぜならこの調査会社数は今回の調査作業に関与した調査会社数を数えたものに過ぎないからだ。そこで民間の調査・研究関連企業が数多く登録している「総合研究開発機構シンクタンク登録」を調べてみた。

本社所在地別調査会社数
　・大阪府：大阪府内に本社を置く調査会社数（29）　・近畿内（2府4県）[4]に本社を置く調査会社数（51）。
　・香川県：香川県内に本社を置く調査会社数（2）　・四国内（4県）に本社を置く調査会社数（8）。

　ここでも，本社所在地を香川県内に置いていた調査会社はたったの2社，四国内で8社だった。一方，大阪府内には29社，近畿内に51社と，調査会社数に大きな違いが見られた。つまり香川に本社を置く調査会社数は少なかったのである。もちろんすべてのコンサルタントやシンクタンク，研究機関が「総合研究開発機構」に登録しているわけではないが，香川の調査会社の少なさを表すひとつの事例といえるだろう。

　では次に，今回委託された調査会社が，香川に進出してきたのが最近であるという事実について着目してみよう。

> 「前回の総合計画や調査作業をおこなった1985年当時には，コンサルは香川にあまり進出してきてはいませんでした。そのため外部委託は検討しなかったと記憶しています。総合計画・調査作業は，われわれ職員のみで実施しました。」
> 　　　　　　　　　　　　　　　　　　　　　　　　　　　　　　（大野原町　企画商工課）

　このように，1985年大野原町は外部委託をおこなわなかった。なぜなら，当時は四国内に支店や営業所を置いていたコンサルタントが少なかったからである。

　そこで，香川で調査を請け負った9社の中から，東京や大阪など香川県外から四国に進出し，支店・営業所を置いている，国際航業・パシフィックコンサ

ルタンツ・ぎょうせい・第一法規出版の4社を取り上げ，香川県内で調査業務を開始した時期を調べることにした。その結果を表したものが次の**表4-11**である。

表4-11 調査業務開始時期

	調査業務開始時期
第一法規出版	1986年
国際航業	1988年
ぎょうせい	1988年
パシフィックコンサルタンツ	1989年

表4-11からこれらの4社は，1986年以前には香川に進出してきていなかったことがわかった。このことから香川では，1986年以前に，調査作業を外部業者に委託する場合，調査会社の選ぶ際の選択肢が，極めて少ない状況に置かれていたことがわかる。

（2）委託金額

ここでは，四国以外の調査会社への委託は，委託金額が高いという事実を説明したい。四国内調査会社とは，香川や四国内に本社・支店・営業所を置いている調査会社を，四国外調査会社とは，それ以外の調査会社をさす。

表4-12 業者所在地別委託金額

	総合計画策定平均金額	調査委託平均金額
四国外調査会社	14,210,104円	7,000,000円
四国内調査会社	8,348,292円	1,300,000円

この**表4-12**からわかるように，総合計画の平均委託額を比較すると，四国内の調査会社は約834万円，四国外の調査会社平均委託額は約1421万円だった。ここには約600万の開きがあった。調査作業の平均委託額は，四国内の調査会社が130万円，四国外の調査会社が700万円と，570万円の開きが見られた。つまり四国外の調査会社には高額な委託金額が必要なのである。このことが香川の予算規模の小さい自治体の四国外の調査会社への委託が少ない要因のひとつと考えられる。また他にも，次の事例も要因のひとつとして考えられた。

「東京や大阪の業者にお願いすると突然の会合なんかの参加が難しい」　　（高松市　企画課）

　この事例が示すように，調査作業段階での機動的対応ができないことが，香川の四国外の調査会社への委託が少なくなる要因を形成している。

　ここまで，香川での調査会社との関係に着目し考察してきた。その結果，香川の調査会社の少なさや，四国以外の業者に委託する際の金額の高さ，機動的対応ができないといった調査環境の違いが明らかとなった。つまり，大阪と香川では，外部委託にともなう調査会社の選定において，異なる環境にあったのである。

　ではこうした調査環境の違いは，調査の質的評価にどういった違いを生むのだろうか。次の**表4-13**は，香川県下自治体の調査票を，「データ化」（第6章を参照）を基準に分析した結果である。

表4-13　調査質問文の質的評価

自治体数（委託の有無）	データ化可能 (○)		データ化可能 要改善 (△)		データ化不可能 (×)		総質問数
香川17自治体（委託あり）	135	30.3%	38	8.5%	273	61.2%	446
香川10自治体（委託なし）	50	37.3%	11	8.2%	73	54.5%	134
香川 35 自治体	185	31.9%	49	8.4%	346	59.7%	580
大阪 44 自治体	413	34.2%	120	10.0%	673	55.8%	1,206

　まず，香川の外部委託をおこなった自治体と，おこなわなかった自治体を比較してみよう。外部委託しなかった自治体の調査票の「データ化可能」37.3%は，委託をおこなった自治体の「データ化可能」30.3%よりも高いことがわかった。つまり，外部委託をおこなわなかった場合の方が，おこなった場合よりも質問文の質的評価が高かったのである。ただし，どちらも質問文の半数以上はデータ化できない点では同様だった。つまり香川の調査票の質的評価は，全体的に低かったのである。

　では，香川全体の質的評価を，大阪と比較するとどうだろうか。表4-13から，香川の「データ化可能」が31.9%，大阪は34.2%と，大阪の方が質的評価は若干高いことがわかった。

以上，本章では，都市部大阪と地方香川の市民意識調査の実態を比較してきた。その結果，調査方法についてはほぼ同様の傾向にあることがわかった。しかし，調査作業過程での初歩的な誤りや調査関連資料の不完全な保存状況，外部委託の少なさなどの違いも見つかった。

　また，質問文を「データ化」を基準に評価すると，若干ではあるが香川のほうが大阪よりも低い評価となった。

　前章まで見てきたように，大阪の市民意識調査にはさまざまな問題点が見られた。しかし，本章で取り上げた香川の事例からは，問題を抱えているのは決して大阪だけではないことがわかった。むしろ，香川での市民意識調査の実態のほうが，大阪よりもずさんだったのである。

　香川の結果が，全国の「地方」の現状を示していると断言することはできない。しかし，少なくとも本章の考察によって全国の自治体が同様の問題を抱えていると推測することはできるはずである。

(1)　県域面積は大阪府1,892.76 km^2・香川県1,875.83 km^{2}である。
(2)　讃岐地区合併協議会は，1999年時点に香川郡・木田郡（直島町・香南町・塩江町・香川町・牟礼町・三木町・庵治町）で構成されていた。
(3)　この比較分析は，総計策定委託金額を用いておこなっている。それは調査作業を委託していた大阪の44自治体中15，香川の22自治体中19で委託金額を確認できなかったからである。なぜならこれらの自治体では，調査作業を総計策定の一環として一括委託しており，調査委託金額だけを算出できなかったのである。ちなみに総計策定委託金額は，総合計画策定の委託をおこなった大阪39自治体中37，香川23自治体中22で確認することができた。確認できなかったのは，総計策定が未終了のため決算していなかった自治体があったからである。なおここでは自治体規模を勘案し，大阪市を除いた平均額を提示している。
(4)　2府4県は大阪府・京都府・滋賀県・奈良県・兵庫県・和歌山県である。

第5章
調査票の実態とその傾向
―― 大阪府下44自治体の調査票分析 ――

　これまでの章では，各自治体への聞き取り調査をもとに市民意識調査の実態を明らかにしてきた。本章と第6章では，大阪府下44自治体から収集した「調査票」の内容分析をもとに市民意識調査の問題点を考察していく。

　第1節では，調査票の数量化を検討し，どのような質問形式や回答形式が多いのかを把握していく。第2節では，44自治体の調査票で，どのような内容の質問が聞かれていたのかを整理する。

第1節　調査票の形式――どのような形式の質問が多いのか

1　調査票の数量化――A分類・B分類の経緯

　われわれは，まず大阪府下の全自治体から収集した44の調査票を実際に解いてみた。以下はそのときの印象である。

- 各自治体によって調査票のレイアウトがばらばらであった
- 表形式になっている質問（縦列形式質問）がやたら多かった
- 「2つまで」「3つまで」と複数個回答させる質問がやたら多かった
- 質問文の長いものが多く，読むのに大変だった
- 何を聞いているのかわからない抽象的，漠然とした質問が多かった
- 選択肢の多い質問が多く，回答が大変だった
- 質問数が多すぎて，途中で飽きてくる調査票が多かった

これらは，われわれが共通して感じた印象ではあるが，それを整理したところで説得力のある調査票の内容分析をおこなったとはいいがたい。印象を客観化するためには，何らかの根拠（基準）が必要となるのである。その根拠となる基準として提起されたのが調査票の「数量化」である。各調査票の質問を，数量として把握することによって，調査票の特徴や問題点を明確化しようとしたのである。

　その過程で重視したのは次の2点であった。第一点目は，「どのような調査票であっても，また誰が測定したとしても，同じ結果が得られる」という同一基準の視点である。第二点目は，数量化の結果が，調査票の実態を反映するものであるかという視点である。

　すなわち数量化によって，「質問の数の実態がわかる」「回答しなければならない選択肢の数が反映されている」「回答のしやすさがわかる」といった側面が測定できるかどうかという問題である。

　表5-1は，考えられうる数量化の方法を取り出し，上記の2点から検討を試みた結果の整理である。

表5-1　調査票のさまざまな計量方法

指　　標		同一基準の視点	調査票の実態の反映
ページ数	調査票に記されているページ数	○	×
問いの数	調査票に記されている問の数	○	◎
実質回答数	回答者が実際回答した○の数	×	◎
所要時間	調査票を回答した所要時間	×	○
コーディングカラム数	調査票をデータ化する際使用するコーディングカラム数	◎	×

（注）　◎非常に適している　　○ある程度適している　　×　適していない

　まず，検討された数量化の方法と検討内容を，それぞれ簡単に説明しておこう。

　「ページ数」は調査票が何ページにわたっているかに基づく数量化である。自治体ごとに調査票が存在するので，同一基準による測定は可能である。しかしレイアウトや文字の大きさが一定でないため，調査票の実態を反映するものとはならない。

「問いの数」は調査票に記されている設問数に基づく数量化である。これも調査票の「問○」の数を数えることによって形式上は数量化が可能である。しかしそれは，あくまで行政が意図的に決めた問いの数で，1問のなかに複数の問いが存在している場合もあり，必ずしも質問数を同一基準によって測定できるわけではない。ただ，「質問の仕方がどうなっているか（ワーディングのミスの把握等）」といった内容を検討するうえでは，「問いの数」は重要な意味を持っている。

　「実質回答数」は回答者が実際に調査票に○をつけた数による数量化である。この方法は，設問の中に「サブクエスチョン」や，「該当するものを3つまで選んでください」という質問などが含まれるため，回答者によって異なった結果が出てしまう数量化である。しかし，「実質回答数」は「回答がしんどかった」「質問が多かった」という調査票の実態を考えるうえでは，きわめて重要な指標となる。

　「所要時間」は，調査票を回答するのにかかった時間に基づく数量化である。この方法は複数の平均をとることによってある程度の数量化が可能であるが，やはり個人差の存在は否定できない。ただ，この指標は「回答のしんどさ」を数量的に把握するという点ではある程度有効である。

　「コーディングカラム数」とは，コーディング用紙の空欄の数を示すものである。コーディングとは，回答された調査票をコンピュータに入力するために，すべての答えを数字として処理する作業（コード化）のことである。すなわち，○印がついている回答などをすべて数字に変えていく作業のことをいう。そのため，「コーディングカラム数」は一定のマニュアルを作成すれば，どの調査票も同一基準で測定することが可能となる。ただこの方法は，回答すべてを数値化することが基本的な目的であるため，調査票の実態の反映という点では問題がある。

　たとえば「該当するものをすべて選んでください」という質問で36の選択肢があった場合，回答は1つしかなくても「コーディングカラム数」は36作らないとならないからである。その意味からすると，「コーディングカラム数」は

「問いの数」はもちろん,「実質回答数」よりもきわめて多い数量になってしまうのである。

以上のことから, 同一基準で測定可能な指標としては「コーディングカラム数」が, 調査票の実態を反映できる指標としては「問いの数」と「実質回答数」が有効であることがわかった。しかし, 両方の基準を同時に満たすものは存在しなかった。そこで同一基準で確定できる「コーディングカラム数」をベースとして, 調査票の実態を測定できるような新たな指標づくりを試みた。「コーディングカラム数」を実質回答数に近づけたものとして「A分類」を, 問いの数に近づけた指標として「B分類」を作成したのである。

それでは, 調査票を数量化する方法としての「A分類」,「B分類」を典型的な質問・回答例を用いて, 具体的に説明していこう。まず表5-2のような調査票があったとしよう。

表5-2 典型的質問・回答例

問1 (S.A.質問の例)

高槻市に対し「わがまち」というような愛着を感じていますか。次の中から1つだけ選んで○をしてください。
①. 非常に感じる　2. 少しは感じる　3. あまり感じない　4. 感じない
5. わからない　　　　　　　　　　　　　　　　　　　　　　　　（高槻市　問3）

問2　3つまで選択質問（M.A.質問）

あなたは, ご自身の老後について不安に思われることはどのようなことですか。あてはまる番号を3つまで選び, ○で囲んで下さい。
1. 健康維持について　　　　　3. 住宅について　　　　⑥. 生きがい
②. 病気などの際に世話してくれる人　4. 生活について　　　7. 話し相手
（配偶者や子どもなど）について　　5. 仕事について　　　8. その他
（能勢町　問9）

問3　縦列形式質問

あなたは現在住んでいる地域についてどのように感じていますか。 次の(1)～(8)についてあてはまるものを1つ選んで〇をつけて下さい。 【1そう思う　2まあそう思う　3どちらでもない　4あまり思わない　5そう思わない】					
(1)　この地域の人たちのまとまりはよい方である	1	2	3	④	5
(2)　この地域の人たちは困ったときには助けあう	1	②	3	4	5
(3)　自分はこの地域のことをよく知っている	①	2	3	4	5
(4)　自分はこの地域に対して愛着を持っている	①	2	3	4	5
(5)　自分は地域の行事に参加することが多い	1	2	3	4	⑤
(6)　自分はこの地域の人たちに顔見知りが多い	1	2	③	4	5
(7)　自分は近所の人たちと親しく交際している	1	2	③	4	5
(8)　地域の町内会，自治会などの活動に積極的に参加したいと思う	1	②	3	4	5

(松原市　問9　一部省略)

(注)　〇印は回答例

表5-3　コーディング表

問1	問2								問3							
	(1)	(2)	(3)	(4)	(5)	(6)	(7)	(8)	(1)	(2)	(3)	(4)	(5)	(6)	(7)	(8)
1	2	1	2	2	2	1	2	2	4	2	1	1	5	3	3	2

　表5-3は，表5-2の典型的質問・回答例をコーディング表におとしたものである。コーディング表の原則は，回答がすべて数字になることである。そのため問1は1カラム。問2はそれぞれの選択肢が該当するものを1，該当しないものを2と表記するため8カラムが必要となる。問3は，8つの設問それぞれについて回答欄が必要なため8カラムが必要となる。すなわち「コーディングカラム数」は合計17カラムとなるのである。

　「問いの数」は，問1から問3までの3問となる。また「実質回答数」は，回答者の〇の数であり，この回答例では11となる。

　実質回答数に近づけた「A分類」は次のように計算する。問1は1，問2は1，問3は8である。上記の例の問2の場合，「実質回答数」は2であるし，3つまで選択質問であるため回答者によっては3の場合もある。それを1と数える理由は，本章第2節で分析する項目分類を想定したためである。すなわち，問2を3と数えると実質回答数には近くなるが，項目分類をする時に不都合が

生じるからである。

　また問いの数に近づけた「B分類」は次のように計算する。問1は1，問2は1，問3は1である。すなわち縦列形式（次項で詳しく説明）の質問を，項目数に関係なく表全体で1問と数える方法である。たとえば質問の仕方に着目して質的評価をおこなう場合は，この「B分類」の方が効果的なのである。

表5-4　指標別の質問数

	①SA質問	②3つまで選択質問	③縦列形式質問	合　計
問 い の 数	1	1	1	3
実 質 回 答 数	1	2	8	11
コーディングカラム数	1	8	8	17
A　分　類	1	1	8	10
B　分　類	1	1	1	3

　表5-4は，それぞれの数え方を一覧表にまとめたものである。上記の質問・回答例は，「コーディングカラム数」では17，「実質回答数」では11，実質回答数に近づけた「A分類」では10，また「問いの数」では3，問の数に近づけた「B分類」では3となっているのである。

2　質問形式と回答形式別の数量化

　以上，調査票の数量化の方法については確定したが，ここでは分析対象となる質問形式や回答形式について触れておこう。調査票にはさまざまな形式の質問や回答形式がある。

表5-5　質問形式と回答形式の種類

形　式	種　　類	パ　タ　ー　ン
質問形式	一 般 形 式	―
	縦 列 形 式	①表の形かつ②選択肢が統一されているもの（例外あり）
回答形式	S.A.形式	―
	M.A.形式	2つ・2つまで，3つ・3つまで，4つ・4つ以上まで，全て，（加えて優先順位）
	記 入 式	記述，自由回答

　表5-5は，質問形式と回答形式の種類を表にまとめたものである。

質問形式とは，質問文自体のレイアウトに着目した分類であり，一般形式と縦列形式質問の２つに分類した。前者は，質問文と選択肢群が１対１の割合で単純に文章で並んでいるものであり，先の質問・回答例（表５-２）でいえば問１と問２にあたる。また問３のように，表の形式をとっていて，同じ選択肢で多くの質問を回答させる形式を縦列形式質問と位置づけた。

　縦列形式というのは今回新たに考え出した質問形式名で，同じような形の質問が縦にずらっと並んでいる印象からそう命名した。この定義としては，基本的には同じ選択肢で表の形をしている質問を指している。表の形をしていない場合でも，５項目以上同じ選択肢で質問が続いている場合は，縦列形式質問と位置づけた。

　回答形式とは「回答者にどのような答え方をさせているか」に着目した分類である。ここではS. A.（Single Answer）形式とM. A.（Multiple Answer）形式，記入式の３つに分類した。選択肢から１つだけ回答を選ばせているものをS. A. 形式，複数選択させているものをM. A. 形式，選択肢がなく意見や事実を記入させるタイプのものを記入式と位置づけた。

　M. A. 形式質問には，「３つ選んでください」と数を指定して選ばせるタイプ，「３つまで選んでください」と最大数を指定するタイプ，「該当するものをすべて選んでください」とするタイプなどのいろいろなタイプがある。また回答個数に着目すると２つ，３つ，４つ，５つまでの４タイプがあった。加えて優先順位を問う質問も存在した。

　記入式には記入内容を指定する記述形式と，自由に回答させる自由回答形式があった。

　では，44自治体の調査票にはどのような回答形式・質問形式が多かったのだろうか。先に述べたＡ分類・Ｂ分類に基づいて数量化したのが，**表５-６**のＡ分類表（Ａ分類表には平均所要時間とページ数が記載されている）と，**表５-７**のＢ分類表（Ｂ分類表には回答者の属性を尋ねるフェイスシート項目が調査票の前半にあるのか，後半にあるのかについても記載している）である。

表5-6　A分類表

自治体	平均所要時間	ページ数	全質問数	S.A. 一般形式率(%)	S.A. 縦列形式率(%)	MA率(%)	記入式 記述率(%)	記入式 自由回答率(%)
大　阪　市	8分42秒	8	59	37.3	49.2	10.2	1.7	1.7
堺　　　市	11分52秒	15	143	13.3	73.4	12.6	0.0	0.7
東 大 阪 市	6分52秒	11	44	36.4	43.2	15.9	2.3	2.3
枚　方　市	8分	11	92	19.6	69.6	9.8	1.1	0.0
豊　中　市	10分12秒	16	105	14.3	66.7	13.3	4.8	1.0
高　槻　市	8分18秒	12	84	21.4	67.9	9.5	0.0	1.2
吹　田　市	7分30秒	14	54	46.3	33.3	18.5	1.9	0.0
八　尾　市	7分43秒	8	40	25.0	50.0	20.0	2.5	2.5
茨　木　市	6分36秒	10	60	28.3	50.0	20.0	1.7	0.0
寝 屋 川 市	10分18秒	19	60	40.0	31.7	26.7	0.0	1.7
岸 和 田 市	5分33秒	11	57	22.8	63.2	12.3	0.0	1.8
和　泉　市	6分27秒	4	50	66.0	26.0	6.0	0.0	2.0
守　口　市	7分11秒	9	51	31.4	56.9	11.8	0.0	0.0
門　真　市	10分22秒	16	88	38.6	50.0	10.2	0.0	1.1
松　原　市	11分59秒	9	130	10.8	76.2	10.0	2.3	0.8
大　東　市	9分24秒	13	100	27.0	54.0	16.0	3.0	0.0
富 田 林 市	9分1秒	8	138	13.0	76.1	3.6	6.5	0.7
箕　面　市	9分22秒	21	92	25.0	60.9	13.0	0.0	1.1
河 内 長 野 市	6分58秒	8	43	27.9	41.9	27.9	0.0	2.3
羽 曳 野 市	7分9秒	11	102	19.6	66.7	11.8	1.0	1.0
池　田　市	11分	17	81	14.8	58.0	24.7	1.2	1.2
泉 佐 野 市	7分49秒	15	62	25.8	40.3	30.6	1.6	1.6
貝　塚　市	8分4秒	10	37	16.2	43.2	40.5	0.0	0.0
摂　津　市	7分11秒	11	76	28.9	61.8	5.3	2.6	1.3
柏　原　市	5分49秒	9	42	26.2	42.9	28.6	0.0	2.4
交　野　市	7分52秒	12	78	28.2	57.7	10.3	2.6	1.3
泉 大 津 市	7分5秒	7	38	36.8	18.4	42.1	0.0	2.6
藤 井 寺 市	11分23秒	11	107	14.0	63.6	18.7	2.8	0.9
泉　南　市	9分13秒	12	96	12.5	71.9	14.6	0.0	1.0

第 5 章　調査票の実態とその傾向

高 石 市	4分53秒	17	51	96.1	0.0	0.0	2.0	2.0
阪 南 市	9分52秒	11	72	18.1	52.8	26.4	1.4	1.4
大阪狭山市	5分53秒	8	79	12.7	81.0	5.1	0.0	1.3
四 条 畷 市	9分39秒	4	121	22.3	66.9	9.9	0.0	0.8
熊 取 町	7分29秒	11	56	23.2	51.8	23.2	0.0	1.8
美 原 町	8分	16	40	40.0	15.0	42.5	0.0	2.5
島 本 町	7分54秒	13	74	27.0	62.2	9.5	0.0	1.4
豊 能 町	9分11秒	16	81	29.6	56.8	12.3	0.0	1.2
岬 町	6分35秒	14	52	28.8	40.4	25.0	3.8	1.9
忠 岡 町	9分4秒	10	87	25.3	57.5	14.9	1.1	1.1
河 南 町	6分58秒	9	59	33.9	49.2	15.3	0.0	1.7
太 子 町	10分27秒	14	85	10.6	68.2	20.0	0.0	1.2
能 勢 町	7分18秒	10	68	23.5	64.7	10.3	0.0	1.5
千早赤阪村	8分23秒	15	86	18.6	67.4	10.5	2.3	1.2
田 尻 町	8分40秒	14	86	15.1	65.1	17.4	1.2	1.2
合　　計	365分10秒	520	3,306	24.4	58.1	15.0	1.3	1.1
平　　均	8分18秒	11.8	75.1	—	—	—	—	—

平均所要時間：25名の被験者が実際に調査票を回答した際の所要時間の平均値（第6章参照）
ページ数：調査票に記されているページ数
全質問数：S. A. 一般形式，S. A. 縦列形式，M. A.，記述，自由回答を合計した数
　　　　　ここでは　全質問数率（100%）＝S. A. 率＋M. A. 率＋記入式率
S. A.："Single Answer" の略
　　　　複数の選択肢の中から1つだけ選んで回答する形式
S. A. 一般形式率：縦列形式以外の S. A. 質問の比率
S. A. 縦列形式率：①表形式　かつ　②選択肢が統一されている　質問形式の比率
　　　　　　　　ただし例外的に，表形式でない場合でも，選択肢が統一されていて，質問項
　　　　　　　　目が5つ以上あれば縦列形式と見なす
M. A.：M. A. は "Multiple Answer" の略
　　　　複数の選択肢の中から複数選んで（2つ・2つまで，3つ・3つまで，4つ以上・4つ
　　　　以上まで，すべて）回答する形式
　　　　M. A. 率はその比率
記入式：回答者が選択肢から選んで回答するのではなく，自由に記述し回答する形式
記述率：記入事項が指示されており，それに従って記述する質問の比率
自由回答：回答者が自分の意見や感想・要望などを自由に記述する比率
　　＊　合計は，44の調査票をまとめて1つとして考えたときの数値
　　＊　平均は，44の調査票に対する1自治体あたりの平均値

表 5-7　B分類表

自治体	FS	全質問数	(評価対象外) FS数	自由回答数	評価対象数	S.A. 一般形式率(%)	縦列形式率(%)
大　阪　市	後	32	6	1	25	64.0	8.0
堺　　　市	後	43	10	1	32	28.1	15.6
東 大 阪 市	前	26	5	1	20	60.0	5.0
枚　方　市	後	32	5	0	27	44.4	22.2
豊　中　市	後	36	5	1	30	30.0	20.0
高　槻　市	後	31	8	1	22	45.5	18.2
吹　田　市	後	36	9	0	27	55.6	3.7
八　尾　市	後	22	5	1	16	31.3	12.5
茨　木　市	後	31	7	0	24	37.5	8.3
寝 屋 川 市	前	42	6	1	35	51.4	2.9
岸 和 田 市	後	22	5	1	16	50.0	12.5
和　泉　市	前	38	7	1	30	86.7	3.3
守　口　市	前	24	6	0	18	55.6	11.1
門　真　市	前	42	4	1	37	70.3	8.1
松　原　市	後	36	6	1	29	27.6	20.7
大　東　市	前	51	7	0	44	45.5	11.4
富 田 林 市	後	34	8	1	25	44.0	36.0
箕　面　市	後	40	5	1	34	50.0	14.7
河 内 長 野 市	後	26	4	1	21	38.1	4.8
羽 曳 野 市	前	40	10	1	29	34.5	20.7
池　田　市	後	36	4	1	31	22.6	12.9
泉 佐 野 市	後	38	6	1	31	32.3	3.2
貝　塚　市	後	23	4	0	19	10.5	10.5
摂　津　市	前	33	8	1	24	58.3	16.7
柏　原　市	前	25	2	1	22	40.9	4.5
交　野　市	前	40	4	1	35	51.4	25.7
泉 大 津 市	後	31	4	1	26	34.6	3.8
藤 井 寺 市	後	41	6	1	34	29.4	5.9
泉　南　市	前	29	5	1	23	30.4	8.7

第5章　調査票の実態とその傾向

S A 率 (%)	M. A. ①			M A ① 率 (%)	す べ て 率 (%)	MA総数 (①+すべて) 率 (%)	記 述 率 (%)
	2つ・2つまで率 (%)	3つ・3つまで率 (%)	4つ・4つまで以上率 (%)				
72.0	20.0	4.0	0.0	24.0	0.0	24.0	4.0
43.8	6.3	43.8	0.0	50.0	6.3	56.3	0.0
65.0	25.0	5.0	0.0	30.0	0.0	30.0	5.0
66.7	0.0	22.2	0.0	22.2	11.1	33.3	0.0
50.0	6.7	23.3	0.0	30.0	16.7	46.7	3.3
63.6	13.6	13.6	9.1	36.4	0.0	36.4	0.0
59.3	0.0	22.2	0.0	22.2	14.8	37.0	3.7
43.8	0.0	25.0	0.0	25.0	25.0	50.0	6.3
45.8	29.2	16.7	0.0	45.8	4.2	50.0	4.2
54.3	11.4	31.4	2.9	45.7	0.0	45.7	0.0
62.5	0.0	6.3	0.0	6.3	31.3	37.5	0.0
90.0	0.0	6.7	0.0	6.7	3.3	10.0	0.0
66.7	27.8	5.6	0.0	33.3	0.0	33.3	0.0
78.4	0.0	2.7	0.0	2.7	18.9	21.6	0.0
48.3	0.0	34.5	0.0	34.5	6.9	41.4	10.3
56.8	22.7	9.1	0.0	31.8	4.5	36.4	6.8
80.0	4.0	8.0	0.0	12.0	0.0	12.0	8.0
64.7	29.4	2.9	0.0	32.4	2.9	35.3	0.0
42.9	33.3	23.8	0.0	57.1	0.0	57.1	0.0
55.2	17.2	0.0	3.4	20.7	20.7	41.4	3.4
35.5	6.5	19.4	0.0	25.8	38.7	64.5	0.0
35.5	0.0	41.9	0.0	41.9	19.4	61.3	3.2
21.1	15.8	47.4	0.0	63.2	15.8	78.9	0.0
75.0	0.0	8.3	4.2	12.5	4.2	16.7	8.3
45.5	45.5	9.1	0.0	54.5	0.0	54.5	0.0
77.1	0.0	11.4	2.9	14.3	8.6	22.9	0.0
38.5	15.4	30.8	0.0	46.2	15.4	61.5	0.0
35.3	29.4	8.8	0.0	38.2	17.6	55.9	8.8
39.1	30.4	26.1	4.3	60.9	0.0	60.9	0.0

高石市	前	51	3	1	47	97.9	0.0
阪南市	後	35	5	1	29	27.6	6.9
大阪狭山市	後	18	4	1	13	46.2	23.1
四条畷市	後	48	7	1	40	50.0	20.0
熊取町	前	28	4	1	23	39.1	4.3
美原町	前	35	3	1	31	41.9	3.2
島本町	後	31	5	1	25	60.0	12.0
豊能町	後	39	6	1	32	56.3	12.5
岬町	後	32	4	1	27	40.7	7.4
忠岡町	前	39	5	1	33	51.5	6.1
河南町	前	32	7	1	24	54.2	8.3
太子町	後	31	4	1	26	23.1	15.4
能勢町	後	26	6	1	19	52.6	10.5
千早赤阪村	前	32	5	1	26	46.2	15.4
田尻町	後	33	7	1	25	24.0	16.0
合計	—	1,490	246	38	1,206	46.1	11.4
平均	—	33.9	5.6	0.9	27.4	—	—

FS前後：FSの配置場所。FSが調査票の最初にある場合「前」，最後にある場合「後」
全質問数：評価対象数（S.A.，M.A.総数，記述），評価対象外数（FS数，自由回答）を
合計した数
評価対象外：質問文の質的評価の際，対象外となる質問
　　　　　　具体的にはFSと自由回答
FS数：FSは，"Face Sheet（フェイスシート）"の略で，回答者の属性を記入する質問
　　　FS数は，その数
　　　基本的には行政が「あなたご自身のことについておたずねします」と聞いている部
　　　分をFSとする。ただし，質的評価の際の便宜上，行政が指定したFSの中に居住
　　　に関する質問が含まれている場合，それはFS外の質問とする
評価対象数：質問文の質的評価の対象となる質問の数
　　　　　　具体的には，S.A.，M.A.総数（M.A.①＋すべて），記述を合計した質問
　　　　　　表では，評価対象数率（100％）＝S.A.率＋M.A.総数率＋記述率

97.9	0.0	0.0	0.0	0.0	0.0	0.0	2.1
34.5	6.9	48.3	0.0	55.2	10.3	65.5	0.0
69.2	23.1	7.7	0.0	30.8	0.0	30.8	0.0
70.0	15.0	2.5	7.5	25.0	5.0	30.0	0.0
43.5	26.1	13.0	4.3	43.5	13.0	56.5	0.0
45.2	9.7	19.4	19.4	48.4	6.5	54.8	0.0
72.0	16.0	0.0	8.0	24.0	4.0	28.0	0.0
68.8	3.1	21.9	0.0	25.0	6.3	31.3	0.0
48.1	0.0	37.0	0.0	37.0	11.1	48.1	3.7
57.6	15.2	15.2	0.0	30.3	9.1	39.4	3.0
62.5	20.8	8.3	0.0	25.0	8.3	37.5	0.0
38.5	26.9	23.1	11.5	61.5	0.0	61.5	0.0
63.2	21.1	10.5	5.3	36.8	0.0	36.8	0.0
61.5	7.7	19.2	0.0	26.9	3.8	30.8	7.7
40.0	0.0	32.0	12.0	44.0	16.0	60.0	0.0
57.5	12.4	17.2	2.2	31.8	8.7	40.4	2.2
—	—	—	—	—	—	—	—

2つ・2つまで率：複数の選択肢の中から2つ・2つまで選んで回答する質問の比率
3つ・3つまで率：複数の選択肢の中から3つ・3つまで選んで回答する質問の比率
4つ以上・4つ以上まで率：複数の選択肢の中から4つ以上・4つ以上まで選んで回答する
　　　　　　　　　　　質問の比率
M.A.①率：2つ・2つまで率＋3つ・3つまで率＋4つ以上・4つ以上まで率
すべて率：複数の選択肢の中から該当するものすべて選んで回答する質問の比率
M.A.総数率：M.A.①率＋すべて率

表5-8 形式による分類

		全質問数	評価対象数	S.A.		M.A.	記入式率	
				一般形式	縦列形式		記述	自由回答
A分類	44自治体数	3,306	—	807	1,921	469	44	38
	比率	100%	—	24.4%	58.1%	15.0%	1.3%	1.1%
B分類	44自治体計	1,490	1,206	555	138	487	26	
	比率	—	100%	46.0%	11.4%	40.4%	2.2%	

(注) M.A.に生じる誤差は、A分類においてフェイスシート項目のM.A.形式質問を数に含めているためである。
　　記述に生じる誤差は、B分類において質的評価の対象とならない記述形式質問を数に含んでいないためである。

表5-8は、44自治体の総質問数を形式別に整理し直したものである。

この表に示されるように、実質回答数に近いA分類で最も特徴的だったのは、縦列形式質問が58.1%を占めているという事実である。すなわち回答者が○をつける数の過半数が、選択肢が同じで表形式の縦列形式質問だったということである。

また、問いの数に近い「B分類」の特徴としては、M.A.形式質問が全体の40.4%と非常に多いことである。**表5-9**は、M.A.形式質問487問を、回答個数に着目しさらに分類した結果である。最も多いのは「3つ、3つまで」の41.1%であり、「2つ、2つまで」が29.8%、「すべて」が21.6%と続いていた。

表5-9 M.A.形式質問内訳

	2つ・2つまで	3つ・3つまで	4つ・4つ以上まで	すべて	優先順位	M A 総数
平均	145 (29.8%)	200 (41.0%)	25 (5.1%)	105 (21.6%)	12 (2.5%)	487 (100.0%)

以上の結果は、最初に述べた「表形式になっている質問（縦列形式質問）がやたら多かった」「2つまで選択、3つまで選択させる質問がやたら多かった」といった当初の印象を、数字として明確に示していると位置づけられる。このことは、われわれがおこなった数量化が、調査票の実態を把握する方法としてある程度有効性を持っていることを示唆しているといえよう。

第2節　調査票の内容——一体何が聞かれていたのか

　われわれが手にした44自治体の調査票の中身はどうなっていたのか。本節においては，さらに踏み込んで調査票の中身に焦点を絞り，内容把握をしていきたい。

1　調査票の項目分類

　まずわれわれは，44自治体分の中身を知るため，KJ法[3]にならって作業をおこなった。KJ法とは，同じようなことを聞いている項目を集めて，分類していく方法である。

　ここでは，調査票を質問ごとにハサミでひとつひとつ切り，言葉づかいが似たものを同じ袋に詰めていくという方法をとった。

　たとえば，「あなたの参加している地域活動についてお伺いします」と聞かれている場合は「地域活動」，「今後の施策についてお聞きします」ならば，「今後の施策」という項目として，質問文の言葉づかいをベースに分類したのである。前節であげられた「縦列形式質問」では，1つの質問で複数にまたがる項目を聞いていたので，A分類に従い，さらにひとつひとつを細かく切ることで処理した。

　以上のように分類した結果が表5－10である。始めに作った表は，小項目106個，A4用紙11枚分にもなり，あまりにも多すぎるため，この表では中項目のみを載せている。

表5－10　KJ法による分類表

F.S.	定住	イメージ	地域活動	住民参加	行政	日常生活	全体的な施策
251	268	226	212	62	232	162	32
必要な施策	評価	施設	個人意見	市町村独自	例外	自由回答	その他
255	946	273	233	14	41	38	61

この表で注目したいのが，全質問数の28％を占める「評価」項目である。「評価」とは「あることに対する良し悪しや満足度」を聞く質問である。他の項目に比べ多すぎるため，われわれはこの「評価」項目を再度見直した。すると，「評価」項目には「〜についての評価」というものならどのような質問文でも含めてしまっていたのだ。たとえば，「教育についての評価」も「福祉についての評価」も一緒にしてしまっていたのである。「教育」と「福祉」ではまったく異なる内容であるのはいうまでもない。

　しかも，このような事例は他の項目においても見られた。たとえば，「施設」項目では「教育施設」と「福祉施設」を，「個人意見」項目では「教育への意見」と「福祉への意見」を，同じ項目として扱ってしまっていたのである。もちろん，これは「教育」と「福祉」だけに限ったことではなく，質問文に「〜の施設」「〜のイメージ」とあれば，同じであった。つまり，質問文の言葉づかいを基準とした方法では，正確に分けきることができなかった。

　そこで次にわれわれが着目したのは，「分野」である。たとえば，「教育についての〜」とあれば「教育分野」，「福祉についての〜」とあれば「福祉分野」というように，聞かれている内容がどの「分野」に属するのかを考えることにしたのだ。こうすることによって，調査票の言葉づかいに左右されることなく，何について聞かれているのかが明確に分類できるのである。また，この「分野」ごとに分けるという観点から，調査票に目を通してみると，質問の多くが市役所の「部局」に対応できることもわかった。たとえば，「教育分野」の質問ならば「教育委員会」に，「福祉分野」の質問ならば「福祉課」に対応すると考えられるのである。

　われわれは再度44自治体分の調査票を見直すことにした。全3306問がどの「分野」に入るのかを，1問1問質問文から選択肢に至るまで細かく見ていき，分類していくことにしたのである。その結果が表5－11である。これが44自治体の調査票が聞いていた内容の全貌である。

　まず，「大項目」で44自治体の全質問を「住民のことを聞く質問」「行政に関することを聞く質問」「その他」に分けた。

割合としては，「行政」が約61％と全質問の半数以上を占めていた（「住民」は約30％，「その他」は約9％）。その3つのうち，「住民」と「行政」をより細かく分けたのが「中項目」であり，全部で12項目に分けた。「質問数」は，それぞれの項目に分類された質問の総質問数で，合計すると3306問である（数え方はA分類に基づく）。また，「比率」というのは，総質問数に占める各中項目の割合を示している（単位は％）。「小項目」は，各中項目の中で，質問数が3つ以上のものを取り出し，多い順に並べている（カッコ内は聞かれていた総質問数）。

表5-11　44自治体で聞かれていた項目（A分類による）

大項目	中項目	質問数	比率	小項目
住民 (29.8%)	属性	251	7.6	性別(43)，年齢(43)，職業(41)，家族構成(34)，通勤・通学先(31)，高齢者・未就学児の有無(23)，家族人数(14)，その他(22)
	居住	268	8.1	居住年数(50)，居住地域(45)，定住意思(42)，転出理由(32)，居住形態(31)，定住理由(22)，転入理由(17)，前住地(16)，希望転出先(10)，その他(3)
	生活行動	275	8.3	買い物場所・遊び場所などの生活圏(72)，祭り・運動会など地域行事について(52)，近所づきあい(42)，買い物の利便性・満足度(42)，余暇の過ごし方(13)，家事・勉強・ファッションなど身のまわりのことについて(12)，身近にある施設について(9)，その他(33)
	集団への加入	191	5.8	自治会・町内会など地域参加についての考え・参加する/しない理由，参加意思など(66)，自治会・町内会などの地域活動〈現在〉(44)，地域活動〈過去〉(28)，地域活動で利用する施設について(15)，地域活動〈未来〉(8)，地域活動に必要なこと(7)，その他(23)
	都市整備	524	15.8	都市の安全・防災活動(72)，公園・緑地・広場の整備(49)，上下水道の整備(46)，幹線道路の状況(37)，ごみ・し尿処理収集サービス(34)，生活道路の整備(32)，交通安全対策・交通体系の整備(32)，都市の風紀・防犯活動(28)，交通の便利さ(27)，公共交通機関の便利さ(23)，駅前・市街地の整備(21)，河川・水路の改修・整備状況(18)，住宅状況(17)，駐輪・駐車について(9)，通勤・通学の便利さ(7)，都市基盤整備(4)，生活環境整備(4)，道路網の整備状況(3)，鉄道駅までの行きやすさ(3)，その他(58)

	中項目	件数	%	主な小項目
行政 (60.9%)	まちづくり	347	10.5	現在のまちに対するイメージ(81)，まちへの愛着・誇りについて(57)，将来希望するまちのイメージ(43)，全体的なまちの環境への満足度(35)，住み心地(24)，まちづくりへの関心・かかわり方(24)，まちづくりの方向性(22)，まちづくりの参加についての意見・する／しない理由(19)，まちで自慢するところ(16)，以前とのまちの良さの比較(7)，その他(19)
	教育・文化・スポーツ・レクリエーション	318	9.6	公民館・図書館などの文化施設や文化活動について(72)，スポーツ・レク施設や活動について(60)，保育園・幼稚園・学校施設やその活動について(53)，文化財・歴史的遺産の保全・活用(30)，生涯学習・教育(26)，子供の遊び場(16)，レジャー・イベント(7)，その他(54)
	行政体制	280	8.5	市の施設の知名度や利用頻度(50)，総合計画・制度・条例について(36)，地方分権・計画行政などの市政への考え(30)，住民と市役所の役割分担(26)，市政情報提供について(24)，住民の行政参加について(19)，市の施設への意見(17)，行政サービス(13)，広報紙(9)，窓口対応について(6)，市役所について(5)，その他(45)
	保健・医療・福祉	253	7.7	福祉施設・制度(59)，医療施設・制度(52)，高齢化対策(37)，健康診断や相談などの保健活動(27)，自己の老後やそれに対する不安(25)，障害者対策(13)，その他(40)
	環　　境	187	5.7	自然環境保全対策や意見(51)，騒音・悪臭・振動などの公害について(33)，住居周辺の静かさ・空気のきれいさ(27)，環境問題への意見・対策(21)，リサイクル活動・対策(17)，ごみ問題への意見・対策(13)，その他(25)
	産　　業	82	2.5	農・商・工業や経済の復興について(26)，就業機会やその情報について(12)，産業のあり方(12)，観光業について(6)，その他(26)
	人権・平和	72	2.2	国際化に対する意見・要望(29)，人権尊重や人権教育(20)，男女差別問題やその対策(15)，消費者支援や保護(3)，その他(5)
そ の 他 (9.3%)		258	7.8	自由回答(38)，全体施策(32)，情報化について(28)，人口について(18)，所有している山林・農地利用について(8)，その他(134)
計		3,306	100	

　では，ここからは表5-11の「中項目」12を，次の2点「主な小項目」「特徴」からそれぞれ説明していこう（ただし特筆すべきものがない場合は記述し

ないこととする)。ここでの「主な小項目」とは，各「中項目」中の上位5つの小項目を取り上げている（項目数が5つ以下の場合はすべてを記載)。「特徴」とは，それぞれの聞き方の特徴を整理したものである。

属　性

[主な小項目]　性別，年齢，職業，家族構成，通勤通学先

[特徴]　「あなた自身のことについてお伺いします」など，他の質問とは独立して聞かれている。この項目は分析作業をする際，クロス集計で使うため，どのようなアンケートをする際にも必ず聞かれる重要事項である。(4)

居　住

[主な小項目]　居住年数，居住地域，定住意思，転出理由，居住形態

* 居住年数：その市町村に何年（またはいつから）住んでいるか
* 居住形態：どんな住居に住んでいるか（持ち家/借家，一戸建て/マンションなど）
* 定住意思：その市町村に住み続ける意思があるかどうか
　　　　　（形式的には「あなたは〇〇市に住み続けたいとお考えでしょうか」というのが一般的）

[特徴]　「定住意思」を聞いた後，住み続けたいと答えた人には「定住理由」，引っ越したいと答えた人には「転出理由」がそれぞれ質問される例がよく見られる。中には「居住年数」「前住地」「転入理由」を聞いてから，「定住意思」を質問する自治体もあった。

生活行動

[主な小項目]　買い物場所・遊び場所等の生活圏，祭り・運動会等地域行事について，近所づきあい，買い物の利便性・満足度，余暇の過ごし方

* 生活圏：普段どのようなことをどのような場所でおこなっているか
　　　　　（買い物はどこでするか，レジャーにはどこへ出かけるかなど）
* 近所づきあい：近所の人とどの程度のつきあい方をしているか
　　　　　（挨拶をする程度，立ち話をする程度，留守を頼みあう程度……）

[特徴]　利便性や満足度を問う評価項目については縦列形式質問が多い。

集団への加入

> [主な小項目] 自治会・町内会等地域参加についての考え・参加意思等，自治会・町内会等の地域活動（現在），地域活動（過去），地域活動で利用する施設について，地域活動（未来）

* 地域活動：自治会・町内会・公聴会・まちづくりセミナーなど行政色の強いものから，各種サークル活動・ボランティア活動など住民主体のものまでを幅広く含む

[特徴] 活動内容を聞く際には，選択肢にその活動団体の種類を多数並べ，その中からいくつかを選ばせる形が多い。

都市整備

> [主な小項目] 都市の安全・防災活動，公園・緑地・広場の整備，上下水道の整備，幹線道路の状況，ごみ・し尿処理収集サービス

[特徴] 縦列形式質問がほとんどである。

まちづくり

> [主な小項目] 現在のまちに対するイメージ，まちへの愛着・誇りについて，将来希望するまちのイメージ，全体的なまちの環境への満足度，住み心地

* イメージ：「あなたは○○市がどのようなまちになったらよいと思いますか」と問うもの

教育・文化・スポーツ・レクリエーション

> [主な小項目] 公民館・図書館等の文化施設や文化活動について，スポーツ・レク施設や活動について，保育園・幼稚園・学校施設やその活動について，文化財・歴史的遺産の保全・活用，生涯学習・教育

* 文化施設：公民館，資料館，博物館，美術館，各種ホールなど
* スポーツ・レクリエーション施設：運動場，体育館，プール，運動公園など
* 教育施設：幼稚園，小・中学校，高校，大学，生涯教育の場など

[特徴] 縦列形式質問がほとんどである。また施設の満足度や利用頻度と合わせて認知度を聞いていた自治体もあった。

第 5 章　調査票の実態とその傾向

行政体制

> ［主な小項目］　市の施設の知名度や利用頻度・総合計画・制度・条例について，地方分権・計画行政などの市政への考え，住民と市役所の役割分担，市政情報提供について

* 市の施設：ここでは市役所などを指す
* 総合計画：総合計画を作る際に住民の声を聞く方法として，この調査結果が用いられる
* 行政サービス：市役所の窓口対応，広報紙などの情報公開制度
* 役割分担：行政がすべてを担うべきか・民間企業や市民に委託すべきか，住民と行政が共同すべきかなど

保健・福祉・医療

> ［主な小項目］　福祉施設・制度，医療施設・制度，高齢化対策，健康診断や相談等の保健活動，自己の老後やそれに対する不安

* 福祉：児童福祉，障害者福祉，高齢者福祉など
* 医療：休日・夜間医療，救急医療など
* 保健活動：健康診断，健康相談など

［特徴］　縦列形式質問がほとんどである。

環境

> ［主な小項目］　自然環境保全対策や意見，騒音・悪臭・振動などの公害について，住居周辺の静かさ・空気のきれいさ，環境問題への意見・対策，リサイクル活動・対策

* ごみ問題：何らかの形で環境問題に関係してくるもの。ごみのポイ捨てなど[(5)]

［特徴］　満足度を問う縦列形式質問の他に，環境保護のためにしていること，環境問題についての関心の有無など個人的な意見を聞いていた。

産業

> ［主な小項目］　農・商・工業や経済の復興について，就業機会やその情報について，産業のあり方，観光業について

［特徴］　農・商・工業のうちどれに最も力を注いでいくべきかを問うなど抽象的なものか，すでに行政側がある程度具体的な施策の内容を考え，その中から選ばせるという聞き方が多い。

161

> 人権・平和
>
> ［主な小項目］　国際化に対する意見・要望，人権尊重や人権教育，男女差別問題やその対策，消費者支援や保護

［特徴］　他の項目と比べ，「女性の社会参加について，あなたはどの程度進んでいるとお考えですか」といった抽象的な質問が多かった。

> その他
>
> 上記のどれにも当てはまらない質問すべてをここに含む。

［主な小項目］　自由回答，全体施策，情報化について，人口について

　このように，44自治体の全質問文を，特に「中項目」に着目し整理すると，表5-11に示されるとおり，「都市整備」（524問，15.8％）に関する質問が最も多く，次いで「まちづくり」（347問，10.5％），「教育・文化・スポーツ・レクリエーション」（318問，9.6％）の順となった。逆に少なかった質問は「人権・平和」（72問，2.2％），「産業」（82問，2.5％）だった。
　「都市整備」に関する質問が最も多くなったのは，表5-11がA分類に基づいて作成されているからである。前節で述べたとおりA分類は，縦列形式質問を項目ごとに数えていく分類法である。そのため，ほとんど縦列形式で聞かれていた「都市整備」項目の質問が，どうしても多くなる傾向にあったのである。
　つまり，われわれが手にした44自治体の調査票の"中身"は，「分野」を基準とした項目分類から見ると，「都市整備」や「まちづくり」「教育・文化・スポーツ・レクリエーション」など，行政に関する質問文が多かったのである。
　ここまでは，44自治体の調査票がどのような項目を聞いていたのかを数量的に整理してきた。その項目分類作業を展開していく中で，われわれは市民意識調査の質問項目の傾向として，以下の2点の特徴があることに気づくようになった。

- 語尾形式に着目すると，「〜であると思いますか」「〜をどのようにお考えですか」といった聞き方のパターンで，市民の意識を問う質問が多かったという特徴
- 行政の論理に基づく設問が多く，市民の身近な視点からの設問が少ないという特徴

次項では，これらの 2 つの特徴に着目しながら，再度，44自治体の調査票を検討していくことにする。

2 意識と事実

　項目分類作業で気づいた第一点目の特徴は，「〜であると思いますか」「〜をどのようにお考えですか」といった語尾形式で，市民の意識を問う質問が多かった点である。

　そこでまず初めに，われわれは44自治体の全質問文で使われている語尾を，同じ言葉や似たような言い回しごとにまとめ，103種類の語尾形式に分類した（ここでは，B分類における総質問数1490問から，性別・年齢といったフェイスシート項目（属性）の質問246問と自由回答質問38問を除いた1206問を分類対象とした）。

　この分類結果からは，「どのようなこと（を〜すること）が必要（重要）だと思いますか（111問）」「〜のはどういう理由からですか（78問）」「○○についてどのように思われますか，お考えですか（77問）」「どのようなことに力を入れていくべき（配慮）であると思いますか（58問）」などの語尾形式による質問が多いことがわかった。

　また，この語尾形式による分類を整理すると，質問文を「意識を問う質問」と「事実を問う質問」に整理できることがわかった。以下はそれぞれの詳細である。

（1）意識を問う質問とは

ここでの「意識」とは，考えや物事に対する態度を指す。「意識を問う質問」は，確定されていない未来の態度や，行動に直接表れない回答者の考えを尋ねる質問である。つまりこの質問は，そのときの気分や思いつきなどによって回答が変わってしまう可能性をもっているのである。

「意識を問う質問」には，次の5つがあげられる。

　1．評価を問うもの

> あなたは，現在住んでおられる地域の環境について，どのように感じておられますか。次の各項目ごとに，あなたのお考えに近いもの（評価）を1つ選んで番号に○をつけてください。
>
> 【1 満足　2 やや満足　3 普通　4 やや不満　5 不満】
>
> | | | | | | | |
> |---|---|---|---|---|---|---|
> | ①近隣生活 | 日用品の買い物が便利である | 1 | 2 | 3 | 4 | 5 |
> | | 道路などでの交通安全がよい | 1 | 2 | 3 | 4 | 5 |
> | | ごみなどの収集状況がよい | 1 | 2 | 3 | 4 | 5 |
> | | 身近に広場や遊び場がある | 1 | 2 | 3 | 4 | 5 |
> | | 近所の人との人間関係がよい | 1 | 2 | 3 | 4 | 5 |
>
> （島本町　問4　一部省略）

定　義：ある物事に対して良いか悪いか，十分か不十分か，満足か不満足かを問うもの。

主な質問内容：生活環境・地域環境・施設設備に対する満足度・施策に対する評価。

聞き方：「～についてどの程度満足されていますか」「～についてどのように感じておられますか」など。

　2．期待・要望を問うもの

> つぎの1から28までの項目のうち，あなたがもっとも力を入れて欲しいと思われる施策を，特に重要なものを3つまで選んで，番号に○をつけてください。
>
> 〈福祉・医療〉
> 1．児童福祉を充実する（保育内容の充実，児童館の充実など）
> 2．障害者に対する福祉を充実する（就労の場の確保など）
> 3．高齢者に対する福祉を充実する（在宅福祉・デイサービスなど）
> 4．保健・医療体制（日常・緊急）を整える
>
> （吹田市　問12　一部省略）

定　義：他者にどうなってほしいのか，どうしてほしいのかを問うもの。
主な質問内容：期待する施策，将来展望，将来望んでいるまちのイメージなど。
聞き方：「今後～はどのようになってほしいと思いますか」「～に対してどのような要望がありますか」「どのような～を期待していますか」など。

3．考え・意見・態度を問うもの

> 　　　下のようにA・B２つの生活のしかたがある場合，あなたのお考えはどちらに近いですか。
> 　　　お考えに近いものをそれぞれ１つだけ選んで番号に○を付けてください。
> （選択肢は本書75頁を参照）　　　　　　　　　　　　　　　　　　　　　　　（八尾市　問5）

定　義：ある物事に対してどう思うか，どうあるべきだと思っているのか，そのように思う理由（根拠），自分自身をどのように捉えているか（自己の位置づけ）などを問うもの。
主な質問内容：施策の重要度，高齢化などに対する考え，まちへの愛着・誇りなど
聞き方：「どのように～すればよいとお考えですか」「～すべきだと思いますか」「～についてどう思いますか」「あなたにとって～は何ですか」「あなたは～な方だと思いますか」など。

4．興味・関心を問うもの

> 　　　インターネットについておうかがいします。あなたはインターネットに関心をお持ちですか。１つだけ○をおつけ下さい。
> 　1．関心がある　2．関心がない　3．わからない　　　　　　　　　　　　（池田市　問18）

定　義：ある物事に対して興味があるかどうか，好きか嫌いかを問うもの。
主な質問内容：まちづくりへの関心など。
聞き方：「～に関心がありますか」「～に興味がありますか」など。

5．意志・予定を問うもの

あなたは市民と行政が協力して進める次の(1)～(11)の取り組みについて，参加や協力ができますか。(1)～(11)のすべての項目の 1 ～ 3 のいずれかに○をつけてください。
【1 参加・協力できる　2 参加・協力できない　3 わからない】
(1)ゴミの分別収集に協力し，不用品はリサイクルに出す　　　　　　　　　1　2　3
(2)空き缶やごみのポイ捨てなどをしない。飼い犬が散歩の時に糞をした場　1　2　3 　　合，必ず持ち帰る
(3)地球環境美化運動やマナーアップ運動に参加する　　　　　　　　　　　1　2　3
(4)環境にやさしい商品を購入する　　　　　　　　　　　　　　　　　　　1　2　3
(5)市が呼びかける各種計画づくりの場へ参加する　　　　　　　　　　　　1　2　3

(枚方市　問8　一部省略)

定　義：自分は今後どうしたいか，どうするつもりでいるのかを問うもの。
主な質問内容：まちづくり・地域活動への参加意思，定住意志など。
聞き方：「～したいと思いますか」「～しようとお考えですか」など。

（2）事実を問う質問とは

　ここでの「事実」というのは，確定している現在の状況や過去の経験を指す。このような質問では，回答が不変であると考えられ，信憑性の高いデータを得ることができるのである。つまり，同じ問いに再度答えてもらっても，前回と同じ回答が得られる可能性が高いのである。また，回答者にしてみれば，改めて考える必要もなく答えやすい質問であるといえる。意識を問う質問では扱われている内容が多岐にわたっていたのに対し，事実を問う質問では質問内容や聞き方パターンが，ある程度限られていたことが特徴としてあげられる。

1．現在の状況・状態，属性を問うもの

あなたのお住まいの住居は下記のうちのどれにあてはまりますか。（1つに○）
1．持家（戸建て）　2．持家（マンション）　3．府営，市営，公団，公社などの借家
4．官舎　5．民間の借家（戸建て）　6．民間の借家（マンション・アパート）
7．その他（　　　　）

(泉佐野市　問34)

定　義：他者からも認識できるような確定している現在の状態・状況，および
　　　　属性について問うもの。
質問内容：居住形態，居住年数，職業，性別，生年月日など

第5章 調査票の実態とその傾向

2．過去の経験・動機・きっかけを問うもの

> 町内の各団体（町を含む）が行った行事のうち，過去1年間で参加（単に見に行ったり，聞きに行った場合を含む）したことのあるものすべてに○印をつけてください。
> 1．体育祭，運動会などのスポーツ行事　2．盆踊，地域の祭　3．サークルなどの趣味の会
> 4．ハイキングなどの健康行事　5．文化祭，コンサートなどの文化行事　6．ボランティア活動
> 7．保健，福祉に関する行事　8．平和や人権の講演会，映画会など　9．その他（　　　）
> （河南町　問14）

定　義：過去の行動に対する理由（考え・状況），現在に至るまでの経歴，過去の行動自体について問うもの。

質問内容：地域活動への参加（過去），施設の利用経験（過去），転入理由など。

3．日常の生活行動を問うもの

> 広報「はびきの」をよく読んでおられますか。（○は一つ）
> 1．毎回読んでいる　2．ときどき読む　3．読んだことがない　　　（羽曳野市　問24）

定　義：過去から現在にかけて継続して実践している行動について問うもの。

質問内容：地域活動への参加（現在），施設の利用頻度（現在），近所の人とのつきあいの程度など。

4．知識・認知・所有を問うもの

> あなたは，この「大阪市総合計画」をご存知でしたか。次の中から，あてはまるものを選び，○印をつけてください。
> 1．内容も知っている　2．聞いたことはあるが，内容はよく知らない　3．全く知らない
> （大阪市　問7）

定　義：ある物事を知っているかどうか，聞いたことがあるかどうか，所有しているかどうかを問うもの。

質問内容：公共施設の知名度，まちづくりプロジェクトの認知度など。

　この語尾形式に着目した分類を用い，大阪府下44自治体の全質問文を分類し直した結果が，次の表5-12である。ここでは，B分類における総質問数（1490問）から，性別・年齢といったフェイスシート項目（属性）の質問（246問）と自由回答質問（38問）を除いた1206問を分類対象とした。

表5-12 「意識を問う質問」と「事実を問う質問」の割合

質問内容	意識	事実	合計
質問数	935	271	1,206
比率（％）	77.7	22.3	100

　上記の表にあるように，「事実を問う質問」は全体の約22％に過ぎなかった。つまり，全質問文の約78％が回答の固定しにくい「意識を問う質問」だったのである。しかも，さらに細かく「事実を問う質問」の内容を見てみると271問中126問（約46％）が，居住年数・居住形態・居住地域という「居住」に関する質問であった。居住に関するこの3つの質問は便宜上，フェイスシート項目（属性）から取り出したものである。もし，これらを「属性」として分類対象から除外すると，「事実を問う質問」は全体の約13％（1080問中145問）しかないということになるのである。

　では，ここで下記の2つの質問を見比べてみてほしい。

> 　松原市のまちづくりをすすめていくにあたって，以下の各項目についてあなたはどう思われますか。あてはまるものを1つ選んで〇をつけて下さい。
> 　環境・リサイクルについてお聞きします
> 【1 そう思う　2 まあそう思う　3 どちらでもない　4 あまり思わない　5 思わない】
>
> | | | |
> |---|---|---|
> | ⑽　ごみや廃棄物の分別は市民のルールとして守るべきである | 1　2　3　4　5 | |
> | ⑾　多少不便でもごみを少なくしたり環境に配慮した生活を送るべきである | 1　2　3　4　5 | |
>
> 　　　　　　　　　　　　　　　　　　　　　（松原市　問13　一部省略）

第 5 章 調査票の実態とその傾向

あなたはゴミ減量やリサイクルを進めるために，日頃どのようなことを心がけていますか。 （○印は(ア)から(コ)のそれぞれについて1つずつ） 【1 常にしている　2 時々している　3 あまりしていない　4 全くしていない】					
(ア)	4種分別ゴミ出しに協力している	1	2	3	4
(イ)	生ゴミ処理は処理機などを使って堆肥などにしている	1	2	3	4
(ウ)	買い物袋を持参して，過剰包装を断っている	1	2	3	4
(エ)	不要品はバザーや交換会などに出している	1	2	3	4
(オ)	学校のPTAが行っている有価物回収運動に協力している	1	2	3	4
(カ)	スーパーなどが行っている牛乳パック・食品トレイの回収を利用している	1	2	3	4
(キ)	小売店の店頭にあるペットボトル回収を利用している	1	2	3	4
(ク)	必要以上のものを買わないようにしている	1	2	3	4
(ケ)	ものを大事に使うようにしている	1	2	3	4
(コ)	トイレットペーパーやプラスチック台所用品などは再生品を買うようにしている	1	2	3	4

（大東市　問18改）

　この2つの質問は，どちらも「ごみ減量・リサイクル」についての質問である。どちらも，「市民の環境問題に対する考えや態度」を知ろうとしている質問と考えられる。これらは質問の仕方に「意識を問う質問」と「事実を問う質問」の2つがあることを象徴的に示している。実際これらを回答してみると，後者の方が回答しやすく，かつ「～すべきであると思うか」という問いに対して，タテマエの回答（「そう思う」）が出にくい質問であることが理解できるだろう。

　この調査が「意識調査」である限り，「事実を問う質問」だけで調査票を作成することは不可能に近く，率直に市民の意見や要望を聞く質問も採用せざるを得ないことは理解できる。しかし，その質問内容ごとに「事実を問う質問」を用いて聞くことが不可能であるのかを検討すべきではないだろうか。また，それと同時に「意識を問う質問」が持つ問題点を認識した上で，質問を作成する際には質問形式や回答形式に工夫をする必要があると考えられる（第6章4節参照）。

③ 調査票作成過程における〈逆の積極性〉

項目分類作業の過程で，われわれが気づいた2点目の特徴は，行政に関する質問についてであった。44自治体の調査票では，「都市整備評価」や「今後望む施策」といった，行政に関する質問がとにかく多かった。それらはどちらかといえば行政の論理でつくられた設問であり，市民に身近な視点からの設問は少なかった。

ここでいう行政の論理でつくられた設問とは，質問文に「現在おこなっている」，あるいは「これから実施しようとする」自治体側が考えている施策を並べ，市民の満足度や今後取り組む際の優先順位を聞いたりするものである。では市民に身近な視点からの設問とは，どのようなものなのだろうか。

日頃，市民が行政に対して持っているイメージというのは，市役所窓口での職員の応接態度や毎月送られてくる広報紙などに関するごく身近なものである。つまりこれらは，市役所そのもののイメージなのである。こうした市役所そのものを評価する設問が，市民に身近な視点からの設問といえるのである。

表5-11の中項目「行政体制」は，市役所そのものを評価する設問を集計したものである。そこでわれわれは，「行政体制」項目のなかでも，特に市民が身近にイメージしやすいと考えた「広報紙」と「窓口対応」に関係する質問を取り上げ，どのくらいの自治体が，どのような内容で聞いているかについて調べてみることにした。以下はそれぞれの質問文である。

〈広報紙〉

あなたは，豊中市が発行している広報とよなかをどの程度読んでいますか。
1. ほとんどの記事をくわしく読む　2. 関心のある記事だけくわしく読む
3. 見出しを読む程度　　　　　　　4. まったく読まない　　　（豊中市　問10）

第 5 章　調査票の実態とその傾向

茨木市が毎月1回発行している広報「いばらき」並びに，新聞折込での毎月1日発行の「お知らせ版」と市議会が発行している「市議会便り」をどの程度読んでおられますか
1．いつも熟読している　2．必要な記事だけ読んでいる　3．あまり読まない　4．全く読まない
(茨木市　問16改)

広報「はびきの」をよく読んでおられますか
1．毎回読んでいる　2．ときどき読む　3．読んだことがない　　　　　(羽曳野市　問24)

どのような記事に興味がありますか
　1．市政の施策の解説や報告　　　　10．図書館だより
　2．市の予算についての紹介　　　　11．スポーツ情報
　3．まちかどから　　　　　　　　　12．赤ちゃん紹介
　4．伝言版　　　　　　　　　　　　13．連絡箱
　5．羽曳野発掘ものがたり　　　　　14．健康つうしん
　6．法律まめ知識　　　　　　　　　15．市議会だより
　7．年金……明日のために　　　　　16．その他（　　　　　　）
　8．みどりいきいき
　9．女性の問題・男性の問題　　　　　　　　　　　　　　　(羽曳野市　問24-1)

広報"かどま"などの市の広報活動について
　1．よくやっている　2．普通である　4．わからない
　3．もっと力を入れるべきだ（具体的に　　　　）　　　　　(門真市　問Ⅶ-1　27)

市の広報誌の回数やわかりやすさ　1．満足　2．まあ満足　3．普通
　　　　　　　　　　　　　　　　4．やや不満　5．不満　6．わからない　　(池田市　質問13)

> 町発行の広報「みはら」について，どのように感じておられますか。
> 〈該当するものすべてに○〉
> 1. 表紙がカラーになってよくなった
> 2. サイズが大きくなり紙面にゆとりを感じる
> 3. 内容が充実している
> 4. わかりやすくて読みやすい
> 5. 町政のことが全てわかる
> 6. それぞれの記事が項目別に整理されていて良い
> 7. 住民の紹介や住民相互の情報交換が出来てよい
> 8. 紙面の全てをカラー印刷にするほうが良い
> 9. サイズが大きすぎて保存しにくくなった
> 10. 文字が多すぎる
> 11. マンネリ化している
> 12. 発行回数を増やした方が良い
> 13. 毎月1日に届くようにして欲しい
> 14. 申し込み期限などが切れた記事がある
> 15. 町政のことだけでなく，もっと身近な情報を掲載する方が良い
> 16. その他
> (美原町　問31)

「広報紙」に関する質問は，豊中市・茨木市・羽曳野市・門真市・池田市・美原町の6自治体で質問されていた。しかし，それ以外の38自治体では質問されていなかった。

　それでは，各自治体における質問内容を見ていこう。豊中市と茨木市・羽曳野市では，読んでいる頻度をたずね，羽曳野市ではこれに加え，どの記事に興味があるかについても質問していた。門真市では，広聴活動について「よくやっているか」，あるいは「もっと力を入れるべきか」について尋ねられていた。池田市では広報紙の回数やわかりやすさなど満足度，美原町では広報紙の内容についての評価を，具体的な設問にして質問していた。

　これらの質問内容を検討すると，「自治体に対して批判的な質問・選択肢が少ない」ことがわかった。上記の質問文例からは，「広報紙を読まない」「広聴活動にもっと力をいれるべきだ」「市の広報紙の回数やわかりやすさに不満」「マンネリ化している」「文字が多すぎる」くらいしか確認できなかった。

第 5 章　調査票の実態とその傾向

〈窓口対応〉

窓口対応など職員の応接態度　　　1．良い　2．やや良い　3．普通　4．やや悪い　5．悪い
（能勢町　問16①）

役場など窓口事務の対応　　1．特に良い　2．よい　3．普通　4．よくない　5．特によくない
（熊取町　問2-25）

町民に対する職員の応接態度は親切である　　　1．思う　2．やや思う　3．普通
4．あまり思わない　5．思わない　　　　　　　　　　　　　　　　　　（豊能町　問25）

住民に対する職員の応接態度は親切である　　　1．そう思う　2．やや思う　3．普通
4．あまり思わない　5．思わない　　　　　　　　　　　　　　　　　　（島本町　問21）

市役所の窓口対応　　1．満足　2．まあ満足　3．普通　4．やや不満　5．不満　6．わからない
（池田市　問13）

役所の窓口サービスについて　　　1．よくやっている　2．普通である　3．もっと力を入れ
るべきだ（具体的に　　　　）　4．わからない　　　　　　　　（門真市　Ⅶ-1　27）

「窓口対応」に関する質問は，能勢町・熊取町・豊能町・島本町・池田市・門真市の6自治体で質問されていた。しかし，それ以外の38自治体はまったく質問していなかった。

　それでは，各自治体における質問内容を見ていこう。能勢町・熊取町では，窓口対応やそれにともなう職員の応接態度の良し悪しを聞いていた。豊能町と島本町では，職員の応接態度が親切か否かについて，池田市では窓口対応の満足度合いを，また門真市では，窓口サービスについて「よくやっているか」，あるいは「もっと力を入れるべきか」を質問していた。

これらの質問内容を検討すると，「自治体に対して批判的な質問・選択肢が少ない」「漠然と良し悪しを問う質問・選択肢が多い」の 2 つの問題が見つかった。

　上記の質問文事例を見ていくと，自治体に対する批判的な質問・選択肢は少なく，「職員の応接態度が悪い」「窓口事務の対応はよくない」「応接態度は親切とは思わない」「窓口対応に不満」「窓口サービスにもっと力を入れるべきだ」くらいしか確認できなかった。

　また，質問・選択肢が漠然としており，どの部局の何に問題があるかが具体的に聞かれていない。こうした「広報紙」と「窓口対応」の事例では，「部局をたらいまわしにされた」「住民票交付に要する時間が長かった」「税金相談窓口の終了時間が早すぎる」などの不満や意見を持っていても，その意見はすべて「窓口対応に不満」「窓口サービスにもっと力を入れるべきだ」という選択肢に集約されてしまう。つまり，「窓口対応」や「窓口サービス」の何をどのように改善すべきなのかが具体的に把握できないのである。

　ではなぜ，自治体が作成する質問文には，行政の論理に基づく設問が多く，市民の身近な視点からの設問が少ないのだろうか。また市民の身近な視点からの設問にしても，「自治体に対して批判的な質問・選択肢が少ない」「漠然と良し悪しを問う質問・選択肢が多い」という問題を抱えているのだろうか。

　そのひとつの理由に，調査票作成段階において行政の《逆の積極性》がはたらいていることが考えられる。

　あるコンサルタント会社への聞き取りでは「住民意識調査に消極的な自治体は，自治体が抱える懸案事項が調査の実施によって顕在化することを恐れているのではないか。そのため当たり障りのない質問をする，いわば〈逆の積極性〉が働いているのではないか」という発言を聞いた。

　通常「積極性」とは「～したい」というプラス志向のことを言う。調査票作成での「積極性」とは「この質問は入れたい・聞きたい」である。しかし，〈逆の積極性〉とは，「この質問は入れたくない・聞きたくない」ことを指している。

コンサルタント会社での聞き取りによると，行政に「このような質問はどうですか」と提示しても，「これに関する質問（または選択肢）は入れないでください」と言われることが多いというのである。
「自らの悪いところを聞かないでおけるのならばそうしたい」とする〈逆の積極性〉が知らず知らずにはたらいてしまうのも無理はない。しかし市民のための行政である以上，市民に身近な質問を，より多く聞いて欲しいというのが，市民の本音なのではないだろうか。

(1) B分類表では，質的評価が主たる目的となるため，全質問数からフェイスシートと自由回答の質問数を除いている。その数を評価対象数として設定したが，フェイスシートの中の居住に関する質問については評価対象として数に含めている。
(2) フェイスシート項目は，44自治体すべての調査票に存在していた。フェイスシートが調査票の前半部分に置かれていた自治体は17（38.6％），後半部分に置かれていた自治体は27（61.4％）と，後半部分に置かれるケースが多かった。
(3) 川喜田二郎氏が考案した情報整理法。情報の相関関係や方向性，問題点を明確にするのに用いられる。われわれはあくまでその方法に倣う形で作業を進めたため，KJ法そのものはおこなっていない。以下に原典のうち3冊をあげておく。
　　　川喜田二郎『発想法　創造性開発のために』中央公論社，1967年。
　　　川喜田二郎『続・発想法　KJ法の展開と応用』中央公論社，1970年。
　　　川喜田二郎『KJ法　混沌をして語らしめる（川喜田二郎著作集5）』中央公論社，1996年。
(4) 2つの変数間の関係を調べる時に用いる分析方法。
(5) ごみのポイ捨てやごみ問題など，環境問題に関係があると思われるものは「環境」に含むが，ごみ収集などの行政サービスについては「都市整備」に含む。
(6) 居住項目にあたる質問はフェイスシートで聞いていた自治体と，他の質問と共に聞いていた自治体があったため，便宜上居住項目にあたる質問はフェイスシートから取り出すことにした。

第6章
調査票の質的評価

　前章では，調査票を数量化し，どのような質問形式・回答形式が多いのか，どのような内容の質問が聞かれていたのかを整理してきた。本章では，前章の数量化をもとに，調査票を「質的」に評価することを目的とする。質的評価をおこなうには，調査票の"出来の良さ・悪さ"を何らかの指標をもとに測定する必要がある。当初，われわれはその指標として以下の3点を考えた。

- それぞれの質問文はデータ化が可能なのか（回答結果がデータとして使えるか・調査方法論的ミスはないか）
- 質問の内容構成（総合計画策定のために有効な質問が設定されているか・質問が抽象的でなく具体的な市民の行動や実態が把握可能か否か）
- 回答がしやすいかどうか（回答する側の印象）

　まずわれわれは，このなかから「それぞれの質問文はデータ化が可能なのか」について評価を進めることにした。それは社会調査論に沿った形での客観的評価が容易だと考えたからである。そこで，なかでも特に作業がやりやすいと判断した「ワーディングのミス」を集計していく方法によって評価を進めていくことにした。

第1節　ワーディングのミスの集計，その結果と考察

　「事実を反映したデータを得る」ために，社会調査論上で必要とされている要素の中に「ワーディングのミスをなくす」というものがある。"ワーディングのミス"とは，「質問文で使う言葉や聞き方に注意をしないと，調査対象者が

勘違いしたり，調査企画者の意図と違って受け取られたりして，回答に歪みが生じること」だとされている。

1　ワーディングのミス

　ワーディングのミスとは具体的にどのようなものなのか。まずは次の例を見てもらいたい。

> 若い女性がお酒を飲んだり，タバコを吸ったりすることをどう思いますか　（安田三郎　1960年）

　この質問文は「ダブルバーレル」とよばれるミスを犯している。ダブルバーレルとは，「1つの質問文中に2つ以上の論点が入っている質問のこと」をいう。この文章では「お酒を飲む」「タバコを吸う」という2つの論点が入っており，「タバコを吸うことには反対だが，お酒を飲むことには賛成」の人はこの質問に答えることができない。

　このようなミスを犯さないことは社会調査の基本である。その基本の守られていないもの，すなわちどちらに答えてよいか回答者が迷う質問文はデータ化できるとはいえないだろう。ここでは上述の「ダブルバーレル」をはじめ調査票で特に多くみられた「難しい言葉」「曖昧な表現」の3つを取り上げることにする。以下の質問文は大阪府下44自治体の調査票に実際にみられたワーディングのミスのほんの一例である。

難しい言葉
> あなたは，豊能町の田園や山林など緑の環境は，どうあるべきと考えておられますか
> 5．水源涵養や国土保全機能などを持つ公益的空間として保全する　　　　（豊能町　問5）

　「水源涵養」とは「水源；川などの流れ出るもと」と「涵養；水が自然にしみこむように，少しずつ養い育てること」という2つの語からなる造語であり，この語自体は辞書には載っていない。このままでは言葉の意味もわからず適当に○をつけてしまう人が出てしまいかねない。誰しもが逐一辞書で調べるわけ

でもないので、このような多くの人が理解できないような難しい言葉は調査票では使うべきではない。

また、「国土保全機能」という言葉も辞書には載っていない。この言葉は自治体職員など行政関係者の間ではよく使われる言葉なのかもしれないが一般的ではない。一般人を対象とした調査ではなるべく専門用語の使用を避けるべきである。

ダブルバーレル

幼児教育、義務教育、障害児教育などの学校教育や学校施設の整備について 1. よくやっている　2. 普通である　3. もっと力を入れるべきだ　4. わからない 　　　　　　　　　　　　　　　　　　　　　　　　　　　（門真市　Ⅶ-1㉒）

先にも説明したワーディングミスであるがこれはもっとひどい例で、幼児教育・義務教育・障害児教育の3つと学校教育・学校施設の2つが掛け合わされた「3×2」ダブルバーレルである。回答者の立場からすれば、「幼児教育には満足しているが、障害児教育にはもっと力をいれて欲しい!!」と思っている人は回答をひとつに絞ることができない。また、「学校教育には満足しているが、学校施設については不満である」と思っている人も、回答することができない。

曖昧な表現

学校教育・教育環境 1. 良い　2. 良くない　3. どちらともいえない　　　　（枚方市　問2(5)一部省略）

この質問文も学校教育に関する評価を聞く質問文である。こちらも学校教育と教育環境というダブルバーレルであるともいえるが、ここでは触れない。こちらの質問文は余分なものもなくとても簡潔である。しかし「学校教育」といわれても漠然としすぎて、人によって色々なものを想像してしまうだろう。これでは逆に大雑把すぎて「何を学校教育というのか」がわからないとても曖昧な表現となってしまっている。

2 　ダブルバーレルと曖昧な表現の表裏一体な関係

　われわれは，上に挙げたようなワーディングのミスが調査票の中にいくつあるかを数えてみた。結果，非常に多くのミスが全調査票から見つかった。社会調査論上，ワーディングのミスがある質問文の回答からは，価値あるデータは得られないとされている。全自治体でワーディングのミスが多いことは予想していたが，これほど多いとは思っていなかった。

　なぜこのように多くのミスが見つかったのだろうか。われわれはもう一度，調査票のワーディングのミスをよく吟味してみることにした。まず，各調査票から見つかったワーディングのミスをひとつひとつ取り出し，リストを作った。すると，リストアップした単語を見ていくうちに，ある疑問が湧いてきたのだ。どこからどこまでがミスといえるものなのだろうか。われわれがミスであるとみなしたものの中には次のようなものもあった。

> あなたが松原市にお住まいになっている理由は何ですか。主なものを3つ選んで○を付けてください
> 1. 通勤・通学の便がよいから　〜以下選択肢略〜　　　　　　　　　（松原市　問3）

　これは確かにダブルバーレルというミスを犯している。例えば「子供の通学に便利だからここへ引っ越したが，自分の通勤には不便だ」という人もいるはずだ。しかし，この程度のものも駄目なのであれば，質問文を作ることなどできなくなってしまうのではないだろうか。通勤と通学を分けて質問していたらきりがない。

　そこで，同じワーディングのミスの中にも程度の違い，つまり「許せるもの」と「許せないもの」があるのではないかと考えた。その境界線のひとつとしてわれわれが考えたのが「Example」と「Of」という次の2種類のダブルバーレルである。

「Example」のダブルバーレル

第6章 調査票の質的評価

「鉄道・バス路線などの公共交通網の整備」(寝屋川市　問21)

　これは「鉄道」と「バス路線」のダブルバーレルである。しかし，「鉄道・バス路線などの」という部分は，後ろの「公共交通網の整備」を修飾している言葉なので，仮にこの部分をカッコでくくって消してしまっても，後の「公共交通網の整備」で意味は通じる。つまり，ここは単に後を説明している具体例なのであり，この部分がダブルバーレルであったとしても回答者は回答することができる。そこでわれわれはこれを「Example」のダブルバーレルと呼ぶことにした。

「Of」のダブルバーレル

「学校施設や保育施設の整備状況」(交野市　問15)

　この文章はどうだろうか。結果的に「学校施設の整備状況」と「保育施設の整備状況」という2つの事柄を尋ねる質問になってしまっている。両方とも「〜の」でかかる文章なのでわれわれはこれを「Of」のダブルバーレルと呼ぶことにした。

　このようにして各ダブルバーレルを分類していったのだが，すべてがこの2つのタイプに当てはまったわけではなく，この方法ではミスの程度を分けることはできなかった。しかし，こうした作業を通して，ダブルバーレルと曖昧な表現の間にはある関係性があることがわかってきたのだ。

　「ダブルバーレルにならないように簡潔にしたら曖昧な表現となってしまい，その曖昧な表現にならないようにいくつかの具体例を挙げるとダブルバーレルになってしまう」のである。つまり，具体的には，先に例として挙げた門真市のダブルバーレル質問，「幼児教育，義務教育，障害児教育などの学校教育や学校施設の整備について」を，簡潔に表現すると，枚方市の曖昧な質問「学校教育・教育環境」になるということである。ダブルバーレルとなってしまった質問文はおそらく，「曖昧な表現では回答者が想像しにくいだろうから，具体例を挙げてわかりやすくしよう！！」という質問文作成者の努力の結果なのではないだろうか。(結局はダブルバーレルというもうひとつのミスを犯しているのだから誉められたことではないが……)

3 総合計画のしがらみ——部局のまとまり

　この他にも自治体が数多くのワーディングミスを犯してしまった原因として仕方のない側面が見つかった。総合計画のしがらみである。

　自治体の予算は限られている。住民の数だけ要望や意見はたくさんあるが，やりたい施策をすべてやっていたのでは予算はいくらあっても足りない。「予算の都合上，福祉課と環境課のうちでどちらかひとつの施策しかおこなうことが出来ない」ということも十分ありうるのである。そのため，限られた予算の中で自治体が施策をおこなっていくには総合計画の中で優先順位をつけなくてはならない。その優先順位をつける際の参考にするために「市民意識調査」はおこなわれているはずである。そして，策定された総合計画に沿って実際に施策をおこなっているのが自治体内の各部局なのだ。それならば「市民意識調査」においても「どの部局を優先させるべきか」を分析できるような質問をしなくてはならないのではないだろうか。

　そこで思い出してほしいのが先ほどのワーディングの問題である。ワーディングのミスとして先ほど例に挙げた，門真市の質問文をもう一度見てみよう。ここでは幼児教育・義務教育・障害児教育，そして学校教育・学校施設というダブルバーレルがみられたが，門真市ではこれらすべて学校教育部の担当であると思われる。つまり，大きく見るとこの質問では「学校教育部の施策について」の評価を訊ねているのである。例えば，仮にこの問いで選択肢3．「もっと力を入れるべきだ」が，保健福祉部や都市整備部などその他の部局対応の質問文よりも多く選択されているとしよう。自治体はこの結果から，「学校教育部の施策を優先させよう」といった目安にすることができるのである。

　実は，市民意識調査の調査票でよくみられたダブルバーレルや曖昧な表現は，たいていこのような部局ごとの大きなくくりでまとめられていたのである。つまり，自治体側としては同じ部局内の複数の施策をひとつの質問文にまとめて聞いていたのだ。

このように，市民意識調査で見られたワーディングのミスには，自治体にとって避けがたい事情が見つかった。もちろん今後の調査ではこうしたワーディングのミスはなくしていくべきだが，自治体の仕方のない側面が見つかった以上，今回の評価からはワーディングのミスの有無は外した方がよいという結論に至った。

第2節　客観的な質的評価方法

1　新たな評価方法の作成

　前節において，ワーディングのミスは仕方のない側面を伴っていることがわかった。この方法では建設的な評価ができないと思われる。したがってわれわれは，評価対象としてワーディングのミスは考慮しないことにした。そして「集計結果を分析する上での回答データ価値の有無」を評価するために，新たにいくつかの基準を作成した。それによって，調査票そのもののデータ価値を浮き彫りにしようとしたのである。

　本節では新たに作成した評価方法について説明する。ここでのデータの価値基準は下の三段階で評価した。

　○…事実を反映したデータを得ることができる
　△…事実を反映したデータは得られるが，その精度は低い
　×…事実を反映したデータが得られない

　データ価値の評価の説明は問題のある例を提示していくほうがわかりやすい。そこで×と△の評価を下した例を順に示し，説明を加えていくことにする。

[2] ×の評価（データ化ができない）例

① 回答を誘導している──威光暗示効果のある質問・選択肢

　威光暗示効果とは，質問文中で回答者の見解・態度に影響する説明をすることによって，回答が誘導されてしまうことである。

> <u>ゆとりとうるおいのあるまちづくりを進めていくためには，より一層，市民のみなさん一人ひとりが自分たちの住むまちをよくしていこうといった気持ち，あるいは日常生活におけるモラルや自覚（市民意識）を高めていくことが重要であると思われますが</u>，どのような方法によって市民意識を高めればよいと思われますか。最も重要と思われる施策1つに〇を付けてください
> 1. 市民意識の向上のため，広報などにより啓発活動を積極的に行ってほしい
> 2. 市民意識の向上のため，モラルに反する行為に対して積極的に指導に努めてほしい
> 3. 市民意識は自らの問題であるので，市民それぞれが努力すればよい
> 4. 特に今の市民意識を変える必要はないと思う
> 5. その他（具体的に　　　　　　　　　）　　　　　　　（門真市　Ⅵ-7）

　この例では，下線部において，「市民意識を高めることが重要」という自治体側の思いを市民に訴えかけている。このように書かれると，回答者は選択肢4.には回答しにくい。つまりこの質問文は，回答を選択肢1.2.3.に偏るように誘導してしまっているといえる。実際，この調査結果は選択肢1.が26.8％，2.が46.9％，3.が19.0％，4.が1.9％，5.が1.4％であった。このように，回答が誘導された疑いのある調査結果の数字に信憑性はない。質問者は意見や思い入れを排除した問題を作るべきである。

② どちらにも答えられる可能性がある──重複のある選択肢・次元の異なる選択肢

(1) 意味内容の重複する選択肢

　選択肢は，ひとつひとつが独立したものでなければならない。選択肢間に重複があると，回答者によっては回答が複数の選択肢に当てはまってしまう場合が想定される。特にそれが S.A. 形式質問（1つしか回答が選べない）に含まれている場合，その回答からは曖昧なデータしか得られない。

第6章 調査票の質的評価

> 市のまちづくりに関心がない理由について，次の中から当てはまるものを1つ選び，番号を○で囲んでください
> 1. 日中は仕事や学校でほとんど市外に出ており，関わりが薄いから
> 2. いそがしくて，市のまちづくりのことを考える時間がないから
> 3. 市のまちづくりに関する情報が不足しており，市のまちづくりについてよく分からないから
> 4. 今の市のまちづくりがうまくいっていると思うので
> 5. その他（具体的に　　　　　　　　　　　　　　　　）　　（箕面市　問6-1）

上の例はまちづくりに関心がないと回答した人へのS.Q.である。選択肢1.と2.に注目して欲しい。この2つは内容が重複しているため，どちらにも当てはまる回答者が存在する可能性がある。つまり，「仕事や学校で市外に出ていて関わりが薄く，忙しくてまちづくりのことを考える時間がない」という人もいるだろう。しかしこれはS.A.形式質問であるため，このような人はどちらに回答すればよいのか判断できない。その結果その回答からは回答者の意識を把握することはできないのである。

(2) 次元が異なる選択肢

重複のある選択肢と同じく，次元が異なる選択肢を含む問題においてもまた回答が複数の選択肢に当てはまり，どちらにも答えられる回答者が存在する可能性がある。

> あなたが買物をする場所についておたずねします。
> あなたは日用品（日用雑貨，食料品など）を購入するにあたり，ふだん市内のどこで買物をしていますか。次の中からおもな場所を1つ選んで○をつけて下さい
> 1. 近鉄藤井寺駅周辺　　　5. スーパーマーケット
> 2. 近鉄土師の里駅周辺　　6. 個人商店
> 3. 近鉄道明寺駅周辺　　　7. コンビニエンス・ストア
> 4. 大型ショッピングセンター　8. その他市外　　（藤井寺市　問6-1）

この例では，買い物をする「場所」と「店の種類」という2つの異なる次元のものを1つの選択肢群に混ぜてしまっている。例えば「場所」では1.「近鉄藤井寺駅周辺」，「店の種類」では5.「スーパーマーケット」を利用している人にとっては，1.と5.の両方とも当てはまるため，その人はどちらに回答すればよいのか判断できない。したがってこの場合は「どの地域で買うのか」

を問う質問と「どのような種類の店で買い物をするのか」を問う質問とに分けるべきである。

③　どれにも答えられない可能性がある（網羅的でない）選択肢

　どんな考えを持った人でも必ず回答できるように，選択肢は網羅的でなければならない。回答者の考えがどの選択肢にも当てはまらない事態は避けるべきである。

あなたは，今お住みの場所に住み続けることをどう思われますか
1．ずっと住み続けたい　　　　　4．できれば市外に移りたい
2．できれば住み続けたい　　　　5．すぐにでも市外に移りたい
3．市内の別の校区へ移りたい　　6．わからない　　　　　（岸和田市　問1-B）

　この例では，選択肢3.で市内の別の校区への移転意志は聞いているのに，市内の同じ校区への移転意志が聞かれていない。これでは同じ校区へ移りたいと思っている人は回答することができない。このようなことを避けるために，自治体はプレ調査を実施するなどして，考えられる回答を想定した上で網羅的な選択肢を作るべきであろう。

④　何について答えればよいのか特定できない質問・選択肢

　質問文や選択肢は，問題としていることを回答者が正確に判断できるように，論点が特定できるものでなければならない。論点の特定できない質問・選択肢があると，回答者は何について答えればよいのかわからなくなる。

あなたやあなたのご家族の近所づきあいの程度はいかがですか。当てはまるものを1つ選んで番号に〇印をつけてください
1．よくつきあっている　　　　　　　　3．あまりつきあっていない
2．どちらかといえばつきあっている　　4．まったくつきあっていない　（四条畷市　問6）

　この聞き方では，家族のうちの「誰の」付き合いなのか，また，近隣の人達の中で「誰との」付き合いのことを問題としているのかを特定することはできない。つまり質問の意図が回答者の判断に委ねられてしまっているのだ。結果，

この質問からは正確なデータを得ることはできない。

⑤ 回答を複数個に限定させる——M. A.（Multiple Answer）形式質問

M. A. 形式質問には以下の3つのタイプがある
(1) 回答数を複数に限定しているもの「3つ・3つまで」
(2) 優先順位をつけて選ばせるもの「最も当てはまる・2番目に当てはまる」
(3) 選択肢の中から当てはまるものすべてを選ばせるもの

回答結果がデータとして価値がないのは(1)のタイプの M. A. 形式質問である。回答結果の信頼性に疑いが出てくるからだ。また，(3)のタイプは無回答との判別が難しいという点で△としているが，それについては後に述べる。ここでは，データ価値のない(1)のタイプについて説明するが，これは S. A. 形式質問を使えば解決する問題点である。

- 回答数を「3つ」のように限定した場合，回答が1つや2つしか当てはまらない人は数合わせで答えてしまう恐れがある。すると集計結果の中に適当に答えた回答が含まれてしまい，その数字には信頼性がなくなってしまう。
- 「3つまで」選ばせる質問の場合，数合わせの回答が含まれる上に，回答者によって回答数が違うため，クロス集計をするときに非常に苦労することになる。他の質問項目と比較するたびに，その度に回答数を集計する必要があるからだ。つまり，この「3つまで」質問ははじめからクロス集計を考えていない（調査分析に向かない）質問形式なのである。

なお M. A. 形式質問を見ていくにつれて，これらは単純に選択肢の数（5個～36個）に比例して，選べる回答数（2つ～5つ）が多くなっていることがわかった。表6-1は，選択肢の数によってそれぞれの回答数の占める割合がどう違うかをグラフに示したものである。ここでは M. A. 形式質問を，選択肢の数5～9個・10～14個・15～19個・20～24個・25個以上の5タイプに分けた。選択肢が2～4つのときはすべて S. A. 形式質問（回答数は1つ）なのでここでは除いている。そしてそれぞれの範囲内で回答数ごとの問題の割合を調

べた。これによると、選択肢が5～9つのときは2つ(まで)選択させる質問の割合が最も大きいが、選択肢が増えるにしたがって単純に回答数も増えていることがわかった。回答数を決定する要因には選択肢の多さが大きく関わっているといえよう。

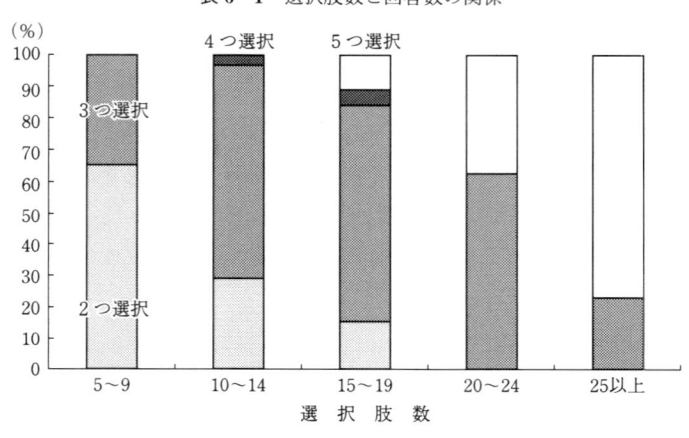

表6-1 選択肢数と回答数の関係

3 △の評価（データ化はできるが精度が低い、データ化する意味があまりない）例

① アフターコーディングが可能な場合

アフターコーディングとは、集計する際に複数の選択肢を1つにまとめてデータ化することである。質問中に重複や次元の異なる選択肢を含んでいても、それをアフターコーディングすることが可能である場合はその問題点をある程度補うことができる。

あなたは，次の施設についてどの程度利用されていますか。それぞれの施設ごとに当てはまるものを1つ選んで番号に◯印を付けてください					
利用状況 施設名	よく利用している	たまに利用している	以前利用したことがある	利用したことがない	どこにあるのか知らない
a．図書館	1	2	3	4	5
b．公民館	1	2	3	4	5
c．歴史民族資料館	1	2	3	4	5
⋮	1	2	3	4	5
m．緑の文化園 （宿泊研修施設・森の宝鳥など）	1	2	3	4	5

（四条畷市　問18　一部省略）

　この例では，施設の利用頻度の設問に「以前利用したことがある」という過去の利用経験，「どこにあるのか知らない」という認知度を聞いている点で次元が異なり，内容も重複している。この質問はこのままではデータ価値がないといえる。しかし，回答データを「利用したことがある」「利用したことがない」と大きく2つにまとめて集計することができるため，その範囲での分析は可能となるのだ。ただ，これによってせっかく選択肢に挙げた施設の利用頻度を聞くことはできなくなってしまう。

　このように選択肢のカテゴリーがYes/Noのように大きく2つに分けられるとき，そのカテゴリー内で重複があっても，大きく2つのカテゴリーとしてある程度価値あるデータが得られる。したがって，われわれはこのような質問文を△の評価とした。しかし，アフターコーディングでは回答データをひとつにまとめてしまうため，「データ化」は可能になってもあまり詳しい分析をおこなうことはできない。したがって，4つ以上のデータをひとつにまとめなければならない場合や，アフターコーディングを複数箇所おこなわなければならない場合は，十分な分析ができないと判断し，×の評価とした。

② 回答が集中する恐れのある選択肢

　選択肢を設定する際は内容がはっきりと対立するものを並べなければならない。評価や意志の程度が曖昧な選択肢や，譲歩した条件を含んだ選択肢を入れ

ると，そこに回答が集中してしまう恐れがある。データ化が成り立たなくもないがその厳密さは低い。

　あなたは，地域活動やボランティア活動に参加したいと思いますか。次の中から1つだけ選んで○をしてください
1. 参加したい（参加している）　　　2. 条件が整えば参加したい
3. 参加したいとは思わない　　　　　4. わからない　　　　　（高槻市　問17）

　上の選択肢2.は，「参加—不参加」という観点の他に，「条件の整備—不整備」という別の観点も含まれている点が問題である。そのうえ，「条件が整えば」という表現は非常に曖昧である。そのため，積極的に参加したいと思っている人も，あまり積極的に参加しようと思っていない人も，この選択肢を選びやすくなってしまうのである。

　実際，集計結果は，選択肢1.が11.4％，2.が54.2％，3.が15.9％，4.が15.5％であり，多くの人が選択肢2.を選択していた。上述の理由から，この集計結果では「参加したい」と思っている人の度合いを計ることは厳密には難しいと考えられる。しかしここでは，回答者の意識は聞くことはできているという点で△の評価とした。

③　設問の主旨がつかみにくい質問文・選択肢[7]
　質問文や選択肢はその主旨が回答者に正確に伝わらなければ意味がない。たとえば余計な説明文があると，回答者は主旨がつかみにくいと考えられる。そのパターンとしては，自治体の現状説明，自治体側の態度・考え方の記述，「〜できるように」「〜なので」というように理由を限定してしまっているものが挙げられる。

> 　市街地の整備について最も必要と思われること1つに○を付けてください
> 1. 京阪電車の各駅周辺は文化住宅や木造アパートが密集した地区が多いので，このような密集地区の整備が最も必要であると思う
> 2. 国道163号線より南の地域はまだたくさんの農地が残っているので，今から道路などの必要な施設の整備や良好な開発の誘導が最も必要であると思う
> 3. 門真市内ではいろいろな建物（例えば住宅と工場，住宅と飲食店など）が隣りあっている場合も多く，できるかぎり同じ種類の建物が集まりあった地区をこれからつくっていくようにしていくことが最も必要であると思う
> 4. 京阪電車の駅前で商店などが密集し，道路なども狭くて買い物がしにくいところもあり，これら駅前の商店街の整備が最も必要であると思う
> 5. その他（具体的に　　　　　　　　　　　　　　　）　　　（門真市　V-1）

　上の例において，下線部分は余計な説明文といえる。これらは単なる現状説明であって，選択肢の主旨はいずれも下線部には入っていない。このように説明されると回答者は主旨を把握しにくいと考えられる。ただ，回答者が熟読することで内容を把握できれば回答をすることはできるため，△の評価とした。

④　当てはまる選択肢をすべて選ばせる質問

　当てはまる選択肢をすべて選ばせる質問とは，基本的に，全選択肢について「当てはまる・当てはまらない」を回答してもらう質問形式のことである。

　ただし，選択肢数が非常に多い場合，回答者は途中で回答するのが面倒くさくなり，いい加減に回答してしまう恐れがある。したがって，○がつけられていない選択肢について，それが「面倒くさいから」なのか，あるいは「当てはまらないから」なのかを区別することが難しい。つまり，この形式で得られたデータの精度は低いといえるだろう。

> 石橋駅周辺地区について
> 　池田駅と並ぶもうひとつの玄関口として，本地区の整備が課題となっていますが，どのような整備を望まれますか。あてはまるものすべてに○をおつけ下さい。
> 1. 駅前広場を整備し，バス・車を利用しやすくする
> 2. 阪急宝塚線・箕面線によって分断された区画の通行をしやすくするため，地下道を設置する
> 3. 市場・商店街を明るくきれいに改装・改造する
> 4. 文化センターなど，文化の核となるような施設をつくる
> 5. デパートなど大規模な商業施設の誘致に努める
> 6. 個々の施設の改造・建設でなく，地区全体を再開発し，イメージを一新する
> 7. 石橋駅周辺地区は，池田駅周辺地区とは異なった独特の雰囲気があり，新たな整備は特に必要ない
> 8. その他（　　　　　　　　　　　　　　　　　　　　　　）　　　（池田市　質問10）

　このような質問形式は，ひとつひとつの施策案（選択肢）において「望むか・望まないか」を問うS.A.形式質問，あるいは縦列形式質問に変更すると良いだろう。

　ただ，同居家族の内訳などのように，回答をすべて選択せざるを得ない質問もある。また，回答者が選択肢をひとつひとつ丁寧に回答しているのならばデータとして価値があると考えられるため，われわれの評価では△とした。

第3節　質的総合評価とその経緯

［１］　「データ化評価」の結果

　われわれは前節で定義したデータ化の価値基準を用い，ひとつひとつの質問を評価していった。その自治体ごとの評価結果をまとめたものが**表6-2**である。ここでの調査票の数量化は，B分類表（5章参照）に基づいている。

　この表を見ると，実に総質問数1206問中673問（56％）が×評価となった。なかには貝塚市や守口市のように8割以上が×評価だった自治体もあった。○が5割以上の自治体はわずかに4自治体（交野市・高石市・高槻市・富田林市）だけであった。つまりデータ化の側面から見ると，質の低い調査票が多

第 6 章 調査票の質的評価

表 6-2 データ化評価表

市町村名	○ 質問数	比率	△ 質問数	比率	× 質問数	比率	総数	市町村名	○ 質問数	比率	△ 質問数	比率	× 質問数	比率	総数
池田市	7	23%	5	16%	19	61%	31	高石市	27	57%	1	2%	19	40%	47
和泉市	13	43%	1	3%	16	53%	30	高槻市	12	55%	1	5%	9	41%	22
泉大津市	6	23%	2	8%	18	69%	26	田尻町	5	20%	1	4%	19	76%	25
泉佐野市	5	16%	6	19%	20	65%	31	忠岡町	9	27%	5	15%	19	58%	33
茨木市	10	42%	1	4%	13	54%	24	千早赤阪村	12	46%	2	8%	12	46%	26
大阪市	8	32%	4	16%	13	52%	25	豊中市	10	33%	2	7%	18	60%	30
大阪狭山市	5	38%	0	0%	8	62%	13	豊能町	11	34%	5	16%	16	50%	32
貝塚市	2	11%	1	5%	16	84%	19	富田林市	13	52%	3	12%	9	36%	25
柏原市	5	23%	0	0%	17	77%	22	寝屋川市	12	34%	2	6%	21	60%	35
交野市	22	63%	4	11%	9	26%	35	能勢町	9	47%	0	0%	10	53%	19
門真市	9	24%	11	30%	17	46%	37	羽曳野市	10	34%	3	10%	16	55%	29
河南町	9	38%	5	21%	10	42%	24	阪南市	6	21%	2	7%	21	72%	29
河内長野市	5	24%	0	0%	16	76%	21	東大阪市	6	30%	3	15%	11	55%	20
岸和田市	7	44%	2	13%	7	44%	16	枚方市	13	48%	5	19%	9	33%	27
熊取町	5	22%	2	9%	16	70%	23	藤井寺市	7	21%	7	21%	20	59%	34
堺市	10	31%	4	13%	18	56%	32	松原市	12	41%	1	3%	16	55%	29
四條畷市	13	33%	5	13%	22	55%	40	岬町	7	26%	3	11%	17	63%	27
島本町	12	48%	1	4%	12	48%	25	箕面市	13	38%	2	6%	19	56%	34
吹田市	12	44%	4	15%	11	41%	27	美原町	6	19%	2	6%	23	74%	31
摂津市	9	38%	4	17%	11	46%	24	守口市	3	17%	0	0%	15	83%	18
泉南市	7	30%	1	4%	15	65%	23	八尾市	5	31%	3	19%	8	50%	16
太子町	7	27%	1	4%	18	69%	26								
大東市	17	39%	3	7%	24	55%	44	合計	413	34%	120	10%	673	56%	1,206

かったのである。

　調査方法論では，「質問文に 1 つでもミスがあると正確なデータが得られない」と教えている。つまりミスのある質問文では，結果的に市民の実態や意向を正確に把握することができなくなってしまうのである。

　この結果をもとに，われわれは自治体の順位づけを試みた。ここでは表 6 - 2 の数値をもとに，○ 1 ％につき 5 点，△ 1 ％につき 1 点とし得点計算をおこなった。ここでは満点が500点となる。その結果が表 6 - 3 である。

　これを見ると，1 位の交野市でも326点，最下位の貝塚市では60点と，評価の低さが目立った。

2 ゼミ生30人による質的評価

表 6-3 データ化による順位表

順位		得点	順位		得点
1	交野市	326	23	寝屋川市	176
2	高石市	289	24	八尾市	174
3	高槻市	280	25	豊中市	172
4	富田林市	272	26	堺市	168
5	枚方市	259	27	東大阪市	165
6	島本町	244	28	泉南市	154
7	千早赤阪村	238	29	門真市	150
8	吹田市	235	30	忠岡町	150
9	能勢町	235	31	岬町	141
10	岸和田市	233	32	太子町	139
11	和泉市	218	33	池田市	131
12	茨木市	214	34	藤井寺市	126
13	河南町	211	35	泉大津市	123
14	松原市	208	36	河内長野市	120
15	摂津市	207	37	熊取町	119
16	大東市	202	38	柏原市	115
17	箕面市	196	39	阪南市	112
18	大阪狭山市	190	40	田尻町	104
19	豊能町	186	41	美原町	101
20	羽曳野市	180	42	泉佐野市	99
21	四条畷市	178	43	守口市	85
22	大阪市	176	44	貝塚市	60

以上，データ化を基準とした評価では，調査票の質の低さが数字に表れていた。実際「貝塚市が最下位なのは当初の印象どおりで，妥当性が高い」という意見もあった。しかし，一方で，「交野市が1位になるのはどうしても納得いかない」「美原町・池田市の順位がこんなに低いのはおかしい」「逆に千早赤阪村・島本町の順位がこんなに高いのはおかしい」など，データ化評価結果への疑問が提起された。

こうした疑問点を検討すると，次のような理由があることがわかってきた。

- 交野市には特筆して良いといえる内容の質問はなかった。しかも，ダブルバーレルなどのワーディングミスが多く見られた
- 美原町や池田市では，今後の施策に役立てられそうな質問や，市民に身近な内容の質問が多く見られる
- 千早赤阪村や島本町では，行政側が考える施策を単に並べただけの質問や，抽象度が高い質問が多く見られる

つまり，データ化の基準からは高く評価されても，具体的な質問内容構成を見ると決して良い調査票とはいえなかったり，ダブルバーレルなど評価基準か

ら除いたワーディングの問題が指摘され，内容的には低い評価とする声が多く聞かれたのである。

そこでわれわれは，質問内容の構成とワーディングのミスを中心に，調査票の評価をゼミ生30人によっておこなうことにした。つまり前述の「データ化」による評価では測ることが難しかった部分についての補足をしようと試みたのである。

また，質的評価を行うと同時に，"回答のしやすさ"という観点からも調査票を考察するべきであると考え，その点に関しても30人評価を実施した。(9)

30人評価の進め方

質的評価における30人評価は，以下の調査票を使い実施した。

---
1. 「質的評価」と「回答のしやすさ」についてＡＢＣＤ評価をして下さい
　①「質的評価」
　　Ａ：質が高い　Ｂ：どちらかといえば高い　Ｃ：どちらかといえば低い　Ｄ：低い
　②「回答のしやすさ」
　　Ａ：回答しやすい　　Ｂ：どちらかといえば回答しやすい
　　Ｃ：どちらかといえば回答しにくい　　Ｄ：回答しにくい
・評価基準について
　①「質的評価」では"調査内容構成の優劣"と"ワーディングミスの少なさ"という2つの側面から調査票を総合的に判断し評価してください。
　②「回答のしやすさ」は質問の形式や量などによって，回答者にどの程度の負担がかかったかによって判断してください。尚，調査票の文字の大きさなどレイアウトについては考慮しないで評価して下さい(10)
2. 調査票についてコメントして下さい
　①質的評価欄には「質問内容の構成」，「ワーディングのミス」の2点について，回答しやすさ欄には，特に注目すべき悪い質問，回答しやすくする工夫がなされている質問，について重点的にコメントしてください。
　②ＡＢＣＤに評価した理由，根拠がわかるようにコメントを記入してください。特に質的評価は2つの側面から評価するので，どちらに重点をおいたかがわかるようにしてください。

表6-4は，30人評価の結果を点数化することによって自治体を順位づけしたものである。ここでは，得点を100点満点とするため，ゼミ生30人の中から25人分の評価をランダムサンプリングしている。各評価にはＡに4点，Ｂに3

表 6-4　30人評価ランキング

順位		得点	順位		得点
1	吹田市	79	21	豊中市	55
2	和泉市	66	21	東大阪市	55
2	茨木市	66	21	岬町	55
2	能勢町	66	26	太子町	54
5	美原町	64	27	大阪狭山市	53
6	交野市	62	28	寝屋川市	52
6	河内長野市	62	28	八尾市	52
6	島本町	62	30	四条畷市	50
6	豊能町	62	31	泉佐野市	49
6	羽曳野市	62	31	田尻町	49
6	箕面市	62	31	松原市	49
12	堺市	61	34	柏原市	48
13	泉大津市	59	35	門真市	46
13	熊取町	59	35	泉南市	46
13	摂津市	59	35	阪南市	46
13	高石市	59	38	岸和田市	44
17	千早赤阪村	58	38	守口市	44
18	大東市	57	38	藤井寺市	44
18	高槻市	57	41	富田林市	43
20	河南町	56	42	枚方市	42
21	池田町	55	43	貝塚市	36
21	忠岡町	55	44	大阪市	34

点, Cに2点, Dに1点を配分し点数化している。

このランキングは, 一見すると先のデータ化評価の順位づけへの疑問点(たとえば「交野市が1位になるのはどうしても納得いかない」等)を改善した結果であるように思われた。しかし, データ化評価結果に対して否定的な意見が述べられていた千早赤阪村や島本町の順位に変化が見られなかったり, 新たに「大阪市が最下位なのはどうしても納得がいかない」とする強い疑問も提起されてしまったりしたのである。

このわれわれの一連の質的評価の試みに対し, 社会調査の専門家である大谷教授は次のようなコメントを提示した。

---

① データ化評価は, 完全なものではないが明確な基準で調査票が質的に評価されており, 点数化すること自体に意味があった。しかしゼミ生30人評価では, 個人による評価基準がまちまちであり, 平均点によって調査票の質的評価を順位付けすること自体不可能なのではないか。

② ゼミ生のコメントを見る限り, あるものは「同時におこなった回答のしやすさに引きずられて質的評価を下していたり」, あるものは「細かいワーディングのミスを過度に重視して質的評価していたり」と, 「調査票全体の質の良し悪しを評価するという観点から質的評価が下されていない場合」が多かったようだ。

③ 30人評価では, 「調査票の分析可能性」を評価する視点(たとえば, この調査票から, どんな分析(クロス集計)をすることによって市民の生活や意見の実態が把握できるかといった視点)は全く無視されていたが, この視点は調査票の質的評価にはきわめて重要である。

このコメントを受けわれわれは，30人評価で質的に低いと判断された大阪市の調査票を，もう一度検討しなおしてみた。その結果，「質問が具体的であるため，回答データを施策に結び付けやすい」といった肯定的評価が新たに提起されるなど，逆に他と比較すると質が高いのではという評価が議論されるようになった。30人評価で低く評価された原因としては，「説明の長い質問文が多かった」とするコメントが多かったことに象徴されるように，一面的な基準を重視した質的評価が多く下された可能性が高かったと考えられたのである。

こうしたことからわれわれは，個人の主観的評価の平均点によって質的評価を下すという方法を断念し，プロジェクトチームを設置し，そこでの徹底した議論をもとに調査票の質的評価を4段階（ＡＢＣＤ評価）に分類する方法を模索することにした。[11]

③ 質的総合評価

プロジェクトチームでは，調査票の質的総合評価をおこなうにあたって次のような作業を実施した。まず，プロジェクトチーム参加者各自が考える基準によって，44市町村の調査票全てを再度見直し，ＡＢＣＤの4段階評価をおこなった。これを持ち寄り，各自の根拠を提示，チーム全員が納得する評価が付与されるまで徹底的に議論をおこなった。この議論によって決定された最終的な評価基準は次の5点である（現時点では，調査票を総合的に質的評価するとすれば，この評価基準による議論が最も有効な手段であるとわれわれは考えている）。

```
①質問文がデータ化できるか（データ化評価）
②質問文に調査方法論的ミスはないか（ワーディングのミスや威光暗示効果など）
③調査票の質問内容構成（調査票の内容が総合計画の策定に役立つかどうか）
④分析可能な調査票となっているか（クロス集計が可能か）
⑤質問文の内容が具体的かどうか（抽象的な質問が少ないこと）
```

これらの評価基準に基づく議論によって完成したのが**表6-5**の質的総合評価表である。

表 6-5　質的総合評価表

A	B（15自治体）	C（15自治体）	D（14自治体）
該当無し	池田市，大阪市，門真市，堺市，吹田市，摂津市，大東市，高石市，忠岡町，豊中市，富田林市，羽曳野市，箕面市，美原町，八尾市	茨木市，交野市，河内長野市，岸和田市，四条畷市，泉南市，高槻市，田尻町，豊能町，能勢町，阪南市，東大阪市，枚方市，藤井寺市，岬町	泉大津市，泉佐野市，和泉市，大阪狭山市，貝塚市，柏原市，河南町，熊取町，島本町，太子町，千早赤阪村，寝屋川市，松原市，守口市

　この表に示されるように，大阪府下44自治体で，「総合的に見て質が高い」とするA評価に相当するものは，ひとつも存在しなかった。結果として「どちらかといえば質が高い」とするB評価は15自治体，「どちらかといえば質が低い」C評価は15自治体，「総合的に見て質が低い」D評価は14自治体という分類にわけることができたのである。

　ではこの議論にもとづく質的総合評価は，どの程度妥当なものなのだろうか。ゼミ生から提起された，先の「データ化」評価結果に対する疑問点を検討することによって，その点を考察してみよう。

　「交野市が1位になるのはどうしても納得いかない」とする意見（30人評価では6位）に対し，質的総合評価では，交野市はC「どちらかといえば質が低い」と評価されている。その理由は，以下のとおりである。

《交野市》
データ化評価で1位とされた理由は，S.A. 形式の質問文が多かったためである。30人評価でも，回答のしやすさが手伝って6位と比較的高い評価を受けていた。しかし，質的総合評価ではC「どちらかといえば質が低い」と評価された。その理由は，行政施策に関する質問のほとんどがダブルバーレルだったり，行政側の論理で質問文が作成されており市民にとって身近でなかったこと。またイメージを問う質問に漠然とした選択肢が多かったことがあげられる。

　次に，「美原町・池田市の順位がこんなに低いのはおかしい」との意見（データ化評価ではそれぞれ41位と33位・30人評価では5位と21位）に対しては，質的総合評価では両自治体ともB「どちらかといえば質が高い」という評価が下された。以下は，それぞれの評価理由である。

> 《美原町》
> データ化評価で41位と低い評価を受けたのは，M.A. 形式質問が非常に多かったためである。しかし，30人評価では回答のしやすさから5位と評価され，質的総合評価でも高い評価を受けていた。その理由は，質問に具体的な行政サービス（広報紙）に関する項目が含まれ，今後の施策に役立てられそうなものが多く，内容構成的に高く評価されたからである。

> 《池田市》
> データ化評価で33位と低い評価を受けたのは，M.A. 形式質問や縦列形式質問が多かったからである。しかし，質的総合評価では高い評価だった。その理由は，市民からの視点での質問をするなど，市民に身近な質問が多かったこと。また，地域名など特定の対象を挙げ，それに対する具体的な施策案を設定していたことがあげられる。

また「千早赤阪村・島本町の順位がこんなに高いのはおかしい」とする疑問（データ化評価ではそれぞれ7位と6位・30人評価では17位と6位）に関しては，質的総合評価では，下記の理由から両自治体ともD「総合的に見て質が低い」と評価されている。

> 《千早赤阪村》
> データ化評価では7位と，われわれの基準ではミスが少なく比較的高い評価だった。しかし調査票全体にわたってダブルバーレルが散見されたり，抽象度の高い選択肢が全般にわたって見られた

> 《島本町》
> S.A. 形式質問が多くデータ化評価では高い評価だった。しかし，調査票のほとんどが今後の行政施策に関するもので，現状の問題把握のための質問が少なかった。また全体にわたって行政側の論理で質問文が作成されていた。

以上，質的総合評価の結果は，「データ化」による順位づけでなぜ疑問が発生してきたのかの原因について，明確な理由を提示することが可能となったのである。また30人評価結果で最下位に順位づけられた大阪市（データ化評価では22位）についても，B「どちらかといえば質が高い」と再評価されることとなった。

これらの一連の作業は，ゼミ生による30人評価の限界，すなわち個人の主観的な判断を積み重ねてもなかなか有効な質的評価が下せないという事実とともに，調査票の質的評価自体がきわめて困難な課題であるという事実を明確化したといえるであろう。

われわれは，現時点においては最後の質的総合評価が最も妥当な方法であると考えているが，将来的には「データ化評価」のような明確な複数個の基準を

作成することによって，客観的な質的評価を実施する方法を模索していくことも必要なことであると考えている。

しかし，今後も，この評価方法や基準に満足することなく，さまざまな視点から検討していくことが必要であろう。

第4節　答えにくい調査票

本節では，調査票を見ていくうえでのもう1つの観点である"回答のしやすさ"について述べていく。

「被験者30人による質的総合評価」の必要性を議論したときに，「実際に調査票を回答するなかで感じる"疲労感"も加味するべきだ」という意見が多くあがった。そもそも調査票は，市民の貴重な時間を割いて回答してもらうものである。それにもかかわらず，回答するのに疲れる調査票が多いのが現実である。

そこで，「回答のしやすさ」という視点から調査票の評価をおこなうことにした。評価にあたってはゼミ生30人が各調査票を回答し，「特に注目すべき悪い質問」と「回答しやすくする工夫がなされている質問」についてコメントすることにした。そこでのコメントをもとに，「回答のしやすさ」について考察していくことにする。

（1）回答のしやすさランキング

前節3項で用いた調査票「30人評価の進め方」を使用し，44自治体の調査票を4段階に評価した。その結果を点数化したものが**表6-6**である。

この表を見ると，前節の質的総合評価でD評価だった柏原市や，C評価だった東大阪市などが上位にきていた。

このような上位の自治体については，以下の内容のコメントが多かった。

- 質問量がちょうど良い
- そんなに時間がかからなかった
- 選択肢の数がちょうど良い

第 6 章　調査票の質的評価

- 縦列形式質問の量が少ない

一方，下位の自治体のコメントについては，以下の内容のものが多かった。

- 質問量が多い
- 時間が長くかかった
- 長い質問文が多い
- 選択肢の文章が長い
- 縦列形式質問の量が多い
- 選択肢の数が多い
- 選択肢が漠然としている
- 回答数の変化が多い

表 6 - 6　回答のしやすさランキング

順位	市長村名	得点	順位	市長村名	得点
1	東大阪市	68	23	豊能町	48
2	柏原市	67	24	高石市	47
3	和泉市	65	25	泉佐野市	46
3	茨木市	65	25	島本町	46
5	河内長野市	62	25	忠岡町	46
6	羽曳野市	60	25	枚方市	46
6	美原町	60	29	箕面市	45
8	吹田市	57	30	八尾市	44
9	岸和田市	56	31	太子町	43
10	河南町	55	32	豊中市	42
10	摂津市	55	33	貝塚市	39
12	岬町	54	34	阪南市	37
13	熊取町	53	35	堺市	36
13	田尻町	53	35	四条畷市	36
15	千早赤阪村	52	35	寝屋川市	36
16	交野市	51	38	泉南市	35
16	大東市	51	39	大阪市	34
16	能勢町	51	40	門真市	32
19	泉大津市	50	41	池田市	31
19	守口市	50	42	富田林市	30
21	大阪狭山市	49	43	藤井寺市	29
21	高槻市	49	44	松原市	26

では「回答のしやすさランキング」には，どのような傾向が表れていたのだろうか。われわれは，まず「回答のしやすさ・全質問数・平均回答所要時間・データ化・回収率・縦列形式質問率」のそれぞれの相関関係を調べてみた。その結果，相関関係が見られたのは，以下の 2 点だった。

- 「回答のしやすさランキング」と「全質問数」には，負の相関関係がある（質問量が多いほど評価が低い）
- 「回答のしやすさランキング」と「平均回答所要時間」には負の相関関係がある（平均回答所要時間が多くかかるほど評価が低い）

われわれは，このランキングの妥当性について分析し，議論した。そして，上記の相関関係は，われわれが設定した評価基準に大きく影響された結果ではないかということに気がついた（具体的には，評価基準②「「回答のしやすさ」は質問の形式や量などによって，回答者にどの程度の負担がかかったのかによって判断してください」（前節 2 参照））。つまり，ここでの「回答のしや

すさ」の評価は，「質問量」による一面的な評価となってしまった可能性が高いのである。そこで「回答のしやすさ」を，このランキングからではなく，30人評価でのコメントを中心に考えていくことにした。

（2）回答者に負担をかける要素

ここからは「回答のしやすさ」について，「回答者に負担をかける要素は何か」という視点から考察していく。ゼミ生からは以下の6項目について多くの指摘が寄せられた。

① 縦列形式質問

縦列形式質問に関するコメントでは，以下のような賛否両論の意見が出されていた。
- 細かい質問をまとめて聞いているので回答しやすい
- 縦列形式質問があまりにも長く続いているため回答しにくい

すなわち縦列形式質問には，項目を限定し簡潔にまとめて質問する良い使い方と，同じ形式で質問がだらだらとつづく悪い使い方の両方がみられたのである。つまり縦列形式質問は，使い方の問題さえ訂正すれば利用可能な質問となり得ると考えられる。

② 回答数の変化が多い

太子町へのコメントは，「回答数の変化が多く，疲れる」という内容が印象深かった（ここで述べている回答数とは，各質問で指定されている回答数のことを示す）。次の例は，回答数が最も多く変化していた例である。

問7（1つ）→問8（4つまで）→問9（2つまで）→問10（1つ）→問11（3つ）→問12（5つまで）→問13（1つ）→問14①（あてはまるものすべて）→問14②（3つまで）→問15（1つ）

（太子町）

このように，回答数がめまぐるしく変化する場合，回答者は常に回答数に気

を使わなければならない。また，途中で回答数が変化していることに気づいた場合には，選択肢を見直さなければならない。このように回答者に余計な労力を強いてしまうのである。

したがって，回答数を不必要に変化させないよう注意した方がよいだろう。

③ 長い質問文

「質問文が長くて答えるのがしんどかった」という内容のコメントが，池田市に集中していた。次の例は，長い質問文の代表例である。

> 大阪国際空港は西日本の玄関口として，広域的，国際的に大きな役割を果たしておりましたが，残念ながら国際線と国内線の一部が関西国際空港に移り，その役割の多くを関西国際空港に譲りました。池田市が今後，より魅力ある都市として発展していくためには，今後も現空港の特性を生かしたまちづくりを推進していくことが必要であると考えられます。そこで，空港周辺地区のまちづくりとして，どのようなものがより重要だと考えますか。当てはまるものを1つ選び○をお付けください(223文字) (池田市質問12)

実際に大阪府下44自治体の質問文を一文字ずつ数えたところ，この池田市の質問文よりも長い質問が10個もあった。ただこれらの質問文は，段落分けがされていて，「説明文」と「質問文」の区別がはっきりしていた。

長い質問文は，前置きの部分を簡潔にし，不必要な説明を削除することが必要だろう。

④ 長い選択肢

「ひとつひとつの選択肢の文字数が多く，途中で読むのが嫌になる」というコメントが門真市に集中していた。ではもう一度，第2節 3 「△の例③」の門真市の例を見てみよう。この例は，実際に各選択肢の文字数を数えた結果，最も長かった例である。

長い選択肢も，表現の仕方を工夫し，不必要な説明を削除することが必要である。

⑤ 多い選択肢

コメントの中には「選択肢がこんなに多く並んでいても回答するのに困る」というものが多くみられた。次の例は，44自治体の中で1番選択肢の数が多かった泉南市の例である。

```
市の将来像を実現していくために，今後どのような施策が重要だと思いますか。5つ選んで該当する番号に○印をつけてください
 1. 自然環境の保全           13. 防犯対策の充実           25. 国際交流の推進
 2. 公園の整備               14. 医療施設の整備           26. 農業の振興
 3. 都市景観の整備           15. 保険医療対策の充実       27. 工業の振興
 4. 住宅の整備               16. 福祉対策の充実           28. 商業の振興
 5. 駅前周辺の整備・再開発   17. 長寿社会環境の整備充実   29. 大企業の誘致
 6. 道路の整備               18. 教育・生涯学習環境の整備 30. 特産品の育成
 7. 公共交通機関の整備       19. 大学の誘致               31. 中小企業の育成
 8. ニューメディア(情報)政策の推進 20. 青少年の健全育成    32. 消費者保護対策の充実
 9. 下水道・排水路の整備     21. 文化・芸術の振興         33. 女性政策の推進
10. 消防・防災対策の充実     22. 歴史的遺産の保全         34. 人権擁護施策の充実
11. 交通安全対策の充実       23. 文化施設の整備           35. 情報公開制度の充実
12. 環境施策の推進           24. コミュニティ・スポーツの振興 36. その他(      )
                                                           (泉南市 問17)
```

選択肢があまり多いと，全てを読むのに時間がかかり，回答者は選択肢を読まずにいい加減な回答をしてしまう可能性がある。また，選択肢を読みながら○をつけていき途中で該当する回答数に達した場合（この場合5つ），回答者がそれ以降の選択肢を読まないことも考えられる。

したがって，選択肢をむやみに増やすことは控えたほうが良いだろう。

⑥ 漠然とした質問文・選択肢

また，上述の泉南市の質問例に対しては，「漠然とした選択肢が並んでいて回答するのに疲れる」という意見も多く聞かれた。例えば「「26.農業の振興」といわれても，いったい何を指しているのかわからない。後継者を増やすことなのか，技術支援を実施することなのか，いろいろなことが考えられる」というコメントに見られるように，その選択肢がどんな内容を指しているのか，回

答者はいちいち考えなければならないのである。つまり，漠然とした選択肢があまりにも多いと考える時間がかかり，回答者は疲れるのである。

また，第5章で考察したように，「意識を問う質問」では，回答者が質問内容をあらためて考える必要があり，やはり漠然とした選択肢同様疲れるのである。

漠然とした質問・選択肢は，回答者が答えやすいように内容を具体的にする工夫が必要であろう。

（3）回答しやすくする工夫

ここからは，「回答しやすかった」というコメントが多かった2つの質問例を取りあげ，「回答しやすくする工夫」について述べていく。

① 施策を分野ごとに質問し，さらに優先順位を聞く方法

次の質問例で工夫されている点は，各選択肢を分野ごとにまとめている点である。その結果，総選択肢数は多いが回答者にとって見やすく考えやすいものになっている。また，行政側にとっても，各分野において何が一番重要なのかがわかるものとなっており，施策に生かしやすい質問といえる。

また，この質問のさらに工夫されている点は，次の問で「それでは前問の(1)～(5)の5つの施策分野を総合的にみて，重要だと思われるものから1～3位まで順位をつけて下さい」と聞いている点である。つまり，前問では「各分野で何が必要か」，後の問では「どの分野を優先したらよいか」がわかるのである。

この質問例は，内容構成について若干の問題があるが，聞き方については工夫されている点が評価される。

限られた財源の中で，これからの藤井寺市のまちづくりを考えた場合，どのような施策が必要だと思いますか。次の(1)～(5)までの5つの施策分野から1つずつ選んで○をつけて下さい。

(1)生活環境の整備
 1　日照・騒音など公害対策等の強化
 2　公共下水道の整備
 3　防犯対策の充実
 4　消防・浸水対策の充実
 5　ごみ収集サービスの充実
 6　農地，ため池を生かした緑とゆとりのまちづくり
 7　公園・緑地の整備
 8　公共住宅の建設
(2)交通体系の整備
 1　幹線道路の整備
 2　身近な生活道路の整備（歩道の設置など）
 3　駅前自転車置場（駐輪場）の整備
 4　バス交通網の整備（バス運行サービスの充実）
 5　鉄道の連続立体化（高架化）や地下鉄の延伸などの鉄軌道網の整備
 6　緑道や遊歩道の整備

(3)文化・教育・レクリェーション施設の充実
 1　文化財の保護と活用
 2　地域の文化活動の支援
 3　郷土資料館や美術館，音楽ホールなどの文化施設の設備
 4　社会教育施設（公民館・集会所など）の整備
 5　スポーツ・レクリェーション施設の整備
 6　市民大学の開設などの教養講座の充実
(4)社会福祉施設の充実
 1　老人の生きがい対策の充実
 2　障害者福祉施設の充実
 3　ボランティア活動の推進
 4　社会福祉制度の整備
 5　子供の遊び場の整備
 6　保育所の整備
(5)保健・医療体制の充実
 1　市立病院の充実
 2　健康相談や検診の充実
 3　地域保健センターの充実
 4　救急医療体制の充実
 5　休日・夜間医療体制の充実
 6　健康づくり運動・体力づくり運動の推進

　それでは前問の(1)～(5)の5つの施策分野を総合的にみて，重要だと思われるものから1～3位まで順位をつけて下さい。

1位□　　2位□　　3位□

 1　生活環境の整備
 2　交通体系の整備
 3　文化・教育・レクリェーション施策の充実
 4　社会福祉施策の充実
 5　保健・医療体制の充実

（藤井寺市　問7，問8）

第6章 調査票の質的評価

② 施策を大きく2つに分類してからどちらを優先するのかを聞く方法

> 市の行政を『道路，下水道，駐車場の整備や公共施設の建設などの主にハード面の充実』と『教育，福祉についての相談業務や，お年寄りに対するホームヘルパーの派遣などの人的なサービス制度などのソフト面の充実』とに分けた場合，これから，どちらの面の行政に力を入れるべきと思われますか。
> 〈一つに○〉
> 1. ハードな面の施設づくりに力を入れるべきである
> 2. どちらかというとハードな面の施設づくりに力を入れるべきである
> 3. どちらかというとソフトな面の人的サービスに力を入れるべきである
> 4. ソフトな面の人的サービスに力を入れるべきである
> 5. わからない
>
> （吹田市　問13）

この質問例で工夫されている点は，市の行政を2つの側面に分けて質問している点である。「ハード面かソフト面か」という二者択一式のため，選択肢が多分野にわたっている場合に比べ，回答者は考えやすい。また，行政にとっても，行政の進むべき方向についての市民の意向がわかり，今後の施策の参考となる質問であろう。

以上，本節では「回答のしやすさ」という視点から調査票の評価をおこなってきた。この評価を実施するにあたり，われわれは44自治体の調査票を実際に回答したのである。ひとりがひとつの自治体の調査票を回答するのに要した時間は平均8分18秒であった。つまり44自治体全ての回答には約6時間強を要したのである。

この評価過程でわれわれは，市民意識調査に回答することが如何に「疲れるか」を実感した。分析からは，質問文・選択肢が「長い・多い・漠然としている」ことが，その「疲れ」を生む主要な要素となっていることが明らかとなった。つまり，調査票にこれらの要素が含まれることによって，回答する市民に大きな負担をかける可能性が高いことがわかったのである。

今後自治体の調査担当者は，実際に回答する市民の立場に立ち，これらの要素をできるだけ取り除くよう努力する必要があるのではないだろうか。

(1) 大谷信介ほか編著『社会調査へのアプローチ』ミネルヴァ書房，1999年，71頁。

(2) 安田三郎・原純輔『社会調査ハンドブック』有斐閣, 1960年, 137頁。
(3) 前掲『社会調査へのアプローチ』, 85頁。
(4) ワーディングのミスにはこの他にも「ステレオタイプの言葉」「キャリーオーバー効果」などがある。詳しくは, 前掲『社会調査へのアプローチ』, 72頁を参照。
(5) 『大辞林』第二版, 三省堂。
(6) 近隣関係の測定方法については, 大谷信介「都市ほど近隣関係は希薄なのか」金子勇・森岡清志『都市化とコミュニティの社会学』ミネルヴァ書房, 2001年, 170～191頁, を参照されたい。具体的調査結果については『都市住民の居住特性別パーソナルネットワーク』関西学院大学社会学部大谷研究室, 2000年を参照されたい。
(7) 詳しい例は第4節「答えにくい調査票」を参照。
(8) ○と△にこのような得点差がついたのは, "△=「データ化できる」ものだが, ×に近い"からである。
(9) 回答のしやすさにおいては, 質問の形式というデータ化とは関係のない要素が含まれるため, 別枠として第4節において述べることとした。
(10) 評価に用いた調査票のコピーは, その等倍により実際の調査票とはサイズの異なる場合があった。よって文字の大きさなど, 調査票のレイアウトについては考慮しないことにした。また, 評価は絶対評価でおこなった。
(11) プロジェクトチームは大谷教授, 大学院生脇穂積, 第6章の執筆担当者で構成した。

　　4段階評価は,「A；回答しやすいB；どちらかといえば回答しやすいC；どちらかといえば回答しにくいD；回答しにくい」という基準で行った。
(12) 「回答基準が激しく変化する多さランキング」

順位	自治体名	変化した質問数	順位	自治体名	変化した質問数
1	太子町	10	3	美原町	7
2	熊取町	9	3	吹田市	7
2	阪南市	9	3	河南町	7
3	河内長野市	7	3	田尻町	7
3	羽曳野市	7	3	大東市	7

（数え方）・回答者が, 実際に答える最大の質問数で数えた。
　　　　　・同じ回答基準が2回以上続くところまでの多さを数えた。
　　　　　・縦列形式質問が来た時点で, また, 1から数え直した。

⒀ 「質問文の長さランキング」

順位	自治体名	文字数	順位	自治体名	文字数
1	太子町　問10	612	7	八尾市　問5	292（218）
2	大阪市　問1	389	8	大阪市　問4	289
3	八尾市　問9	363（232）	9	大阪市　問2	267
4	大阪市　問5	335	10	藤井寺市　問5	247（ 90）
5	池田市　問9	331	11	池田市　問12	237
6	大阪市　問3	293			

（数え方）・質問番号から後ろの部分を数えた。
　　　　　・質問文の前にも長い説明文を含んでいるものについてはその文字数も含んでいる。
＊表の（　）内は質問文の前についていた説明の長さである。

⒁ 「選択肢の長さランキング」

順位	自治体名	文字数	順位	自治体名	文字数
1	門真市　問5-1-3	99	6	茨木市　問15-②	78
2	枚方市　問4-4	95	7	東大阪市　問14-③	72
3	枚方市　問4-7	85	8	池田市　問12-④	71
4	門真市　問6-3-3	83	9	門真市　問5-②	68
5	藤井寺市　問6-3-3	83	10	枚方市　問4-①	67

（数え方）　選択肢の一文の文字数を1つ1つ数えた。

⒂ 「選択肢の多さランキング」

順位	自治体名	選択肢数	順位	自治体名	選択肢数
1	泉南市　問17	36	5	四条畷市　問4	33
1	島本町　問7	36	7	松原市　問15	32
1	島本町　問8	36	7	豊野町　問7	32
1	摂津市　問23	36	10	高槻市　問8	31
5	熊取町　問18	33	10	高槻市　問9	31

（数え方）　各質問の選択肢の数を数えた。

⒃　例えば(1)～(5)で，まちづくり施策すべてが網羅されていない点，あるいは(4)で施設を充実する対象を老人・児童・障害者のいずれにするのか，それに係わるボランティアや制度を充実するのか，といった次元の異なる質問が同列に扱われ回答が難しい点が挙げられる。

終　章
市民意識調査の課題と展望

　本書で展開した一連の調査研究で明らかになったのは，総合計画策定のために実施された市民意識調査のすべてが，数多くの問題を抱えていたという深刻な実態であった。

　調査方法論上のミスがある調査票によって，市民の貴重な時間と税金が無駄に費やされてきたという事実，実施された調査の結果がデータとして蓄積されないばかりか，「市民の意見を聞きました」というポーズのために結局は使われてきたという事実，またそうした実態が大阪府以外の香川県でも同様に見受けられたという事実は，まさに「社会問題」と位置づけられるだろう。

　本章では，なぜこのような「市民意識調査の社会問題状況」が生み出されてきたのかを考察することによって，今後の市民意識調査の課題を問題提起していきたい。

第1節　都合のいい住民参加手段としての市民意識調査

　市民意識調査が現在のように多くの問題状況を抱えている原因を考える場合，まず「なぜ多くの自治体が，計画策定にあたって市民意識調査を実施するのか」という理由を考えてみることがきわめて重要だと思われる。

　第1章でも整理したように，地方自治法第2条5項では「市町村は，その事務を処理するにあたっては，議会の議決を経て，その地域における総合的かつ計画的な行政の運営を図るための基本構想を定め，これに即して行うようにしなければならない」と定めている。これは各自治体が総合計画を立てなければ

ならない根拠となるものだが，市民意識調査を実施せよとは書いていない。地方自治法改正の基となった「市町村計画策定方法研究報告」の中では，計画策定過程の住民参加の手段について，審議会の設置，公聴会の開催，市民意識調査の実施の3点が提言されているが，これも法的な根拠があるわけではない。それにもかかわらず多くの自治体で，計画策定過程への住民参加の手段として市民意識調査が数多く実施されている現実があるのである。

　第1章の全国社会福祉協議会がまとめた表1－5では，行政計画全般への住民参加の手段として，市民意識調査が最も一般的な方法であることが，全国調査の結果として明らかにされている。

　その調査では，行政計画への住民参加の方法として，次の8項目が例示されその実態が調査されている。

> 「住民に対してアンケート調査を実施し，意見を得る」
> 「住民へ説明会や公聴会を開催し，その場で意見を得る」
> 「計画策定委員会等の委員として，公募住民に参加してもらい意見を得る」
> 「住民モニター制度等を活用し，モニター委員等を通じて意見を得る」
> 「広報紙を通じて計画への意見を募集し，葉書や投書，ファックス等により意見を得る」
> 「インターネットを通じて住民の意見を得る」
> 「住民や当事者団体等に自主的な計画検討委員会を開催してもらい，意見を得る」
> 「日ごろの苦情や行政相談内容を集計する」

　ここで注目してほしいのは，2番目以降の市民意識調査以外の方法である。これらの住民参加手段は，もし行政施策に反対運動をしている住民がいたと仮定した場合に，行政にとって大変厄介な方法となることが推測される。〈うるさい住民〉が，計画策定委員やモニター委員に公募で申し込んできたら「厄介だ」と思うのは行政でなくても簡単に想像できることであろう。しかし市民意識調査では，〈うるさい住民〉が標本に含まれていたとしても，それは1票にしかすぎず，ましてや「うるさく発言」することもないのである。

　その意味から市民意識調査は，「市民の意見を聞きました」という住民参加手段としては，行政にとってとても都合のいい（厄介でない）方法と位置づけられるのである。

終章　市民意識調査の課題と展望

　もちろんすべての自治体が，行政に都合のいい手段として市民意識調査を積極的に選択してきたわけではないだろう。しかし市民の意向を積極的に把握しようとして市民意識調査が実施されてきたわけでもないこともまた確かな事実であった。

> 「前例を踏襲して市民意識調査をおこなっています」
> 「市民意識調査は，市議会対策のため，仕方なくおこなっています」
> 「予算が出ているため，一応おこなっています」
> 「どうせ市民意識調査では，あまりたいしたことがわからないですから……」

　これらの意見は，今回の聞き取り調査で，自治体職員の本音としてよく聞かれた言葉である。これらの発言には，多くの自治体が市民意識調査に積極的意味付与をせず，とりあえず「市民の意見を聞きました」というポーズをつくる意味で調査を実施してきたという実情をよく示しているといえよう。

　計画策定過程への住民参加手段として市民意識調査が正しく位置づけられるためには，正しい標本調査が実施され市民の意向を正確に測定し，結果が計画に反映されることが必要である。しかし多くの自治体ではこのことが正しく理解されないで，市民意識調査に多くの人が回答参加することを住民参加と誤解して位置づけていることがしばしば見受けられた。[1]

> 「総合計画は最も中心となる計画なのでできるだけたくさんの意見を聞きたいと考え，サンプル数を2倍にしました」

　この事例は，「総合計画策定過程への住民参加」と「調査への回答参加」が混同されてしまっている象徴的な発言である。一見もっともらしいこの発言は，標本調査の考え方からすると論理のすり替えがおこなわれているのである。標本調査で重要なのは，「できるだけたくさんのサンプル」に意見を聞くことではなく，「できるだけ偏りのないサンプル＝市民を代表する意見」を調査することだからである。

　しかし，このような発想をもった自治体職員は，他にも数多く存在した。次の事例は，自治体職員が「できるだけたくさんのサンプル」にこだわる原因が

示されていた典型例である。

> 「市民意識調査は住民の方々に総合計画というものを理解していただく，いわゆる PR のひとつでもあります」
> 「市民意識調査は市民が政治に関わるきっかけでもあります。すなわち，アンケートに答えることをきっかけに，市のことを改めて考えてもらうことがひとつの目的です」

　この２つの事例は，行政が市民意識調査を標本調査と捉えるより，「行政をPR する機会」や，「市民を啓発するよい機会」と位置づける傾向があることをよく示している。こうした発想が，「できるだけ多くの住民に調査に回答してもらいたい」とか「サンプル数を２倍にする」という調査実態につながっているのである。

　しかし，第２章でも説明したように，自治体職員が市民意識調査を「市民の啓発の機会」と位置づけて調査を推進していくと，標本調査に多くのゆがみを与えてしまう結果につながってしまうのである。第２章の八尾市の事例は，自治体職員の"市民啓発の思い"が，威光暗示効果という調査方法論上のミスを招いてしまったという皮肉な結果を描いていたのである。

　標本調査の主眼は，あくまで市民の意向や実態を正確に測定することであり，「市民を啓発したり」「行政のことを理解してもらう」という目的は調査の実施過程に持ち込んではならないと考えるべきなのである。

第２節　蔓延する〈社会調査無力論〉の是正

　自治体職員の市民意識調査に対する消極的姿勢は，先の「どうせ市民意識調査では，あまりたいしたことがわからないですから……」という言葉に象徴されるように，社会調査自体があまり信用できるものではないという考えと深く関連していると思われる。

　そうした〈社会調査無力論〉は，自治体職員ばかりでなく市民意識調査を回答する一般市民や学生の間にも広く見られる一般的な受け止め方となっている。

この広く蔓延する〈社会調査無力論〉も,「市民意識調査の社会問題状況」を形成してきた大きな要因だったと考えられるのである。

本節では,果たして「社会調査は,本当に無力なのか」,また「どうして世間一般に〈社会調査無力論〉が蔓延するのか」という問題について考えてみたい。

2000年大統領選挙予測の世論調査報道

① 『読売新聞』2000年11月7日夕刊
「史上まれに見る大接戦になっている米大統領選は投票日前日の6日,民主党のアル・ゴア候補（副大統領）と共和党のジョージ・ブッシュ候補（テキサス州知事）が共に,情勢の流動的な中西部などを駆け巡り,1年以上にわたった激しい選挙戦を終了する。直前の世論調査では,ここ数日間ブッシュ氏が維持していた若干のリードに対しゴア氏が一部で巻き返しており,接戦に拍車がかかっている。

ロイター通信とゾグビー社が6日夕（日本時間7日午前）発表した共同世論調査の支持率では,ゴア氏48％対ブッシュ氏46％でゴア氏がリードしている。逆に,ギャラップ社とUSAツデー紙の調査では,ブッシュ氏47％に対しゴア氏は45％でブッシュ氏が優位に立っているほか,ABC,CBSテレビなどもブッシュ氏が若干有利としているが,予断を許さない情勢だ。最後の行方を左右する州として,フロリダ,ペンシルベニア,ミシガン各州などの動向が注目される」

② 『読売新聞』2000年11月9日
「21世紀最初の米国の指導者を選ぶ米大統領選は,民主党のアル・ゴア候補（52）（副大統領）と共和党のジョージ・ブッシュ候補（54）（テキサス州知事）の大接戦となり,投票開始から丸1日を経た8日朝になっても当選者が決まらない異例の事態となっている。最後まで残った激戦区のフロリダ州では,得票差が1000票台とわずかなため州法に従って集計のやり直しが行われる。このため次期大統領の確定は,フロリダ州での勝敗の最終決着を待ち,早ければ一両日中に,遅い場合は18日ごろにずれ込む可能性もある」

＊　読売新聞が各社の世論調査結果を提示していたので掲載したが,他の新聞もほぼ同じ記事内容であった。　　　　　　　　　　　　　　　　　　　　　　（①,②読売新聞大阪本社提供）

私は,「社会調査論」の講義の時間に,学生に「世論調査は結構信頼できるでしょう！」ということをいくつかの事例を使って説明してきた。この2000年のアメリカ大統領に関する2つの新聞記事はそれらの事例の中で学生の反応が最もよかったものである。この2つの新聞記事には,投票前に実施された〈世論調査〉が,開票後の状況をほぼ正確に予測していることが見事に描かれてい

る。
　実際，きちんとした調査設計で適切な社会調査をおこなえば，信頼性の高い結果は得られるものなのである。現状の市民意識調査でたいした結果が得られないのは，社会調査が悪いのではなく，いいかげんな質問文や調査方法によって調査が実施されていたためと理解すべきなのである。

小泉首相の靖国参拝に関する世論調査報道

① 『毎日新聞』2001年7月5日東京朝刊
「首相が表明している8月15日の靖国神社への参拝は，戦没者の国立墓地構想とあわせ，参院選後の大きな政治課題になる。「参拝してよい」との容認派は69％で，「参拝すべきではない」との反対派21％を上回った。
　毎日新聞の今年5月の世論調査では「参拝してよい」44％，「参拝すべきでない」7％，「私的な立場で参拝するならよい」46％だった。今回は「私的な立場でなら」という条件付きの設問を除いたため，容認派，反対派とも増加した」

② 『朝日新聞』2001年8月4日東京朝刊
「全国世論調査で，小泉首相が終戦記念日の8月15日に靖国神社へ参拝すると言っていることについて聞いた。靖国神社参拝に「積極的に取り組んでほしい」は26％にとどまり，「慎重にした方がよい」が65％を占めた。7月の前回調査では「積極的に」41％，「慎重に」42％と二分されていたが，今回は「慎重に」が大幅に増えた」

③ 『産経新聞』2001年8月6日東京朝刊
「フジテレビの報道番組「報道2001」が3日行った世論調査によると，小泉純一郎首相は終戦記念日に靖国神社に参拝すべきだと答えた人は，参拝に反対する人を上回る約半数に上ることが明らかになった。質問は「小泉首相の靖国神社参拝についてどう思うか」で，回答は「賛成」「反対」「わからない」の3つから回答を選ぶもの。回答者のうち49.8％が「賛成」，43.2％が「反対」と回答し，残る7％は「わからない」と答えた」

④ 『読売新聞』2001年8月7日
「また，首相が8月15日の終戦記念日に靖国神社に参拝することの賛否については，「賛成」が40％で「反対」34％をわずかながら上回った」　　　　　　　　　　（読売新聞大阪本社提供）

　この「小泉首相靖国神社参拝についての世論調査」に関する4つの新聞記事は，世間に〈社会調査無力論〉を蔓延させてしまう一因を象徴的にあらわして

いると考えられる。各新聞社の政治的スタンスの違いによって，同じ内容を聞く質問でありながら，微妙にワーディングが異なっているのである。新聞報道では，こうしたワーディングの違いはあまり大きく書かれないため，結果の違いだけが一人歩きすることになる。その結果だけを読者が見ていると，「世論調査はいいかげんなもの」と思ってしまうのも無理のないことなのである（しかし上記の4つの記事を，ワーディングの違いに注意を払いながら，もう一度読み返してみるならば，個々の社会調査自体の信頼性は保証されていることが理解されるはずである）。

　一方，テレビでの調査報道の実情はさらに深刻である。「たまたま玄関前にいた通行人100人に聞いて世論調査をしました」「番組中に視聴者に電話をかけてもらって意識調査をしました」等の目に余るずさんな方法でおこなわれた調査の報道が数多く見受けられるからである。こうした，マスコミによる適切さに欠ける調査報道や誤った調査報道が，世間に〈社会調査無力論〉を蔓延させる大きな原因となってきたのである。

　また，〈社会調査無力論〉を蔓延させた背景に，大学で社会調査を教えてきた社会学者や社会学会の責任が大きかったことも，反省すべき点として考えるべきである。これまで多くの社会学者は，自分の専門テーマの調査研究に関心を集中させ，世間でおこなわれている市民意識調査や世論調査に対してほとんど発言をしてこなかった。また「社会調査によってこんな社会現象が解明できる」といった社会調査の信頼性を世間に広める努力もまったくしてこなかったのが実情である。最近の日本社会学会では，学会大会のシンポジウムで「社会調査」がテーマにされたり，〈社会調査士〉の学会認定が議論されたりするように徐々に改善が図られるようになってきている。しかし今後の学会においては，「市民意識調査の社会問題状況」を生み出してきた原因をさらに解明していくとともに，世間への社会調査の重要性の普及が推進されなければならないであろう。

　とにかく重要な点は，自治体職員・外部業者・一般市民・学生も皆，「適切な方法によって実施される社会調査は信頼できるものである」という前提をま

ず確認することであり，世間に蔓延する〈社会調査無力論〉を払拭していくことがきわめて重要な課題なのである。

第3節　関係者の「社会調査能力」の問題点

　現行の市民意識調査が数多くの問題を抱えてきた背景には，自治体職員が「社会調査の基礎知識」をほとんど知らないという実態が深く関係していた。

　今回の聞き取り調査で明らかとなった調査方法論上のミスの多くは，基本的に自治体職員が「社会調査の基礎知識」を持っていないことによって引き起こされたものである。下記の事例は，自治体職員の「調査の無駄があってはいけない」といった善意が，基礎知識の欠落によって，結局はミスにつながってしまった事例である。

> 「人口が少ないから，私たち行政職員は住民の方ならどこの誰々さんかだいたいわかります。だからサンプルをリストアップした際，調査の無駄があってはいけないので，この人は病気で入院されているとか，この人は調査期間中に町外に出かけているとか，事情がわかっている人はリストから除いて他のサンプルを差し込みました」

　この事例は，「いかに偏りのない標本を抽出するか（科学的に最も精度が高い方法は単純無作為抽出法）」が問われる標本調査において，作為サンプルを挿入してしまうことによって，無作為標本を意味のないものにしてしまったミスなのである。

> 「3000人というサンプル数は統計学的に一番精度が高くなるということからこの数に設定しました」
> 「アンケート調査のサンプル数はだいたい2000以上必要です」

　上記の発言も，調査方法を尋ねた聞き取り調査の際に，よく登場してきた〈根拠のない議論〉であった。この議論が正しいとするならば，「600台の測定機械を使って，関東地区1400万世帯の予測をする」視聴率調査などはまったく

信用できないものになってしまう。標本調査でいう精度とは標本誤差の幅（600台の機械が測定した30％という数字は，30％±3.7％という範囲であれば100回中95回はあたるという確率である）の問題であり，サンプル数は誤差の幅をどのくらいに設定するかによって決まるのである。すなわち，600サンプルでも±3.7％程度の誤差を覚悟すれば，統計学的に意味のある数字が出せるのである。[4]

こうした根拠のない発言が自治体職員と外部業者の間で交わされていることが，まさに調査基礎知識の欠落を象徴しているのである。

また「社会調査の基本」がまったく理解されていない状況は，第6章で明らかにされた大阪府44自治体調査票の質的評価の結果にも如実にあらわれていた。

44自治体の全1206質問は，ワーディングのミスを問わない緩やかな基準で評価しても，

673問（56％）〈×評価〉（事実を反映したデータが得られない）
120問（10％）〈△評価〉（事実を反映したデータは得られるがその精度は低い）
413問（34％）〈○評価〉（事実を反映したデータを得ることができる）

というきわめて悪い評価だった。

調査方法論の観点からするならば，すべての質問が〈○評価〉でなければならないのは当然の前提である。さらにこの大阪の質的評価は，地方の香川県自治体の数字（×＝60％・△＝8％・○＝32％）と比較すれば若干ましであるという実態を考えると，全国的な問題の水準はより深刻であると考えられる。

ただこうした質的評価の低さの原因を，すべて自治体職員の調査能力の低さに求めてしまうのも短絡的な考えである。なぜならば，調査票作成をほとんど外部業者に任せている場合もあるからである。

第1章の表1-13および第4章の表4-9には，市民意識調査を委託した業者の概要が詳しく整理されている。特にそれらの業者の業務内容に着目してみると，国土開発・建築・都市計画等を専門とする業者が多数を占め，必ずしも社会調査を専門的におこなっていない業者ばかりであることが理解できる。中には，「建築コンサルタントの会社で今回初めて調査を実施することになりま

した」という業者も含まれていたのである。もちろんこれらは「総合計画策定のための市民意識調査」の委託であるので、総合計画に力点がおかれて委託契約がされたという背景があることは否めない。しかし、問題の多い調査票が結果として市民に配布されている点では、外部業者にもそれなりの責任があるといえるだろう。

次の表7-1と表7-2は、第6章で市町村別に示した質的評価点を、外部業者の種類別（大阪）、委託状況別（香川）に、平均点を集計しなおしたものである。

表7-1 外部業者別自治体の調査票の質的評価平均点（大阪府）

外　部　業　者　種　類	自治体数	データ化評価平均点（500点満点）
従業員数100人以上の金融機関系資本業者に委託した自治体	8	189
従業員数100人以上の独立系資本業者に委託した自治体	8	196
従業員数100人未満の業者に委託した自治体	28	171

この表から理解できることは、大手の金融系のシンクタンクに調査を依頼しても、大手の調査会社に委託しても、中小の調査会社に委託しても、500点満点中いずれも200点以下のきわめて悪い質的評価であったという事実である。

表7-2 外部委託状況別自治体の調査票の質的評価平均点（香川県）

外　部　委　託　状　況	自治体数	データ化評価平均点（500点満点）
市民意識調査を外部委託した自治体	17	159
委託しなかった自治体	10	193

また香川の場合では、外部委託した調査票より、自治体が独自に作成した調査票のほうが、質的評価点が高かったという結果が出ているのである。

もちろんこの結果をもとに外部業者の調査能力が低いと結論づけることはできないだろう。なぜなら、外部業者の業務内容は、第2章の八尾市の事例にも示されたように基本的にクライアントとしての行政の意向に左右される側面があるからである。しかし、委託料をもらっている以上、標本調査の基本やワーディングのミス等は是正するといった必要最低限の仕事はやはりしなければな

らなかったのではないだろうか。

　同様のことは，学識経験者にもいえることである。大阪府では，質問文作成過程に学識経験者が関わったのは4自治体と少なかったが，総合計画策定の審議会への学識経験者の参加はほとんどの自治体で実施されていた。すなわち，審議会の場でも市民意識調査の内容について議論することは，形式上は可能だったのである。学識経験者の委託も行政が専門性を考えておこなっている。しかし，委託を受ける研究者サイドでも，専門外のことについては自ら厳しく判断し，責任がもてないことを積極的に表明する必要があったのではではないだろうか。それはたとえば社会調査に習熟していない建築の専門家が社会調査の専門的助言をすることはやはり無理があると思われるからである。

　最も問題であったのは，市民意識調査が実施される過程で，「社会調査の専門性」が軽視されてきたこのようなメカニズムだったのである。すなわち「社会調査は簡単にできるもの」という安易な認識が，行政職員にも，外部業者にも，学識経験者にも存在し，「いいかげんな市民意識調査」を放置してきたことが最大の問題だったのである。

　私は社会調査能力には，異なるレベルの2種類の調査能力があると考えている。一方は，「他人が作った調査票の問題点を的確に指摘できる能力」であり，他方は「分析できる社会調査を仮説構成から分析過程まで含めて自ら遂行できる能力」である。前者の「社会調査を正しく評価できる能力」は，比較的習得が容易な能力である。必要最低限の「調査方法論の基礎知識」を勉強しさえすれば身につくものである。実際本書の第5・6章を執筆した3年生30人は，『社会調査へのアプローチ』というテキストの自習と1年弱のゼミでの議論だけで，本書で展開した44自治体調査票の質的評価基準を作成できるまでに成長しているのである。

　それに対して「分析できる社会調査を創作できる能力」は，きわめて習得が難しい専門技術である。特に「政策提言」につながるような調査設計能力は，きわめて高い仮説構成力と分析能力が要請される。そうした能力は，調査方法論の基礎知識の習得だけでは達成不可能であり，何度も社会調査経験を積む中

で徐々に習得されていくいわば職人芸のような能力なのである。調査に関わる外部業者や助言をする学識経験者には，こうした職人芸が要求されるといえるだろう（この点については次節で詳しく述べる）。

　市民意識調査を担当する自治体職員には，できれば後者の「分析できる社会調査を創作できる能力」を持ってほしいが，最低限でも前者の「社会調査を正しく評価できる能力」は持っていてほしいものである。頻繁な人事異動が繰り返される自治体の現状を鑑みるならば，前者の調査能力は，調査担当者ばかりでなく市役所の全職員が持っているべき能力といえるだろう。今後は公務員試験の改革も含めてその点が考慮されなければならないといえるだろう。

　現行の公務員試験の多くは，憲法・行政法など〈法律〉問題が試験科目の中心を占め，〈社会調査基礎知識〉が試験科目に組み込まれることはほとんどなかった。これは，東京大学法学部を中心とした日本の官僚制度の歴史を考えればよく理解できる実態である。

〈法律〉という学問では，判例が重要な意味を持つことはいうまでもない。「このこと」と，「公務員が前例主義に陥りやすい事実」を関連させて位置づけてしまう私の発想は，果たして短絡的といえるのだろうか。最近の外務省・農水省・厚労省等の官僚機構の腐敗構造を見る限り，公務員試験制度を含めた何らかの改革が最低限必要であることは確かな事実であろう。

　私のゼミ生の中にも公務員志望の学生は数多くいた。調査作業を熱心にしながらも，一方で大学以外の専門学校に通って〈法律〉の試験勉強をしている学生の姿を見ながら，いつも不思議な思いをすることが多かったのである。〈法律〉を学ぶことがいけないとは思わないが，市民のニーズを知って政策立案執行していく公務員にとって，より高いレベルの〈社会調査能力〉を習得することはきわめて重要な意味を持つのではないだろうか。特に本書が明らかにした市民意識調査をめぐる深刻な実態は，早急な公務員試験科目の見直しを要請しているといえるだろう。

第4節 〈やっただけの調査〉から〈分析できる調査〉への転換

　今回の一連の調査研究で明らかになった市民意識調査の問題点のなかでも特に重要と思われるのは，それが〈分析〉ということをまったく想定しないで実施されてきた事実である。

　特に衝撃的だった事実は，これだけコンピュータ化された時代にあって，しかもあれだけ多量におこなわれている市民意識調査のデータが，ほとんど蓄積されていないという実態であった。〈磁気媒体データ〉を業者から回収し保存していた自治体は，大阪府44自治体のわずか8自治体のみであり，しかも分析ソフトを所有しデータを独自で分析することができるのはわずかに4自治体にとどまっていたのである。

　聞き取り調査をしてわかったのは，多くの自治体職員にとってデータというものは，〈報告書＝紙媒体データ〉に記載された数字のことを意味しているという現実であった。

　また第3章で明らかになったように，他部局がおこなった市民意識調査のことについては，担当課以外の職員はほとんど知らないという事実や，市が実施した市民意識調査を市全体として把握していないという実態もきわめて深刻な問題であった。

　すなわちほとんどの市民意識調査が，1回限りのただ〈やっただけの調査〉としておこなわれ，過去との比較や他調査との比較等の分析はまったくおこなわれてこなかったのである。

　本書の第1章から第6章で明らかにしてきた問題点は，1回限りの〈やっただけの調査〉という側面を前提としたうえでも指摘可能な問題が取り扱われてきた。それは，社会調査としては必要最低限のレベルの議論であったといえる。しかし，市民の貴重な税金が使われる市民意識調査であるならば，必要最低限ではなくもっと高いレベルの〈分析できる調査〉が本来要求されなければならないといえよう。

ここでは前節で指摘した〈分析できる社会調査を創作できる能力〉レベルの話と関連させて、〈やっただけの調査〉と〈分析できる調査〉の違いを考えながら、今後の市民意識調査がどうあるべきかについて考えてみたい。
　〈分析できる調査〉のまず前提となるのは、市民の意向や実態が正確に測定できる質問文が作成されなければならないということである。大阪府44自治体の調査票があまり成功しなかった大きな原因は、たとえば下記の質問に代表されるような、漠然とした「意識を問う質問」が多かったことが指摘可能である。

> 「市の将来像を実現していくために、今後どのような施策が重要だと思いますか。5つ選んで該当する番号に○印をつけてください。」（選択肢は本書204頁を参照）

　上記の設問で36もの選択肢を並べ、市民に漠然と「望む施策」を質問してもあまり生産的な回答は返ってこない。重要なのは漠然とした市民の意識を問うことではなく、市民の行動や実態を正確にデータとして測定し、その結果の分析から今後の施策を考えていくことなのである。そのことは第5章第2節で説明した「意識を問う質問」と「事実を問う質問」の違いを念頭におくとわかりやすい。大阪府の調査票があまり生産的な分析ができない大きな原因は、全質問文の約78％が回答の固定しにくい「意識を問う質問」で、市民の行動や状況の実態を正確に測定可能な「事実を問う質問」が22％と少なかったことも関係していると考えられるのである。
　また、〈分析できる調査〉を創作していくうえでの重要なポイントは、調査設計段階で、さまざまな仮説構成が練られたうえで質問文が作成されるという点である。この点は少しわかりにくいと思われるので具体的な例を取り上げて説明してみよう。
　たとえば、「公民館」利用についての調査を考える場合を例示してみよう。自治体としてはできるだけ多くの市民に公民館を利用してもらいたいと考えているとしよう。この場合に、自治体職員がよく作成する質問文の典型的なパターンは、現在おこなっている行事や企画を選択肢に並べて、「今後どのような企画を望みますか」という質問を直接市民に投げかけるというものである。

しかし「現状の企画や行事が市民の実情とあっていないために公民館が利用されない」のかもしれないので，現状の企画だけを選択肢に設定しても意味がない場合が多いのである。

　こうした場合に考えなければならないのが，「市民はなぜ公民館を利用しないのか」についての仮説なのである。ひょっとしたら「企画がおもしろくない」からではなくて「公民館でおもしろい企画をしていることを市民が知らない」からかもしれないし「駐車場がないから利用したくても利用できない」のかも知れないのである。

　このように〈分析できる調査〉の第一歩は，「公民館利用を阻害する要因」についての仮説を，考えられる限り捻り出すことによって調査票を作成していくという作業過程なのである。〈分析できる調査〉とは，調査設計段階でたくさんの作業仮説が設定されている調査なのである。

　また，市民意識調査が〈分析できる調査〉となるために必要なこととしては，結果がいろいろな意味で比較できるということも重要な要素である。比較には，過去と現在の比較といった時系列的比較，ある地域と別の地域といった地域比較，男女別・ライフステージ別といった属性比較等さまざまな比較がある。そうした多様な比較が可能なように調査設計することは，行政課題の発見や行政施策評価という面で非常に参考になるのである。

「公民館」の例で続けてみよう。「公民館を利用したことがある人」と「利用したことがない人」の比率が標本調査として正確に把握され，属性別，地域別のクロス集計をおこなっていくと，利用状況の実態とともに「どのような宣伝やPRを誰にすればいいのか」ということがわかってくる場合もあるのである。

　また定期的に同じ項目が調査され時系列的な比較分析ができるように市民意識調査が企画されていれば，行政施策の評価にも使うことが可能となる。たとえば前回調査時と今回調査時の間に，公民館担当課が，男性利用者拡大のための宣伝や企画を多く実施したとしよう。定期的に調査が実施されていれば，男女別の利用実態の時系列的比較をおこなうことによって，行政施策の効果分析

も可能となるのである。

　第3章で詳しく述べたように，市役所では毎年のようにどこかの部局で市民意識調査が実施されている。それらを合理的に管理し時系列的データを蓄積できるようにしていくことは，こうした施策評価という意味からも今後きわめて重要な課題となるであろう。

　また現在ではまったくおこなわれていないが，市町村間でのデータ比較という視点を取り入れていくことも，今後注目されるべき重要な可能性を秘めた課題である。たとえば大阪府44自治体が同じ調査票でいっせいに調査を実施したとするならば，その結果の比較分析から，個々の自治体が抱える行政課題を実証的に明らかにすることができるようになるのである。

　今後の行政サービスの向上や行政改革の方向性を明らかにするためにも，たとえば大阪府や監督官庁である総務省等が「全市町村共通調査」なるものを試験的に実施していくことは重要な試みとなっていくだろう。

　これまで〈分析できる市民意識調査〉の可能性の一端を紹介してきたが，そうした調査を〈創作する能力〉がとても難しいことも同時に理解していただけたであろう。しかし，今後市民意識調査が，市民の期待に添うような方向で改善されていくためには，市役所の中にそうした「調査ノウハウ」が蓄積されるような人事政策が必要となってくるのである。本書で整理してきたような自治体職員の現状では，急に政策提言に結びつく市民意識調査が作成できるようにはならないかもしれないが，頻繁な人事異動を伴わないような調査担当者の養成や調査担当者に大学や研究機関で「社会調査能力」を学ぶことのできる研修制度の整備等は必要最低限考えていかなければならないだろう。

　近年，全国の社会学系の学部・学科をもつ大学において〈社会調査士〉制度が教授会認定レベルで制度化されてきている。これは，「社会調査を正しく評価できる能力」を持った人材を育成し，〈社会調査士〉資格を認定しようとするものである。この学部レベルの社会調査士制度は2001年時点で全国10の大学で制度化されるに至っている。(5)さらに関西学院大学では，大学院に〈分析できる社会調査を創作できる能力〉を養成するための〈専門社会調査士〉修士コー

スを2003年度から新設することが決定されている。

　日本社会学会ではこうした動きに対応し，2004年度に学部卒業レベルの〈社会調査士〉と大学院修士レベルの〈専門社会調査士〉を学会認定する方向で，学会内に特別委員会を設置して準備を進めている。現在ではあまり知られていない制度ではあるが，今後は，〈気象予報士〉のように，たとえば「市民意識調査担当者は〈社会調査士〉，委託実施業者には〈専門社会調査士〉が必要」といった資格制度として整備していくべきであろう。

　今後の市民意識調査のあり方を考えるうえで最後に注意しなければならない点は，「市民意識調査は誰が主体となってやるべきなのか」という問題の検討である。

　市民意識調査が行政主体でおこなわれる場合，第5章でも指摘したように，行政に都合が悪いことは積極的に避けてしまうといった〈逆の積極性〉の問題が存在しているのである。この問題への解決策としては，市民意識調査の実施主体を多元化していく方策も模索される必要があるだろう。たとえば，議会や議員が主体となって市民意識調査を実施することも意味があることである。また，市政モニター制度の一環として，市民が主体となって調査票を作成する方策も考えられるだろう。ただこの場合特に注意しなければならないのは，調査が政治的に利用されてしまう危険性があることである。先に指摘した靖国神社参拝に関する世論調査のように，社会調査は政治的背景が絡むと，とかく厄介なものになってしまう傾向があるのである。調査の中立性の保証という意味からも，大学等の研究機関の重要性は今後さらに高まっていくと考えられる。

　以上終章では，なぜ〈市民意識調査の社会問題状況〉が生み出されてきたのかの原因を考察してきた。これまで述べてきたように，それは「誰が悪かった」「これが最大の問題である」と単純に決定できる問題ではなく，さまざまな要因が複合的に関連しながら，結果として現在の社会問題状況を形成してきたと考えられるのである。

　これまで市民意識調査に関わってきた「自治体職員」「外部業者」「学識経験

者」はもちろん，「問題状況を放置してきた社会調査を主要な研究手法とする社会学者と社会学会」さらには「あまり社会調査に期待を示さなかった一般市民」のすべてが問題であったといえるのである。こうした状況下でまず必要なことは，すべての人が「社会調査の可能性」について再認識することではないだろうか。

　民主主義社会を形成していくためには，主権者である国民の意見や生活実態が正確に把握されたうえで，政策が立案されることが重要な要件となるはずである。これまでは議会制民主主義ということで，議員によって民意が反映されるという建前で政治がおこなわれてきた。確かに投票によって選ばれた議員の議論によって決められる政策決定は，ある意味で民意を反映しているといえるだろう。しかしそれはあくまでも手続き上のことであって，本当に国民の意見や生活実態を正確に反映したものなのかどうかは別問題である。最近の政治不信は，そうした議員による民意反映システムの限界を象徴的にあらわしていると考えることができるのではないだろうか。

　その意味では，国民の民意や生活実態を正確に把握できる社会調査は，今後の新たな民意反映システムを構築していける可能性を秘めている。多くの国民がそのような観点から社会調査を再認識し，多くの公務員が〈分析できる社会調査〉を正確に実施できるようになり，その分析結果に基づいて政策が立案されるようになることが，真の民主主義社会形成の重要な近道となっていくのではないだろうか。

(1) 最も象徴的な事例が，プレ調査時に明らかになった「神戸市民全世帯アンケート」であった。神戸市では1970年以降，定期的に市内全世帯（現在約58万世帯）を対象とした市民意識調査を実施している。この調査の最大の特徴は，単に住民の考え方を知るという調査本来の目的だけでなく，調査を通じて市民の市政への関心と参加意識を高めることをねらいとしている点にその特徴がある。この制度は，市民参加が一般的でなかった30年前なら意味はあったかもしれないが，現状は社会調査としてはまったく成立しない不十分な制度であり，市民参加施策であると考えたとしても改善の余地のあるきわめて問題の多い中途半端な施策である。

終章　市民意識調査の課題と展望

　この調査は，私が今回の一連の調査研究を強く推進しようと思う契機となった調査でもあるので，調査の概要と具体的問題点を簡単に整理しておこう。

第19回「神戸市全世帯アンケート」の概要

調査名称	2000年神戸市民全世帯アンケート ～みんなでつくろう！　魅力あふれる21世紀の神戸～
調査期間	2000年5月15日～6月12日
調査対象	神戸市内に在住する全世帯　（2000年5月1日現在　582,150世帯）
調査内容	・『これからの神戸のまち』（4問）・環境にやさしいまちづくり（4問・記述1問） ・明日を担うこどもたちのために（3問）・神戸21世紀・復興記念事業と2002年ワールドカップサッカー神戸（2問）・市政への要望（1問）・フェイスシート（9問）・自由回答（1問）
調査方法	郵送法（回収）・配布は手渡し
有効回収数	118,475
有効回収率	20.4%
担当部局	市民局広聴課

全世帯アンケートの問題点

　①基本的に社会調査として成立していない

　全世帯アンケートの表紙に「みなさんで話し合っていただいて，率直なご意見をお聞かせください」という注意書きが書かれている。回答結果は世帯内の誰の意見なのかがわからない形で集計がおこなわれる。基本的に誰が答えた回答か特定できない結果をクロス集計等の分析をしてもまったく意味がない。にもかかわらず，長年にわたって多額の集計分析経費（2000年度の第19回調査の集計・分析決算額：620万円）が使われてきた。

　②回収率が非常に低く，市民参加としても不十分である

　この調査の回収率は20.4％であり，大阪府下で郵送法を採用していた41自治体の平均回収率の53.3％と比べてもとても低い数字である。この調査を，多くの市民が参加する目的の＜市民参加方策＞と考えたとしても問題がある。

　③市民の貴重な意見が，まったく公開保存されていない

　調査票の中で唯一データとして価値があるのは，「市政について，ご意見やご要望などがございましたらご自由にお書きください」という自由回答欄の集計である。この自由解答欄にどんな意見がどれだけあったかについては，まったく公開されていないし保存も不十分である。担当課への聞き取り調査では，自由解答欄の処理方法が次のように説明されていた。

「広聴課担当職員が記入事項を読み，関係部局別に分類をおこない，各部局に記入原票を送付しています。(たとえば，記入欄に２つ以上の関係部局に関する意見が書かれている場合には，担当者が記入者にとってどちらの意見がより重要かを判断し関係する部局に送付する。そのため重要性の低いと見なされた意見は無視されることになる) また神戸市では，通常調査原票（記入済調査票）を５年間保存することを義務づけているが，広聴課以外に送付された調査票は，１年保存の後は管理する必要がありません。またこれらの調査票の各部局での使用のされ方はまったく確認できません。広聴課では，どんな傾向の意見がどれだけあったかといった分類整理はしていません。他部局に関しての整理方法も確認していません。また，現在保存してある調査原票については，調査対象者個人の意見が直接記入されているため，原則開示・閲覧はできません。広聴課としては，この調査が神戸市全世帯（582159世帯）を対象とし，大量にデータがあるため整理して公開することはできないと考えています」

おそらくその自由解答欄には，全世帯アンケート自体への批判も含め市民の貴重な提言が書かれていたはずである。もし19回分の自由解答欄の整理がなされていたとしたら貴重なデータとなっていたことは間違いのない事実である。

④調査テーマが，常に行政にとって都合のよいテーマだけである

第19回調査を例にとると，「環境にやさしいまちづくり」は具体的には神戸市のゴミの分別収集を理解させる質問であり，他でも神戸市が実施する「復興記念行事」等のPRをする質問等が随所で聞かれている。まさに，調査の名を借りて行政が市民を啓発する広報紙のような印象である。たとえば「神戸空港の是非」といった問題は，神戸市民にとって家族全員で議論してみた方がよい最適なテーマであるにもかかわらずテーマとして採用されてこなかった。

⑤調査票の質的評価が非常に低い

表7-3 第19回神戸市民全世帯アンケートの質的評価

	データ化可能 (○)		データ化可能 要改善 (△)		データ化不可能 (×)	
大阪府44自治体	413	34%	120	10%	673	56%
神戸市	3	18%	5	29%	9	53%

とにかく調査方法論的に多くの問題を抱えた調査票である（巻末調査票参照）。神戸市調査票のフェイスシートを除く全17質問文中，〈○評価〉が18％，〈△評価〉が29％，〈×評価〉が53％という構成であった。これは大阪44自治体を順位付けした点

数化で比較すると，37位に相当する低い評価であった。
　⑥多額の調査経費が使われてきた
　第19回調査を例にとると，2年で5885万円の予算・決算額は4252万円であった。過去19回，この中途半端なアンケートに毎回約5000万円の調査経費が使われてきた。
　またコンピュータの発達によって集計分析作業等の経費が軽減されているはずなのにほぼ同じような予算が常に計上されてきた。
　具体的な作業過程，調査経費の概要については，巻末の作業分担表・決算表を参照されたい。また調査票については約12万世帯の人が回答した調査票ということで，市民意識調査の典型例として巻末に収録した。作業過程の詳細については，鋤柄卓也「地方自治体における社会調査の現状と課題〜阪神間6市が実施する市民意識調査を事例として」『市民参加とパーソナル・ネットワーク─芦屋市政モニター聞き取り調査報告集』（関西学院大学社会学部大谷研究室，2001年）を参照されたい。
(2)　社会調査の問題点を指摘したものとしては，谷岡一郎『「社会調査」のうそ〜リサーチ・リテラシーのすすめ』文春新書，2000年，平松貞実『世論調査で社会が読めるか〜事例による社会調査入門』新曜社，1998年等がある。
(3)　2001年11月24日に一橋大学で開催された第74回日本社会学会大会では，最終日の2つのシンポジウムが，「社会調査の困難をめぐって」という統一テーマで　①社会学の中の社会調査──その方法的反省，②社会の中の社会調査，の2部会が開かれた。また，日本社会学会では，2001年度より「社会調査士に関する特別委員会」（委員長　細谷昂）が設置され，〈社会調査士〉の学会認定の準備が進められている。
(4)　この点については拙著「サンプリングの理論と実際」に簡単にまとめられているので参照されたい。大谷信介・木下栄二・後藤範章・小松洋・永野武編著『社会調査へのアプローチ〜論理と方法』ミネルヴァ書房，1999年，104〜140頁。
(5)　1995年の関西学院大学の制度化以来，2001年度までに，大阪大学，奈良大学，桃山学院大学，立命館大学，四天王寺国際仏教大学，松山大学，四国学院大学，札幌国際大学，札幌学院大学の10の大学で制度化されている。日本社会学会社会学教育委員会『社会調査士（仮称）資格に関する検討報告書』日本社会学会，2001年2月。

巻末資料

　ここでは第1章で説明した「調査をするにあたっての資料作成」で紹介した資料の詳細を掲載する。加えて，神戸市で実際に使用された調査票を掲載する。

1　資料集め電話マニュアル
2　アポイントメントマニュアル
3　調査の依頼書
4　聞き取り調査マニュアル
5　聞き取り調査票
6　コンタクトファイル
7　確認調査票
8　聞き取り調査時に使用した事前資料

1　資料集め電話マニュアル

事前準備（担当する自治体に連絡する前に）
- 電話をする市町村の名称を再確認（○○町を○○市など言わないように！）
- 電話をする時間を確認（昼時や業務終了間際にかけないこと）
- すぐに必要事項を書きとめられるように筆記具を用意
- あらかじめ伝える内容を頭に入れておく

応対事例

学生　「お忙しいところ恐れ入りますが，○○市での総合計画策定の担当部局はどちらでしょうか」

市役所（受付）「担当部局は××課です」（例：企画財政課・企画部企画課・市民局広報相談部広報課など）

　＊　しっかりとメモをとること。聞きとれなかった場合は聞きなおす

学生　「お手数ですが，そちらにおつなぎいただけますでしょうか」

市役所　「お待たせいたしました，××課です」

学生　「お忙しいところ申し訳ありません。私，関西学院大学社会学部大谷研究室の○○というものです。少々お時間よろしいでしょうか。今回，私どもの研究室では，大阪府下の全自治体を対象といたしまして，総合計画策定に伴う市民意識調査を調べております。○○市では，総合計画策定時に市民の方を対象とした市民意識調査をおこなっていらっしゃいますでしょうか」

　＊　調査目的を述べるところでもあるので，はっきりとわかりやすい口調で言いましょう

パターン１　市民意識調査をおこなっているとき

市役所　「はい，おこなっていますが……」

学生　「最も近年に実施した市民意識調査の資料，たとえば調査票や報告書といったものはありますでしょうか」

市役所　「○○年度に実施したときのものがあります」

学生　「それらの資料を分析したいと考えておりますので，ぜひお送りいただけませんか」

　＊　あくまでお願いをするので，丁重に

【Ａ１】了解を得られた場合

学生 「それでしたら，私個人宛に送っていただけますでしょうか。（自分の住所を告げる）送料などはどのようにしたらよろしいでしょうか」

【A2】公式文書などがなければ送ることができないと言われた場合

学生 「どのような書類をお送りすればよろしいでしょうか」（書類の形式を聞く。所定のものでなければいけないようであれば，郵送・ファックスで送ってもらえないか確認する。無理な場合は後日取りに伺う）

「書類はどちら宛で送らせていただいたらよろしいでしょうか」（連絡先をメモする）

「それでしたら後日書類を郵送させていただきます。書類を確認のうえ，資料の郵送よろしくお願いいたします」

＊ 後日書類を送り，その後の流れはA1と同様

【A3】数がないので無理だと言われた場合

学生 「それでしたら，資料をコピーさせていただけませんか」

＊ あくまでも協力をいただけるようお願いすること

パターン2　市民意識調査をおこなっていないとき

学生 「それでは市民意識調査を実施しなかったのはどのような理由からですか。また住民意見を総合計画に反映させるために，市民意識調査に代わるものを何か実施していますか」

＊ 関連資料があれば，上述の手順で郵送の依頼をする

資料郵送の依頼を終えたら……

学生 「お忙しいところありがとうございました。後日，御市の市民意識調査の詳しい内容に関して，聞き取り調査に伺いたいと思っております。その際には，ぜひ御協力いただけますようよろしくお願いいたします。それでは失礼します」

＊ 丁重にお礼をいい，また連絡することを告げておく

考えられうる Q&A

市役所 「研究内容はどういったことですか」

学生 「2000年度文部科学省科学研究費（基盤研究B）『実践的社会調査教育方法構築のための実証的研究』の一環として大阪府下の全自治体を対象に，総合計画策定のための市民意識調査を調べています」

市役所 「それは具体的に何を調べるのですか」

学生 「どのように調査を実施し，どの程度の調査金額が使われたかなどのお話が聞けたらと考えています。詳しくはまたこちらからお電話させていただきます」

市役所　「研究責任者は誰ですか」
学生　　「関西学院大学社会学部教授，大谷信介です」
　＊　他にも予想外のことを聞かれる可能性があるので臨機応変に対応すること！

電話を終えて……
- メモの内容をまとめ，管理する
- 資料が届いた後，お礼状を送る
- 郵送費の領収書を保存しておく

2　アポイントメントマニュアル

アポイントメントマニュアルについて（プレ調査の報告）
　11月30日からおこなわれた阪神間の6つの自治体における市民意識調査に関する市役所での聞き取り調査の際，プロジェクトチームは事前に市役所の担当職員に対してアポイントを取った。その作業を通じて感じたのは，アポイントを取るのは予想以上に手間がかかるということである。
　このため，今後全員で大阪府下すべての市役所において聞き取り調査を実施することを考えると，今回の調査での経験を形に残したほうがよいのではないかと思い，アポイントメントマニュアルを作成することにした。ただ，「マニュアル」とはいうものの，内容は今回のアポイント作業で注意した点について述べたものなので，今後の調査の際にはこれらを参考にしていただきたい。

　アポイントを取る前に（最低限しておかなければならないこと）
　①　これからおこなおうとする調査の内容把握
- 調査の目的は何か？
- 調査対象は？
- 調査方法は？

これを理解しておかなければ，相手に聞き取り調査の依頼をすることもできないし，調査内容もはっきり見えてこない。事前に集めることができた資料（特に市民意識調査の結果など）には必ず目を通しておく。
　②　聞き取り調査における質問事項の検討
- 質問事項の最終チェック

同じ内容でも調査の目的に関係ない質問をするのは無意味で，聞き方（質問文の文脈など）によって相手の返答も変わる恐れがあるため，この作業は慎重におこなうこと。
　③　調査員のスケジュール確認

- 誰が？・いつ？・どこに行くかを明確にする
- 相手の都合で日程の変更された際の処置

これを明確にするために調査員の空き時間を一覧表にまとめておく。

アポイントを取る

以上のような準備ができたら，実際相手にアポイントを取る。アポイントの手段には電話・ファックス・電子メール・郵便が考えられるが，ファックス・電子メール・郵便に関しては，相手からの返答がいつあるか見通しが立たないのでなるべく電話がよい（2回目以降は相手の要望に合わせるようにする）。ただ，突然電話をするのは相手に対して失礼なので，事前にメールや郵便などを利用して書面で知らせること。調査の依頼書の送付も徹底する。

電話をかけるときは結構緊張するので，何を話さなければならないのかを紙にまとめて（台本のように流れを明確にした書き方がよい）手元に置いておく。その際，下記の事項は必ず押さえること。

- 私は何者
- 電話をした理由（調査の趣旨と聞き取り調査のお願い）
- 調査に対する協力の有無の確認
- 調査の日程（自分と相手の都合が一致するのか？まずは相手の都合を聞く）
- 相手の名前と今後の連絡先や手段，自分の連絡先
- 市役所までのアクセス

また，一般的な礼儀（「お忙しいところ恐れ入りますが……」など一言付け加える，敬語の使い方，電話の切り方など）にも注意する。手元にはこれらをまとめた紙の他，メモ帳と筆記具を準備し，重要なことはすぐに書きとれるようにすること。

アポイントを取った後

アポイントが取れたら，調査が始まるまでに調査員で勉強会を開くこと（もちろん，アポイントを取るまでにも）。それは，調査員によって調査の内容や集めるべき資料に穴があっては困るからである。また，アポイント前に作成した質問事項の要旨を速やかに相手の連絡先に送付すること。アポイントの際の電話で言わないのは，口頭では伝わりにくく忘れ去られる可能性があり，相手が準備する都合などを考えてのことである。

準備万端整え，当日は遅刻しないように事前に道順を確認のうえ，時間に余裕を持って行動しましょう！

3　調査の依頼書

2001年○月○日

○○市企画部企画課　御中

関西学院大学社会学部
大谷研究室

聞き取り調査についてのお願い

拝啓

　時下，ますますご壮健のこととお喜び申し上げます。

　先ほども電話にてご連絡させていただきましたが，このたび私どもの研究室におきまして，2000年度文部科学省科学研究費（基盤研究B）「実践的社会調査教育方法構築のための実証的研究」の一環として，大阪府下すべての自治体が実施されている総合計画策定に関する市民意識調査について調査することになりました。そこで今回，貴市で実施されました市民意識調査についていくつかお聞きしたく，訪問させていただくことになりました。

　訪問に先立ち，今回の調査でお聞きしたい内容をおおまかではありますがお伝えしておきます。質問項目は以下のようなものです。

- 調査の各段階（調査設計から報告書の完成まで）で，誰がいくらくらいの金額を使いどのような作業をされたのか（別紙をご参照ください）
- 総合計画策定の経過の詳細
- 調査結果の総合計画への反映のさせ方
- 調査に対する苦労話や反省点，改善策など
- 職員の方は市民意識調査をどのように捉えられているのか
- 今回と前回調査時の担当責任者の方，職員の中で最も社会調査に精通されている方，のお名前
- 総合計画策定に関わるもの以外におこなった市民意識調査の実態

　場合によってはさらにお聞きすることが増えるかもしれませんが，概ねこうしたことを質問させていただくつもりです。

　ご多忙中のところ誠に恐縮ではございますが，ご協力いただけますようよろしくお願い申し上げます。

敬具

　なお，今回の調査に関するご質問，ご要望等ございましたら下記までご連絡ください。
（連絡先）担当　○○
　　　　電話　0798-00-0000　　メール　ABC@kwansei.ac.jp

追加送付文：別紙の表について

　依頼書とともにお送りしました表は，ひとつは，神戸市において調査設計から報告書完成までの一連の作業で，誰がいくらくらいの金額を使いどのような作業をされたのかということの詳細をまとめたものです。

　もうひとつは，芦屋市において総合計画策定に関するもの以外の市民意識調査の実態をまとめたものです。

　ここで2市を例にさせていただいたのは，今回の調査以前に，予備調査（11月30日～12月5日に実施）として阪神間6都市（尼崎市・伊丹市・宝塚市・西宮市・芦屋市・神戸市）の調査担当部局様にこの点についての質問をさせていただいたところ，それぞれについて2市から詳細な回答をいただくことができたため，今回の調査でも各自治体担当部局様からこのような回答をいただくことができれば，充実した報告書を作成することができると考えたためです。

　表に見づらい点があろうかと存じますが，質問の意図をお汲み取りいただきたく思いますとともに，ご査収のほどよろしくお願いいたします。

4　聞き取り調査マニュアル

聞き取り調査実施の日までに

　アポイントが取れてから聞き取り調査実施日までにしなければならないことは，調査の目的や質問事項についての把握である。どのような問題意識から調査をするに至ったのか。何を明らかにするための質問事項なのか。この調査の内容についてまったく知らない第三者に聞かれても即答できる程度にはしておきたい。そのために，たとえば総合計画に関する文献，実際におこなわれた調査結果に目を通すといったことは最低限やっておくこと。

　また，調査は基本的に2人1組でおこなうため，どちらが聞き手になり，どちらが書き手になるのかを決定する。とはいえ，当日には互いに補足し合いながら調査を進めていくことが大切である。

聞き取り調査に必要なもの
- 調査票
- 決算表（神戸市の例と原本）
- 作業担当表（神戸市の例と原本）
- 総合計画策定目的以外の市民意識調査一覧表（芦屋市の例と原本）
- メモ帳
- テープレコーダーとカセットテープ

調査票は，質問事項を載せてあるものであり，調査中はその質問に対する回答，その他気づいたことを記入する。聞き取り調査は基本的にこの調査票に沿っておこなわれる。内容は単に質問事項と回答欄を設ければよいのではなく，質問時の注意点や解答のさまざまなケースを予測しておくため，調査の流れが視覚的にわかるレイアウトにする必要がある。特に，今回の調査は多くの自治体に対しておこなうため，どの自治体にも通用するような調査票作りを心がけなければならない。

　テープレコーダーは，聞き取り調査時の会話内容を録音するために使用する。会話すべてをその場で調査票に書き込むのは困難である。使用するカセットテープは，調査が大体1時間くらいかかることを考えて80～120分テープがよい。また，内容の書き起こし作業のことを考えて，1自治体につき1本用意する。

市役所に行くまでに

　以上のような準備ができたら，いよいよ市役所に行くこととなるが，アクセスについては事前にもう一度確認しておく。インターネットで市役所のホームページにアクセスすれば，たいてい道順や交通機関の時刻表が記載されている。もしわからなければ，市役所（大代表）や交通機関に問い合わせる。当日遅刻は厳禁。

　当日は出発の時点から調査だと思うこと。市役所までのアクセスは便利か。最寄り駅からの時間はどれくらいか。些細なことが後で役に立つことも多々ある。市役所には遅くとも15分前には到着すること。

聞き取り調査実施

　担当課には5分前には訪れること。名前を名乗り，来庁目的を告げる。挨拶や言葉づかいは丁寧に。調査開始の前にはあらためて挨拶し，自己紹介をする。また，カセットテープでの録音をしてもよいかどうか必ず確認を取ること。

　調査は基本的に調査票に沿って質問すればよいので，特別に緊張することはない。担当者の回答はカセットで録音され，書き手も書いているが，聞き手・書き手にこだわらず，積極的に質問し書きとるようにする。

　質問が一通り終了したらお礼を言う。また，今後また調査する場合に備えて必ず相手の連絡先を確認しておく。

調査後

　調査が終わって帰宅したら，なるべく早いうちに作業担当表・決算表を完成させること。調査の記憶が鮮明なうちに仕上げる。その際，わからない点があれば，遠慮なく調査担当者に質問するべきである。

（補足） テープレコーダーの使用の確認方法
　先にも書いたが，聞き取り調査を始める前（一通り自己紹介などを終えてから）に必ずテープレコーダーを用いての録音をしてもよいかどうかの確認を取ること。
（例）「質問の回答を記録する際，すべてを手書きでおこなうのは不十分ですので，テープレコーダーでの録音もさせていただいてよろしいでしょうか」

5　聞き取り調査票（質問用）

聞き取り調査を始める前に…
【注意事項】
① テープレコーダーの録音の許可を早い段階で得る
② 質問をする際，全項目において，「なぜそのような方法をとったのか」を必ず聞く
③ 疑問に思ったことは必ず質問
④ 市役所側の応対の様子をしっかり確認

Q 1　今回の市民意識調査を実施するにあたり，各調査段階で，誰（具体的団体名や団体構成など）がどのように作業に従事したのか。それぞれの具体的作業内容を，また複数の場合は相互の関係について記入する。また，各調査段階で，誰（具体的団体名や団体構成など）がいくらの金額で発注および，作業を実施したのか。それぞれの具体的金額を，複数の場合はその分類について記入する。

　まず，神戸市の作業内容と決算の表を見せて，「事前に，聞き取り調査を神戸市でおこなった結果，このような内容のお答えをいただきました。今回も大阪府下全自治体を対象といたしまして，同じ調査をし，このような表にしてまとめたいので，できるだけ詳しく教えてくださるよう，ご協力お願いいたします」と述べる。そして，聞き取り調査票（質問用）を見ながら，聞き取り調査票（記入用）に記入していく。

段　　階	
調 査 設 計	（質問）　誰が調査方法を決めたのか？ 母集団・調査対象・サンプリング方法などの決定者と決定方法 例：①調査対象・母集団は担当課が決定サンプリング方法は外部業者が決定 　　②すべて担当課と外部業者が相談同意のうえ決定 　　③提案は外部業者，決定は担当課 etc
質 問 文 作 成	（質問）　誰が原案を作り，それをたたき台として質問文を完成したのか？ 例：①担当課が外部業者に原案を提出し，外部業者のみで完成 　　②担当課が外部業者に原案を提出し，各工程で確認を取り合いながら完成 　　③担当課だけですべてを完成 etc

サンプリング作業	（質問）　実際の作業を誰がどのようにおこなったか？ 例：①住民基本台帳から，手作業でサンプリング 　　　②住民基本台帳から，コンピュータを使用 　　　③コンピュータで乱数表を使用 etc
調査票印刷	（質問）　調査票印刷は，誰が印刷作業をおこなったか？ 例：①外部業者が印刷 　　　②担当課が印刷 etc
配布作業	（質問）　配布作業はどのようにおこなったのか？ 例：【郵送法】 　　　①手紙の宛名書き・封書詰めなど（誰がどのようにおこなったのか） 　　　【留置法】 　　　②婦人会に頼んで配布（何をどのように頼んだのか） 　　　【その他】
回　　　収	（質問）　回収作業はどのようにおこなったのか？ 例：【郵送法】 　　　①市役所に直接届く 　　　②誰かが郵便局に取りに行く 　　　【留置法】 　　　③婦人会に頼んで回収 　　　【その他】
コーディング作業	（質問）　コーディング作業は，誰がおこなったのか？コーディングマニュアルは誰が作成したか？ 例：①作業は担当課，マニュアルは外部業者 　　　②作業は外部業者，マニュアルは担当課 　　　③作業もマニュアルも担当課が担当 　　　④作業もマニュアルも外部業者が担当 etc
入　力　作　業 （コンピュータ）	（質問）　入力作業は誰がおこなったのか？ 例：①外部業者がおこなった 　　　②担当課がおこなった etc
集　　　計	（質問）　集計は誰がおこなったか？　どのような集計か？ 例：①クロス集計は外部業者がおこなった 　　　②クロス集計の指示を担当課がし，外部業者に委託 etc
分　　　析	（質問）　分析は誰がおこなったか？ 例：①担当課が調査結果のすべてを用いて分析 　　　②担当課が分析したい部分を一度まとめてから分析 　　　③担当課が分析したい部分を一度まとめて，分析を外部業者に委託 　　　④担当課が調査結果すべてを外部業者に委託 etc
調　査　報　告	（質問）1．調査報告は，どのような方法でおこなわれているか？　また，それは誰がおこなったか？（報告書・ホームページ・記者発表・広報紙

		など）
		2. 報告書は何部作成したか？
		例：①市が記者発表，外部業者がホームページ作成
		②市が結果を広報紙で報告
		③報告書は○○○部作成 etc
P	R	（質問） PRは誰がどの時点でどのようにおこなったか？
		例：①担当課が回収率アップのため督促状を市民に送付
		②担当課が懸垂幕を作成 etc

Q2 総合計画策定の経過を詳しく聞きたい。もし，経過の一覧表があればいただきたい（その過程でおこなった市民意識調査や他に実施したことが書いてあれば望ましい）。

Q3 調査の結果をどのような形で総合計画に反映させていくのか具体的に聞きたい。さらに今回の調査で得た情報を現場の部局にどのように下ろし共有しているのか。そのためにどういう工夫をしているのか。

Q4 今回の調査に対する反省点・矛盾点・苦労話・改善点について。具体的に聞きたい。

Q5 市役所がおこなっている市民意識調査をどう捉えているか（社会調査としてではなく，ただの意見を聞くための手段になっていないかなど）。

Q6 今回の調査担当責任者のお名前と前回調査時の担当責任者のお名前と市役所の中で最も市民意識調査，社会調査に精通している人のお名前を聞く。（わからない場合は仕方がないが）また，後日社会調査についてお聞きするかもしれないということを伝える。

Q7 今回の「総合計画のための市民意識調査」以外で，直近の5年間でおこなった市民意識調査について聞く。（芦屋市の見本を見せて）「このような表を作りたいのですが……」と言う。もし，その場でわからないと言われたら，どのようにしたら，他の部局でおこなっている市民意識調査がわかるかを聞く。

6　コンタクトファイル

例：八尾市

住　　　　所	〒581-0003　大阪府八尾市本町1-1-1
電　　　　話	0729-91-3881（代表）
Ｆ　Ａ　Ｘ	
依 頼 書 送 付 先	企画調整部政策推進室企画課（現在名称：企画調整部地域経営室）
調 査 担 当 課	企画調整部政策推進室企画課（現在名称：企画調整部地域経営室）
調 査 担 当 者	新総合基本計画策定プロジェクトチーム　A氏
資 料 請 求 日	1月11日
資 料 請 求 担 当 者	B調査員
資 料 請 求 方 法	電話による請求
ア ポ イ ン ト	2月5日
アポイント担当者	B調査員
ア ポ イ ン ト 方 法	電話によるアポイントとファックスによる依頼書送付
調 査 実 施 日	2月8日
調　査　員	B調査員，C調査員
調 査 担 当 者	A氏
事 実・印 象 1	「学生の知識にふれて勉強したいので，どんどんアウトプットしてください」と言われるくらいの熱意のこもった対応をしてくださった
事 実・印 象 2	総合計画策定にかなり熱意をもって取り組んでいる
事 実・印 象 3	A氏は学生に協力的で熱い方なので，ぜひいろいろな話を聞いてください
回 　収 　資 　料	報告書原本『新しい八尾の都市づくりのための市民意識調査報告書』2000年1月，報告書『八尾市職員意識調査報告書』2000年5月
ファイル作成者 ファイル作成日	C調査員 6月4日

事実・印象1…聞き取り調査には協力的だったか？　応対した職員は市民意識調査を実施した当時の担当者かどうか
事実・印象2…市民意識調査への関心度や取り組みの姿勢について感じたこと
事実・印象3…その他，3年生に引き継いだほうがよいと思われる事項や感想など

巻末資料

7　確認調査票

例：八尾市

報告書／調査票	**報告書**　・　**調査票**		
調査実施年度	1999年07月		
外部委託	Ⅰ　総合計画策定作業を委託（調査作業を含む） Ⅱ　調査作業のみを委託 Ⅲ　外部委託なし		
委託業者名	【総合計画策定】野村総合研究所		
	【調査作業実施】野村総合研究所		
委託業者住所	【総合計画策定】大阪府大阪市北区堂島		
	【調査作業実施】大阪府大阪市北区堂島		
業者選定方式	Ⅰ　随意契約【詳細記入：コンサルタント10社に仕様書を提示しプレゼン　　　　　】 Ⅱ　指名入札　【詳細記入：　　　　　　　　　　　　　　　　　　　　　　　】 Ⅲ　一般入札　【詳細記入：　　　　　　　　　　　　　　　　　　　　　　　】 Ⅳ　その他　　【詳細記入：　　　　　　　　　　　　　　　　　　　　　　　】		
調査委託執行額	【業者執行額】 【行政執行額】 【合計執行額】2,520,000円	総合計画執行額	平成10・11・12年合計 28,860,000円
学識経験者関与	Ⅰ　関与有り　　①個人および研究者チーム（専門委員等）として 　　　　　　　②審議会の一員として Ⅱ　関与無し　　③業者の一員として		
学識経験者	Ⅰ　氏名	A先生	
	Ⅱ　所属研究機関名	K大学理工学部土木工学科	
	Ⅲ　専門分野	都市計画・都市デザイン・まちづくり	
	Ⅰ　氏名	B先生	
	Ⅱ　所属研究機関名	O大学経済研究所	
	Ⅲ　専門分野	中小企業論・工業経済論	
	Ⅰ　氏名	C先生	
	Ⅱ　所属研究機関名	O大学社会福祉学部	
	Ⅲ　専門分野	自治体福祉システム・社会福祉政策および計画における施策間調整	
	Ⅰ　氏名		
	Ⅱ　所属研究機関名		
	Ⅲ　専門分野		
	Ⅰ　氏名		
	Ⅱ　所属研究機関名		
	Ⅲ　専門分野		
審議会名称・構成	なし		
サンプリング台帳	Ⅰ　住民基本台帳 Ⅱ　選挙人名簿 Ⅲ　外国人登録原票【詳細記入：　　　　　　　　　　　　　　　　　　　　　】 Ⅳ　その他　　　【詳細記入：　　　　　　　　　　　　　　　　　　　　　】		
調査対象年齢	16　歳以上		
サンプリング方法	Ⅰ　単純無作為 Ⅱ　その他【詳細記入：層化抽出（単純）　　　　　　　　　　　　　　　　　】		

サンプル数・回収数・回収率	3000サンプル　　1360（有効回収数）　　45.3％（有効回収率）	
調査方法	① 郵送法　　Ⅱ 留置法　　Ⅲ その他【　　　　　　　　　】	
督促状配布	① 有　　Ⅱ 無	
ヒアリング作業	Ⅰ 業者のみで各部局のヒアリングを実施 Ⅱ 両者（業者・行政）でヒアリングを実施 Ⅲ 行政のみで各部局のヒアリングを実施 Ⅳ ヒアリング作業無	
質問文作成	Ⅰ 業者のみで調査票を作成し，行政の関与なし Ⅱ 業者が原案を作成し，行政と共に調査票を完成する Ⅲ 原案作成をせず，両者（業者・行政）調査票を完成する Ⅳ 行政が原案を作成し，業者と共に調査票を完成する Ⅴ 行政のみで調査票を作成し，業者の関与なし	
分析作業	Ⅰ 業者のみで分析を実施，行政の関与なし Ⅱ 業者が分析主体となるが，行政の関与有り Ⅲ 両者（業者・行政）で分析を実施 Ⅳ 行政が分析主体となるが，業者の関与有り Ⅴ 行政のみで分析を実施，業者の関与なし	
報告書作成	Ⅰ 業者のみで報告書を作成，行政の関与なし Ⅱ 業者が原案を作成し，行政と共に報告書を完成する Ⅲ 原案作成をせず，両者（業者・行政）で報告書を完成する Ⅳ 行政が原案を作成し，業者と共に報告書を完成する Ⅴ 行政のみで報告書を作成し，業者の関与なし	
データ保存	Ⅰ 調査票原票を回収・保存　　① YES　　2 NO Ⅱ 調査結果データ保存　　　　① YES　　2 NO Ⅲ 保存データ分析　　　　　　1 可能　　② 不可能	

その他：

巻末資料

8 聞き取り調査時に使用した事前資料

8-1 作業担当表（神戸市）

作業段階	調査担当課	外部業者	大学研究室	審議会	その他	作業担当の詳細
調査設計	調査担当者1名が設問作成懇談会長と各部局、およびB教授と緊密に連絡を取り、実質的に調査設計・質問文作成作業を取りまとめ、叩き台としての最終案および質問文を作成		O大学B教授が会長として、調査設計・質問文作成の司会進行を担当	O大学B教授の提案で設問作成懇談会は14人構成。会長はO大学B教授による。また委員人選もB教授の選定を基準として、調査担当部から個別に依頼に実施部会は全体会と質問文へのコメントは行政側が2度実施調査担当が個別に収集		調査担当者1名がB教授と相談し方針・方向を決定。その後、調査担当者が各部局にヒアリングを実施し調査原文にて作成、設問作成懇談会委員に配布。第1回全体会議（全2回）にて原文をたたき台として訂正・変更を加え、それをもとに調査担当が再度各部局と検討し修正。最終原案を作成し、各委員と個別調整の上、第2回全体会で質問文最終案への承認を受け、最終的な調整をB教授がおこない調査票完成
質問文作成						
サンプリング作業	全世帯配布のためサンプリング作業なし	全世帯配布のためサンプリング作業なし	全世帯配布のためサンプリング作業なし	全世帯配布のためサンプリング作業なし	全世帯配布のためサンプリング作業なし	調査対象を全世帯と決定。サンプリングに伴う作業は不要
調査票印刷		競争入札にて外部業者を選定（調査票／封書印刷）				外部業者に業務委託
配布準備	広報紙とともに配布（婦人団体協議会に業務委託）					広報紙配布ルート利用
配布実施					婦人団体協議会に委託 婦人会未組織の地域は個別自治会に委託	婦人団体協議会・自治会に業務委託

247

回収	郵送回収（郵便局留）		婦人団体協議会に委託	調査担当者1名が毎日、中央郵便局に調査票を回収
集計（コーディング）				コーディング用紙は調査担当者が部局内にて印刷作業指示は調査担当者が実施
集計（入力）		競争入札にて外部業者を選定（パンチング作業）		外部業者に業務委託
集計（クロス集計）		競争入札にて外部業者を選定（クロス集計作業）		外部業者に業務委託
分析	B教授の分析内容執筆に伴う資料収集および最終報告書作成		B研究所 分析内容教筆作業	クロス集計結果をもとにB教授が分析結果を執筆その際使用する資料収集などは調査担当者が実施。最終的な報告書の編集・作成作業は調査担当者が実施
報告書印刷		競争入札にて外部業者を選定（報告書・概要・リーフレット印刷）		外部業者に業務委託
調査報告		競争入札にて外部業者を選定（ホームページ作成）		外部業者に業務委託
PR		競争入札にて外部業者を選定（ポスター・懸垂幕・車内刷・駅貼作成）（新聞折込5日刊紙）（情報誌・機関紙記事掲載）		回収率を上げるため実施PR方法に関してもB教授下の助言

巻末資料

8-2 決算表（神戸市）　＊調査の実施から結果の報告までにかかった最終的な金額を示している。

作業段階	調査担当課	外部業者	大学研究室	審議会	その他	合計金額
調査設計				設問作成懇談会 27万円		設問作成懇談会委員14名に計25万円
質問文作成						全体会2回 お茶代計2万円
サンプリング作業	全世帯配布のためサンプリング作業なし	全世帯配布のためサンプリング作業なし	全世帯配布のためサンプリング作業なし	全世帯配布のためサンプリング作業なし	全世帯配布のためサンプリング作業なし	0円
調査票印刷		競争入札により 調査票／返信用封筒印刷代 520万円				計 520万円
配布準備						0円
配布実施					婦人団体協議会委託 900万円 自治会委託 140万円	計 1,040万円
回収	郵送回収費 （¥95×回収数） 1,125万円					計 1,125万円
集計（コーディング）					婦人団体協議会委託 270万円	計 270万円
集計（入力）		競争入札により 入力作業 120万円				計 120万円

集　　計（クロス集計）			計 70万円
分　　析	神戸新聞マーケティングセンター 70万円	B研究所 報告文執筆 160万円	計 160万円
報 告 書 印 刷	競争入札により 報告書概要印刷　60万円 報告書印刷　150万円 リーフレット印刷　80万円		計 290万円
調 査 報 告	ホームページ作成　10万円		計 10万円
Ｐ　Ｒ	懸垂幕作成45箇所 ポスター作成　140万円 新聞折込（5星夕刊紙）250万円 ラジオ放送 機関紙・情報誌掲載　230万円 車内刷・駅貼広告		計 620万円
合 計 金 額	計 1,125万円 計 1,630万円	計 160万円 計 27万円	計 1,310万円 総計 4,252万円

巻末資料

8-3　1996年度（平成8年）以降実施の市民意識調査（芦屋市）

実施部局	担当課	調査実施日	調査目的	目的詳細	対象	調査方法	抽出方法	抽出台帳	配布方法	回収方法	標本数	有効回収率
保健福祉部	不明	1999.3	介護保険	40歳以上の市民の健康状態をはじめ生活実態や、保健福祉サービスの利用状況および利用意向などを把握するため	①40～64の壮年者②65以上の一般高齢者③65以上の住宅用要援護高齢者④65以上の施設要援							
保健福祉部	保育課	2000年予定	子育支援	今後の結婚、出産、子育ておよび市内住居の継続における支援対策を構築するための基礎的資料を得るため	芦屋市居住の20～39歳の女性で5タイプに分類							
生活環境部	環境管理課	不明	環境政策策定	芦屋市環境計画の策定をはじめ、今後の環境施策を推進するための基礎資料とするため	市内在住の満20歳以上の男女							
建設部	都市計画課	2000.3	まちづくり	芦屋市および南芦屋浜のまちづくりについての住民の意見・要望を把握し、今後の芦屋市および南芦屋浜のまちづくりの基礎資料とする	芦屋市の全世帯							
建設部	都市計画課	不明	環境計画	芦屋市環境施策の策定をはじめ、今後の環境施策を推進するための基礎資料とするため	市内在住の満20歳以上の男女							
総務部	防災対策課	1996.8	防災対策	本市における防災対策のあり方に関する意見と防災意識の実態について把握し、今後の地域防災計画策定と防災対策推進の基本資料とする	住民基本台帳に記載されている20歳以上の市民							
総務部	企画課	1999.12	総合計画	第三次芦屋市総合計画策定のため、市民の意識の動向や行政に対する考え方を把握・分析し、この基礎資料として活用するため	市内在住の満15歳以上の男女（外国人を含む）							
総務部	企画課	2000年予定	震災後の市民生活	震災から5年9ヶ月が経過した今、これまでの生活におよぼしてきた震災による影響の把握と今後の復興の展開を図るうえでの基礎資料とするため	芦屋市内に震災前からお住まいの20歳以上の方（外国人市民含む）							
総務部	広報課	不明	復興支援	市民とともに震災復興のまちづくりを進めるにあたって、市民の復興への支援策やまちづくりに対する意見・要望を反映させていくため	住民基本台帳と外国人登録法等による所届をもとに15歳以上の市民							

8-4　神戸市民全世帯アンケート調査票

KOBE 2000

（参考）2000年神戸市民全世帯アンケート調査票（中央区版）

2000年 神戸市民全世帯アンケート　中央区

みんなでつくろう！
魅力あふれる21世紀の神戸

全世帯アンケートへのご協力のお願い

　阪神・淡路大震災から5年あまりが経過しましたが、神戸市では、残された課題の解決に向けて全力で取り組んでいます。また、次の世代のために、市民の皆様とともに、神戸の経済の活性化を図るなど、神戸を活力と魅力あふれるまちとして発展させてまいりたいと考えております。
　このたび、21世紀のまちづくりのために、皆様のご意見をおうかがいするアンケートをお届けいたします。
　これまでにも、全世帯アンケートを通して、「空き缶分別収集」の実施、「地域福祉センター」の全市的拡大、「有料自転車駐輪場」の整備など、市民生活に関わるさまざまな施策が生まれております。
　今回のアンケート結果につきましても、今後の施策に積極的に反映し、よりよいまちづくりを進めてまいりたいと考えておりますので、よろしくご協力くださいますようお願いいたします。

平成12年5月　神戸市長　笹山幸俊

これからの神戸のまち

すべての市民が安心して暮らし、働き、学びそして憩うことのできるよう、21世紀に向けて、時代の潮流を先取りした「元気なまち神戸」を皆様とともに築いてまいります。まず、神戸のまちについてのお考えをお聞かせください。

あてはまる番号に○をおつけください

①　今の神戸のまちのイメージについてどのように感じておられますか。次の①から⑦までのそれぞれについてお答えください。

	そう思う	どちらかといえばそう思う	どちらかといえばそう思わない	そう思わない
1. 住みやすい	1	2	3	4
2. 働きやすい	1	2	3	4
3. 活気がある	1	2	3	4
4. 緑が多い	1	2	3	4
5. おしゃれ	1	2	3	4
6. 開放的	1	2	3	4
7. 国際的	1	2	3	4

②　神戸のまちは、復興への道のりを確実に歩んでいますが、さらに21世紀に向けて、どのようなところを特に伸ばしていくべきだと思われますか。3つまで選んで○をおつけください。

1. 経済活動がさかんで働く機会に恵まれたまち
2. ショッピングや外食、レジャーなどを身近に楽しめるまち
3. 多くの人が観光に訪れるまち
4. 子どもを安心して育てることができるまち
5. お年寄りや体の不自由な方がくらしやすいまち
6. 交通機関がととのった行動しやすいまち
7. 世界に開かれた国際交流がさかんなまち
8. スポーツや健康づくりの機会が多いまち
9. 芸術・文化に親しむ機会が多いまち
10. その他（具体的に　　　　　　　　　）

③　現在お住まいの地域の次の①から⑦までのそれぞれについて、どのように感じておられますか。

	そう思う	どちらかといえばそう思う	どちらかといえばそう思わない	そう思わない
1. 緑や公園など憩いの場が身近にある	1	2	3	4
2. 防犯上安心できる	1	2	3	4
3. ごみの持ち出しマナーがよい	1	2	3	4
4. 路上駐車がない	1	2	3	4
5. 隣近所との結びつきを大切にしている	1	2	3	4
6. 日常の買い物に便利	1	2	3	4
7. 医療や福祉の施設が身近にある	1	2	3	4

④　くらしやすい地域にするため、市民の皆様によるどのような活動が地域に特に活発になればよいと思われますか。3つまで選んで○をおつけください。

1. よりよいまちづくりや住まいの環境づくりのための活動
2. お年寄りのお世話など地域の福祉活動
3. 子どもや青少年を健やかに育てるための活動
4. ごみの減量化やリサイクル運動
5. 道路や公園などの地域のクリーン作戦
6. 防災訓練や夜回りなどの地域の安全活動
7. 文化やスポーツをさかんにする活動
8. 趣味や教養のための生涯学習をさかんにする活動
9. 祭りや盆踊りなどの地域のふれあい行事
10. その他（具体的に　　　　　　　　　）

このアンケートによって、あなたのご意見が外部にもれることは一切ありません。みなさんで話し合っていただいて、率直なご意見をお聞かせください。

6月12日（月）までにご回答を

このアンケートについてのお問い合わせは
市役所の市民局広聴課
TEL.078-322-5168
または中央区役所のまちづくり推進課へ
TEL.078-242-0033

次のページへどうぞ▷

巻末資料

環境にやさしいまちづくり

私たちのくらしが豊かになる一方で、年々ごみの量は増加し、家庭や事業所から出されるごみは20年前に比べると約85％も増加しています。快適な環境をつくるためにも、ごみの減量化やリサイクルを一層進める必要があります。

⑤ 日常生活の中で、リサイクルにどのように取り組んでおられますか。
1. 積極的に取り組んでいる
2. ある程度取り組んでいる
3. あまり取り組めていない

問5で、3に○をつけられた方におたずねします。

5-1 リサイクルにあまり取り組めていないのはどのような理由からですか。すべて選んで○をおつけください。
1. どのようなものがリサイクルできるのかわからないから
2. リサイクルに出す方法がわからないから
3. 地域で資源集団回収をしていないから
4. 回収日までの保管がたいへんだから
5. 回収場所が近くにないから
6. 手間がかかって面倒だから
7. 自分ひとりがやっても効果がないと思うから
8. リサイクルには関心がないから
9. その他（具体的に　　　　　　　　　　）

問5で、1または2に○をつけられた方におたずねします。

5-2 リサイクルに取り組んでいるのは主としてどのような理由からですか。1つ選んで○をおつけください。
1. 地球環境を守るために必要だから
2. 資源を節約できるから
3. ごみを減らすことができるから
4. 社会生活のルールだと思うから
5. 地域で資源集団回収を行なっているから
6. その他（具体的に　　　　　　　　　　）

⑥ 次の①から⑥までのそれぞれについて、市の分別収集や資源集団回収、店頭回収などに分別して出しておられますか。（イラストは、リサイクルの効果を表わしています。）

① 古新聞紙
1. 分別している　2. 分別してない
（1年分 → 8m 1.5本　古新聞紙をリサイクルすると立木を保護できる）

② 牛乳パック
1. 分別している　2. 分別してない
（6缶 → 再生　トイレットペーパーに再生）

③ ペットボトル
1. 分別している　2. 分別してない
（→ 再生　繊維製品に再生）

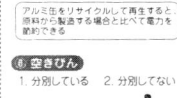

④ 食品トレイ
1. 分別している　2. 分別してない
（→ 再生　プラスチック製品に再生）

⑤ 空き缶
1. 分別している　2. 分別してない
（→ 40Wの電球を2時間点灯　アルミをリサイクルして再生する場合と原料から製造する場合と比べて電力を節約できる）

⑥ 空きびん
1. 分別している　2. 分別してない
（一升びんやビールびんなどは回収されて再利用される）

⑦ ごみの減量やリサイクルのために、行政・事業者はどのようなことに力を入れるべきだとお考えですか。すべて選んで○をおつけください。
1. ルール違反のごみは回収しないなど、ルールを徹底する
2. ごみの収集区分を増やして分別を強化する
3. 大量のごみや大型ごみを出す場合は料金制にする
4. コンポスト（生ごみ堆肥化容器）の普及を図る
5. 使用済み製品の回収まで事業者が責任をもつ
6. 再利用・再資源化しやすい製品をつくり、販売する
7. 事業者が過剰包装をやめ、簡易包装に努める
8. その他（具体的に　　　　　　　　　　　　　　　）

⑧ ごみの減量やリサイクルのために、今後どのようなことができますか。現在実行されていることも含めて、すべて選んで○をおつけください。

【買い物のときは…】
1. 買い物袋を持参して、ポリ袋・紙袋はもらわないようにする
2. 洗剤などはできるだけ詰め替えのできる商品を買う
3. 食品トレイなどに入っていないバラ売り商品を買う
4. 古紙100％のトイレットペーパーなど、再生品を買う

【ご家庭で不用になったものを処分するときは…】
5. 古新聞紙や空き缶、ペットボトルなどは、分別して出す
6. 食品トレイや牛乳パックなどは、店頭回収などに協力する
7. 電化製品が故障しても、修理が可能なら修理に出す
8. 子供用品や電化製品などは、レインボーシステム などに出す
9. あまり関心がない

レインボーシステム とは…
ご家庭で使用しなくなった不用品の情報を電話、ファックスで登録したり引き出したりできるシステムです。
TEL 391-7530

ごみの減量やリサイクルのために、地域やご家庭で実行していることがございましたら、そのアイデアをお聞かせください。アイデアは、積極的に活用させていただきます。

あてはまる番号に○をおつけください

折り返し地点です。がんばってください

253

明日を担う子どもたちのために

明日を担う子どもたちが、明るくのびのびと育つことが私たちの願いです。子どもたちをめぐる環境は大きく変化していますが、家庭・学校・地域が連携し、大人が子どもたちと向きあって、子どもたちを健やかに育んでいくことが求められています。

9 次代を担う今の子どもたちに、特に必要と思われることを3つまで選んで○をおつけください。

1. 学習を重視して高い学力を身につける
2. 集団活動を通して社会のルールやマナーを身につける
3. 自然や生き物とのふれあいを通して自然や命の大切さを知る
4. ボランティア活動などを通して奉仕の心を身につける
5. 実際に働いたり、働く人の姿を見てその意義を知る
6. 年齢の異なる人とのつきあいを通していろんな世代の考え方を知る
7. 国際交流などを通して外国の文化への理解を深める
8. その他（具体的に　　　　　　　　　　）

10 子どもたちを地域で育んでいくために、大人がどのように心がけていけばよいとお考えですか。**すべて選んで**○をおつけください。

1. 子どもたちに特技やスポーツを教えたりする
2. 子どもたちといっしょに地域行事に参加する
3. 近所の子どもに声をかけたり、注意したりする
4. 留守の間などに子どもをあずかってあげる
5. 大人どうし子育てについて話しあう、相談しあう
6. 子どもの教育上よくない環境をなくすように努める
7. その他（具体的に　　　　　　　　　　）

11 子育てをしやすい環境づくりのために、どのようなことに特に力を入れていくべきだとお考えですか。3つまで選んで○をおつけください。

1. 育児期間中の労働時間の短縮など就労環境の整備
2. 働く人のための保育所の整備や保育時間の延長
3. 一時的に子どもを預けることができる保育サービスの充実
4. 子どものための学童保育の充実
5. 子育てについての講座や相談窓口、保健指導の充実
6. 児童手当制度の充実や税の優遇など経済的負担の軽減
7. 地域ぐるみで子育てを支援するネットワークづくり
8. 子どもが安心して遊べる公園や児童館の整備
9. 子育てに対する男性の理解と協力のための啓発
10. その他（具体的に　　　　　　　　　　）

「神戸21世紀・復興記念事業」と「2002年ワールドカップサッカー神戸」

12 『神戸21世紀・復興記念事業』が2001年1月から開催されますが、これについてどのように思われますか。**すべて選んで**○をおつけください。

1. 全国の人に感謝の気持ちを伝える機会となる
2. よみがえった神戸のまちをご覧いただく機会となる
3. さまざまなイベントが開催されることにより、まちが活気づく
4. 神戸のまちや地域の魅力を再発見する機会となる
5. さまざまなイベントを見たり、参加して楽しめる
6. 特に考えはない

13 『2002年ワールドカップサッカー』にどのような形で参加したいと思われますか。**すべて選んで**○をおつけください。

1. ボランティアとして運営に参加したい
2. 関連する行事、催し物に参加したい
3. 神戸を訪れる人を親切にもてなしたい
4. （仮称）御崎公園スタジアムで試合を観戦したい
5. テレビなどで試合を観戦したい
6. 「2002年ワールドカップサッカー」には関心がない

市政への要望

14 今後、神戸市は特にどのようなことに力を入れていくべきだとお考えですか。5つまで選んで○をおつけください。

1. 観光施策
2. 国際交流をはかる施策
3. 青少年のための施策
4. 市民活動をすすめる施策
5. 生涯学習の振興
6. 保育所や幼児、児童のための施策
7. 港やその周辺の活性化
8. バスや地下鉄など交通事業
9. 障害者、難病者のための施策
10. 都市再開発や市街地の整備
11. まちの緑化や公園の整備
12. 路上駐車対策など自動車の規制
13. 防災対策
14. 高齢者のための施策
15. 産業振興、雇用拡大
16. 男女共同参画をすすめるための施策
17. スポーツ、レクリエーションの振興
18. 文化、芸術の振興
19. 学校教育
20. 消費者のための施策
21. 交通安全対策
22. 環境問題
23. 街の美化
24. 交通体系・道路網の整備
25. 住宅建設、住宅環境
26. 消防や救急
27. 医療、保健

あともう一息です

神戸21世紀・復興記念事業

震災支援への感謝と復興のお披露目、また、神戸の夢と魅力を発信するため、"神戸 新しいはじまり ～すべてのやさしさに感謝して～"をテーマに開催します。
- 会期は2001年1月17日～9月30日（257日間）
- 会場は神戸市内一円（山のエリア・まちのエリア・海のエリア）
- 事業内容
  花とひかりをコンセプトにした
  イベント等を市民参画のもとに展開　KOBE2001（ひと・まち・みらい）

2002年ワールドカップサッカー

オリンピックをしのぐ世界最大のスポーツの祭典ともいわれるワールドカップサッカーが、日本と韓国の共催により行われます。
- 2002年6月1日に開催
- 出場国は、日本、韓国と前回優勝国フランスを加えた32カ国
- 神戸の会場は（仮称）御崎公園スタジアム（兵庫区）
- 開幕試合は韓国、決勝戦は日本で行われます

巻末資料

届出統計12
神戸市1号

あなたやご家族について

（あてはまる番号に○をおつけください。）

15 あなたのご家族が住んでおられる地域は、次のどれにあたりますか。

中央区

税関線より東
31. 原田線（布引～王子動物園前）より北
32. 原田線（布引～王子動物園前）とJR線との間
33. JR線より南

税関線より西
34. 山手幹線（大倉山～県庁～加納町3丁目交差点）より北
35. 山手幹線（大倉山～県庁～加納町3丁目交差点）とJR線との間
36. JR線より南
37. ポートアイランド

16 あなたのご家族のお住まいからいちばん近い小学校（小学校区）は、次のどれにあたりますか。

中央区
1. 上筒井小
2. なぎさ小
3. 宮本小
4. 春日野小
5. 雲中小
6. 中央小
7. こうべ小
8. 山の手小
9. 湊小
10. 湊川多聞小
11. 港島小

17 あなたのご家族は、神戸市内に通算して何年ぐらい住んでおられますか。
1. 3年未満
2. 3年～10年未満
3. 10年～20年未満
4. 20年以上

18 あなたの家族構成は。
1. 単身（65歳未満）
2. 単身（65歳以上）
3. 夫婦のみ（2人とも65歳未満）
4. 夫婦のみ（2人とも、またはどちらかが65歳以上）
5. 夫婦と子ども
6. 親と夫婦と子ども
7. その他

19 あなたのご家族は共働きですか。
1. はい
2. いいえ

20 あなたのご家族の家計を主に支えている方の勤務地はどちらですか。
1. 神戸市内
2. 兵庫県内
3. 兵庫県外
4. 働いていない

21 この調査に主としてお答えいただいたあなたの性別は。
1. 男性
2. 女性

22 この調査に主としてお答えいただいたあなたの年齢は。
1. 19歳以下
2. 20歳～29歳
3. 30歳～39歳
4. 40歳～49歳
5. 50歳～59歳
6. 60歳～69歳
7. 70歳以上

23 あなたのご家族は、インターネットを利用されていますか。次の①から③までのそれぞれについてお答えください。

① 自宅で利用している
1. はい　2. いいえ

② 職場で利用している
1. はい　2. いいえ

③ モバイルで利用している
1. はい　2. いいえ

市政について、ご意見やご要望などがございましたら、ご自由にお書きください。

　　　　　　　　　について

アンケートにご協力いただき、ありがとうございました。
お手数ですが、添付の封筒に入れて **6月12日（月）** までにお出しください。

255

〈編著者紹介〉
大谷信介（おおたに・しんすけ）
　　1955年　神奈川県生まれ
　　筑波大学大学院社会科学研究科博士課程単位取得退学，社会学博士
　　現在：関西学院大学社会学部教授
　　［専攻］都市社会学・社会調査論
　　［主著］『現代都市住民のパーソナル・ネットワーク』ミネルヴァ書房，1995年。
　　　　　『〈都市的なるもの〉の社会学』ミネルヴァ書房，2007年。
　　　　　『マンションの社会学』（編著）ミネルヴァ書房，2012年。
　　　　　『新・社会調査へのアプローチ』（共編著）ミネルヴァ書房，2013年。
　　　　　『グローバル化時代の日本都市理論』（共編著）ミネルヴァ書房，2015年。
　　E-Mail　sotani@kwansei.ac.jp

|これでいいのか市民意識調査|
|——大阪府44市町村の実態が語る課題と展望——|

2002年10月20日　初版第1刷発行　　　　　検印廃止
2016年 5月30日　初版第3刷発行

定価はカバーに
表示しています

編著者	大　谷　信　介
発行者	杉　田　啓　三
印刷者	坂　本　喜　杏

発行所　株式会社　ミネルヴァ書房
607-8494 京都市山科区日ノ岡堤谷町1
電話代表（075）581-5191番
振替口座01020-0-8076番

ⓒ大谷信介，2002　　冨山房インターナショナル・藤沢製本

ISBN 978-4-623-03661-5
Printed in Japan

■新・社会調査へのアプローチ
――論理と方法

大谷信介／木下栄二／後藤範章／小松洋 編著
A5判　412頁　本体2500円

社会調査の基本的な理論と方法を紹介し，そのノウハウをわかりやすく解説。興味ある題材を具体的な事例として解説，読む者に，社会調査のおもしろさ・奥の深さを発見させ，「やってみよう」と思わせる一冊。

■マンションの社会学
――住宅地図を活用した社会調査の試み

大谷信介 編著　A5判　274頁　本体3000円

これまでの国勢調査や住宅土地統計調査のデータが「世帯ベース」だったのに対し，「建物ベース」での西宮市のマンション件数を解明。空間立地別，業種別，年代別等，マンションの実態把握に重要な分析結果も紹介する。

■グローバル化時代の日本都市理論
――鈴木栄太郎『都市社会学原理』を読み直す

大谷信介／山下祐介／笹森秀雄 編著　A5判　400頁　本体3000円

都市社会学の名著『都市社会学原理』を現代の視点から再検討し，鈴木都市理論の再構築を目指す。

■〈都市的なるもの〉の社会学

大谷信介 著　A5判　248頁　本体2500円

日米の都市社会学の系譜をたどることから，「都市の定義」を吟味し，新たな〈都市的なるもの〉の社会学を構築する試み。

■現代都市住民のパーソナル・ネットワーク
――北米都市理論の日本的解読

大谷信介 著　A5判　264頁　本体3000円

〈都市的なるもの〉の解明という問題意識から，大都市と地方都市における比較を行い，パーソナル・ネットワーク形成の論理を日米都市比較を通して実証的に明らかにする。

■問題意識と社会学研究

大谷信介 編著　A5判　288頁　本体2800円

「問題意識と実証研究」をテーマに，研究者の問題意識がどのように構築され変容するのかについて考察。社会学研究を進めていくなかで，常に自分の問題意識について自問し続けているという事実を提起する。

――― ミネルヴァ書房 ―――
http://www.minervashobo.co.jp/